经世济民

诚信服务

德法兼修

"十四五"职业教育国家规划教材

职业教育国家在线精品课程配套教材

 高等职业教育在线开放课程
新形态一体化教材

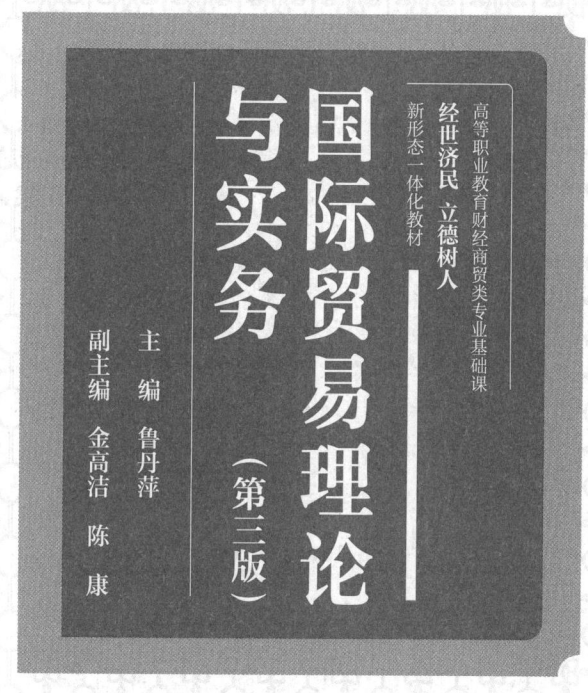

高等职业教育财经商贸类专业基础课

经世济民 立德树人

新形态一体化教材

国际贸易理论与实务（第三版）

主编　鲁丹萍

副主编　金高洁　陈　康

中国教育出版传媒集团

高等教育出版社·北京

内容提要

　　本书是"十四五"职业教育国家规划教材，是职业教育国家在线精品课程配套教材，也是高等职业教育财经商贸类专业基础课"经世济民 立德树人"新形态一体化教材。

　　本书共八章，包括：国际贸易概述，国际贸易理论，国际贸易政策措施，商订贸易合同，制定贸易合同条款——品质、数量、包装和价格条款，制定贸易合同条款——货物运输与保险条款，制定贸易合同条款——国际贸易支付条款，履行贸易合同。本书内容新颖，适用面广，具有系统性、生动性和实用性较强等特点。

　　本书既可以作为高等职业教育专科、本科院校和应用型本科院校国际经济与贸易、国际商务、现代物流管理、跨境电子商务专业的教材，也可以作为外贸从业人员的业务参考用书和培训辅导用书。

　　本书配套建设了"国际贸易理论与实务"职业教育国家在线精品课程，登录智慧职教 MOOC 学院可进行在线学习；同时建设了微课、动画、视频、PPT 课件和习题答案等类型丰富的数字化教学资源，精选其中具有典型性、实用性的资源以二维码方式标注在教材边白处，供读者即扫即用。其他资源服务详见"郑重声明"页的资源服务提示。

图书在版编目（ＣＩＰ）数据

国际贸易理论与实务 / 鲁丹萍主编. -- 3版. -- 北京：高等教育出版社，2023.1（2025.8重印）
ISBN 978-7-04-059583-3

Ⅰ.①国… Ⅱ.①鲁… Ⅲ.①国际贸易理论-教材②国际贸易-贸易实务-教材 Ⅳ.①F740

中国版本图书馆CIP数据核字(2022)第245585号

国际贸易理论与实务（第三版）
GUOJI MAOYI LILUN YU SHIWU

项目策划	赵　洁	策划编辑	康　蓉	责任编辑	王　沛	封面设计	赵　阳
版式设计	李彩丽	责任绘图	李沛蓉	责任校对	胡美萍	责任印制	存　怡

出版发行	高等教育出版社	网　　址	http://www.hep.edu.cn
社　　址	北京市西城区德外大街4号		http://www.hep.com.cn
邮政编码	100120	网上订购	http://www.hepmall.com.cn
印　　刷	中煤（北京）印务有限公司		http://www.hepmall.com
开　　本	787 mm×1092 mm　1/16		http://www.hepmall.cn
印　　张	19.75	版　　次	2015 年 9 月第 1 版
字　　数	420 千字		2023 年 1 月第 3 版
购书热线	010-58581118	印　　次	2025 年 8 月第 7 次印刷
咨询电话	400-810-0598	定　　价	49.80 元

本书如有缺页、倒页、脱页等质量问题，请到所购图书销售部门联系调换
版权所有　侵权必究
物 料 号　59583-A0

"国际贸易理论与实务"是财经商贸类专业广泛开设的一门国际贸易的入门课程。本书依托职业教育国家在线精品课程"国际贸易理论与实务"开发，教材于2023年入选"十四五"职业教育国家规划教材。

党的二十大报告指出：坚持高水平对外开放，加快构建以国内大循环为主体、国内国际双循环相互促进的新发展格局。《中华人民共和国国民经济和社会发展第十四个五年规划和2035年远景目标纲要》指出，全面提高对外开放水平，推进贸易和投资自由化便利化，持续深化商品和要素流动型开放，稳步拓展规则、规制、管理、标准等制度型开放。2019年12月，教育部发布的《职业院校教材管理办法》明确指出，职业教育教材需"落实立德树人根本任务，扎根中国大地，站稳中国立场，充分体现社会主义核心价值观"。2022年5月1日，新修订的《中华人民共和国职业教育法》实施，从法律层面确认了职业教育的类型定位。建设体现立德树人的育人功能和职业教育类型特色的高质量教材成为新时代职业教育"三教"改革的新任务。为适应国际贸易发展的新形势和高等职业教育的新要求，我们对本书进行了全面修订。

1. 寓价值观引导于知识传授和能力培养之中，突出中国特色和时代特色

党的二十大报告指出："育人的根本在于立德。全面贯彻党的教育方针，落实立德树人根本任务，培养德智体美劳全面发展的社会主义建设者和接班人。"本书以习近平新时代中国特色社会主义思想和党的二十大精神为指导，推进国际贸易理论与实务的课程思政建设，培养"重合同、守信用"的职业道德，系统梳理了知识目标、技能目标、素养目标三维学习目标，设计了"国际贸易与中国经济""国际贸易新视界"等栏目以强化中国特色和时代特色，弘扬"精益求精、

国际标准、品牌意识"等专业精神、职业精神、工匠精神。例如，采用案例分析法，结合"一带一路"高质量发展加强中国与沿线国家的贸易合作，提升民族自豪感。通过对我国历年来进出口贸易额数据等内容的讲解，让学生正确认识到中国在国际贸易中的重要地位，树立民族自信心。

2. 反映外贸新惯例、新政策、新实践，体现职业教育类型特色

本书将党的二十大报告中提出的"加快建设海南自由贸易港，实施自由贸易试验区提升战略，扩大面向全球的高标准自由贸易区网络。有序推进人民币国际化。深度参与全球产业分工和合作，维护多元稳定的国际经济格局和经贸关系"与构建新发展格局相结合。本书为适应国际贸易的发展新趋势，新增了海南自由贸易港、上海自由贸易试验区、粤港澳大湾区最新发展成效，以及《国际贸易术语解释通则 2020》《区域全面经济伙伴关系协定》(RCEP)、关检合一等内容。同时，贯彻了"教学做创合一"的教学理念。在设计内容时，通过基于进出口业务的项目设计、岗位目标和任务设置，让学生体验国际贸易谈判、签约、履约等实践环节，培养分析问题、解决问题的能力。教材中设计了课堂能力训练、职业道德与素养，章内设计了行业洞察、职业判断、知识窗等栏目，章后设计了知识与技能训练、综合实训，体现理实一体化教学的职业教育类型特色。

3. 探索信息化教学新模式，实现了"一书一课一空间"的新形态一体化教材建设

党的二十大报告指出："推进教育数字化，建设全民终身学习的学习型社会、学习型大国。"本书配套的职业教育国家在线精品课程在智慧职教平台上线。精选核心知识点和技能点建设了课件、动画、微课等数字化教学资源，并在数字化教学资源中进一步融入二十大精神，发挥好"国际贸易理论与实务"课程的育人作用。共享资源更丰富、内容更新颖，具有系统性、生动性和实用性等特点，服务于"互联网+"教育。

本书由温州职业技术学院鲁丹萍教授担任主编，温州职业技术学院金高洁和惠州工程职业学院陈康担任副主编，沙洲职业工学院周渝霞参与编写。本书由鲁丹萍教授负责全书所有章节的设计、修订工作。编写分工如下：第一章和第二章由陈康编写，第三章和第五章由

鲁丹萍编写，第四章和第七章由金高洁编写，第六章和第八章由周渝霞编写。中国人民大学王亚星教授担任本书主审。本书在编写过程中参考了大量的书籍和文献，引用了多位专家、学者的著作和研究成果，在此一并表示感谢！

　　由于编者水平及时间有限，书中难免存在疏漏之处。恳请广大读者批评指正，以使本书日臻完善。

编　者

2023 年 7 月

"国际贸易理论与实务"是国际商务等财经类专业的核心课程。它是一门研究国际贸易的有关理论和实际业务，集理论、政策、方针、规则、惯例与业务技术于一体的理论性、政策性和实践性都较强的课程。

为了适应高等职业教育发展对教学的要求，我们组织了长期从事国际贸易专业教学、实践和科研工作的教师，根据有关进出口商品贸易、检验检疫和通关、国际结算的法律和惯例，以及我国的外贸实践，在"国际贸易理论与实务"课程（该课程 2007 年获国家级精品课程称号，2013 年获国家级精品资源共享课立项）的基础上，编写了本书。本书是与国家级精品资源共享课配套的立体化教材，本书的编写体例与章节内容与已在爱课程网站上线的课程一致。

本书的主要特点是：

1. 教材表现形式生动，实现了任务形象化、概念漫画化、逻辑图表化、版式生动化

每章前设有知识目标、技能目标、关键概念、职业核心能力和知识导图；每节前设有"引例"栏目，分为"案例资料""思考问题""分析提示"，采用提出问题、分析问题、解决问题的思路，引出相关知识和技能；每章后设有职业道德与素养、课堂能力训练、职业资格与技能同步训练、综合实训和学习评价等内容。同时，本书设置了知识窗、职业判断、议一议、请注意等栏目，并配有大量漫画和图表，图文并茂地展开知识内容的讲解。

2. 教材内容设计紧贴国际贸易职业素养和职业能力要求，体现了工学结合特色

本书以进出口贸易业务为主线，通过任务引领和国际贸易合同主要条款的解读等项目活动，使学生了解国际贸易业务的一般流程、合同商订、合同条款审核、合同履行、结算方式、信用证的审核与解读

等相关知识，并加入跨境电子商务、自贸区等国际贸易实践领域的新内容，使学生具备分析和处理进出口实际业务的工作能力，培养学生具备诚实、守信、善于沟通和合作的职业素养，为学生职业能力的专业化发展奠定基础。

3. 数字化资源丰富，实现了立体化教材建设特色

本书除了配有爱课程网站已经上线的国家级精品资源共享课"国际贸易理论与实务"的资源外，亦可登录"智慧职教"平台，进入"国际贸易理论与实务"在线开放课程学习。本书边白处配有二维码资源，可使用智能移动终端设备进行扫描学习。

本书由温州职业技术学院鲁丹萍教授主编；温州职业技术学院陈国雄、葛丹、陈珉、董江共同编写；温州职业技术学院陈舒、金高洁，中国环境管理干部学院冯晓宇，温州国贸集团有限公司的王英姿副经理参加了资料收集或微课拍摄；中国人民大学博士生导师王亚星教授和温州国贸集团有限公司曾朝晖总经理担任主审；最后由鲁丹萍教授统稿总纂。

本书的顺利出版，要感谢温州职业技术学院的领导和老师给予的大力支持和帮助。本书在编写过程中参考了大量的书籍和文献，书中未一一列出，在此一并向有关作者和出版社表示衷心的感谢。

由于时间仓促，编者水平和能力所限，书中难免存在不妥之处，敬请读者提出宝贵意见。

编　者
2015 年 3 月

目录

国际贸易概述

第一章

❋ 素养目标

- 辩证分析国际贸易发展史，增强对国家和民族的自豪感和使命感
- 通过了解国际贸易的作用，培养人类命运共同体意识，拓宽国际视野

❋ 知识目标

- 了解国际贸易、国际贸易地理方向、贸易条件等概念
- 熟悉贸易差额与国际收支等相关知识
- 掌握不同标准下国际贸易的分类
- 熟悉国际贸易发展的历史

❋ 技能目标

- 能够对国际贸易的状况进行分析
- 能够根据国际分工理论解释国际贸易的原因

思维导图

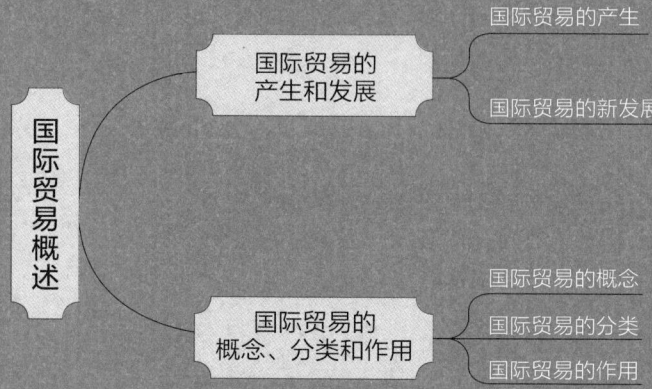

国际贸易概述

国际贸易的产生和发展
├ 国际贸易的产生
└ 国际贸易的新发展

国际贸易的概念、分类和作用
├ 国际贸易的概念
├ 国际贸易的分类
└ 国际贸易的作用

学习计划

- 素养提升计划

_____

_____

_____

- 知识学习计划

_____

_____

_____

- 技能训练计划

_____

_____

_____

第一节 国际贸易的产生和发展

《区域全面经济伙伴关系协定》正式生效

2020 年 11 月 15 日，第四次区域全面经济伙伴关系协定领导人会议以视频方式举行。中国、东盟 10 国、日本、韩国、澳大利亚、新西兰等 15 个亚太国家正式签署了《区域全面经济伙伴关系协定》（Regional Comprehensive Economic Partnership，RCEP）。

历经 8 年谈判，经过各方共同努力，RCEP 于 2021 年 11 月 2 日达到生效门槛。RCEP 包含 20 个章节，包括货物贸易、原产地规则、海关程序与贸易便利化、卫生与植物卫生措施、标准、技术法规和合格评定程序、贸易救济、服务贸易、自然人临时移动、投资、知识产权、电子商务、竞争、中小企业、经济技术合作、政府采购等多方面的内容，旨在共同建立一个现代、全面、高质量，以及互惠共赢的经济伙伴关系合作框架，以促进区域贸易和投资增长，并为全球经济发展做出贡献。

2022 年 1 月 1 日，RCEP 正式生效。这意味着全球经济体量和发展潜力最大的自贸区正式成立。当前，世界经济发展正面临逆全球化、复苏乏力等挑战，RCEP 的正式生效将为全球化增添信心，为区域合作提供新动力，为世界与中国的互利共赢带来新机遇。对中国而言，这将成为中国连接国内国际双循环的纽带和桥梁，使国内国际两个市场、两种资源更加紧密相连。

问题：请根据案例，结合文献资料，思考 RCEP 正式生效后对国际贸易带来哪些影响？

一、国际贸易的产生

在出现了社会分工和剩余产品的条件下，必然会发生交换活动。起初是部落间开始交换各自的剩余产品，当部落的概念扩大为国家之后，社会分工的延伸（或扩展）和各国拥有剩余产品的增多，就必然会导致国家之间交换活动的产生。由此，国际贸易的雏

形就出现了，而剩余产品的存在和国家的出现又取决于社会生产力的发展和社会分工的扩大。所以，从根本上说，社会生产力的发展和社会分工的扩大，是国际贸易产生和发展的基础。

1. 原始社会的贸易雏形

原始社会早期，人类处于自然分工状态，生产力水平较为低下，人们利用简陋的工具，依靠共同的劳动获取有限的生活资料，然后在公社成员之间平均分配。由于没有剩余产品和私有制，没有阶级和国家，也就不存在对外贸易。随着人类社会的发展，出现了原始畜牧业和原始农业的分工，即第一次社会大分工。这次分工，推动了原始社会生产力的发展，使产品有了剩余，于是在氏族公社的部落之间开始了偶然性的剩余产品交换，并随着剩余产品的增多，交换次数逐渐增加。当第二次社会大分工出现，即手工业从农业中分离出来而成为一个独立的生产部门时，就出现了以交换为目的的生产，也就是商品生产。商品生产不仅进一步推动了社会生产力的进步，而且使商品交换日益频繁，交换的地域范围不断扩大，最终导致了货币的产生，商品之间的相互交换渐渐演变为以货币为媒介的商品流通。这些直接导致了第三次社会大分工——生产劳动与商业劳动相分离，出现了专门从事贸易活动的商人和商业。商人的出现使远距离商品交换甚至海外贸易成为可能。

经历了三次社会大分工之后，在生产力不断进步的基础上，形成了财产私有制，原始社会逐步向奴隶社会过渡。

2. 奴隶社会的国际贸易

在奴隶社会，生产力水平有了很大的发展，社会文化也大有进步。整个社会形成奴隶主和奴隶两大对立阶级，作为统治工具的国家代替了氏族制度。国家出现后，商品交换超出了国家界限，形成了最早的国际贸易。在公元前2000多年，由于水上交通便利，地中海沿岸的各奴隶制国家之间就已开展了对外贸易，出现了腓尼基、迦太基、亚历山大、希腊、罗马等贸易中心。其中以腓尼基和希腊最为繁荣和发达。中国在夏商时代进入奴隶社会，贸易主要集中在黄河流域，并同西域一些地区进行最早的朝贡贸易。

奴隶社会时期开展国际贸易的商品，主要是奴隶主阶级所需要的奢侈消费品，如宝石、香料、丝绸、装饰品，以及奴隶。奴隶是当时欧洲国家对外交换的一种主要商品，希腊雅典就是当时贩卖奴隶的一个中心。

虽然在奴隶社会，对外贸易有了较大的发展，促进了当时手工业的发展，推动了社会生产的进步，但从总体上来说，由于奴隶社会是自然经济占统治地位，生产的直接目的主要是消费，进入流通领域的商品只是少数，再加上生产技术落后、交通工具简陋，以及地理知识有限，各个国家对外贸易的范围受到了很大限制，对外贸易的影响也很有限。

3. 封建社会的国际贸易

进入封建社会，国际贸易又有了较大的发展，尤其是从封建社会的中期开始。公元11世纪至15世纪，社会生产力的明显提高和城市的兴起，使西欧封建社会进入了兴盛和发展时期。这一时期，实物地租转变为货币地租和十字军的东征，使得对外贸易尤其是东西方贸易十分活跃。13世纪至14世纪，欧洲形成了南北两大主要贸易区。南部贸易区位于地中海地区，以威尼斯、热那亚、比萨等为中心。这些城市连接西欧和东方市场，成为东西方贸易的枢纽。北部贸易区位于北海和波罗的海地区、德国北部、英国、斯堪的纳维亚半岛诸国、俄罗斯。

中国早在公元前2世纪的西汉时期，就已开辟了从长安经中亚通往中东和欧洲的"丝绸之路"，中国的丝、茶、瓷器、竹器等通过"丝绸之路"输往欧洲各国，并从中东、欧洲各国输入香料、药材、玻璃、农产品、呢绒及手工艺品等。到了唐朝，由于经济繁荣、文化发达，吸引了周边各国前来开展贸易，使得唐代的对外贸易比汉代有了进一步的发展。明朝是中国对外贸易的鼎盛时期，不仅发展了陆路贸易，而且海上贸易也

丝绸之路上的绚丽之都：唐代长安西市

很发达。郑和七次率船队下西洋，足迹遍布东南亚、南海诸岛、阿拉伯半岛和东非一带，同许多国家保持和发展了贸易和外交关系，使中国成为当时最大的海上贸易强国。

在封建社会，国际贸易的商品主要是奢侈消费品，如东方国家的丝绸、珠宝、香料，西方国家的呢绒、酒等，手工业品比重有明显上升。同时，交通工具的改进使得国际贸易的范围进一步扩大。不过，从总体上说，封建社会自给自足的自然经济仍占统治地位，社会分工和商品经济仍不发达，进入流通领域的只是少数剩余农产品、土特产品和手工业品，国际贸易在经济生活中的作用还相当小，对各国经济发展的影响不显著，只是通过国际贸易往来实现各国之间的经济文化交流。

4. 资本主义社会的国际贸易

国际贸易虽然源远流长，但真正具有世界意义是在资本主义生产方式确立起来之后。在资本主义生产方式下，国际贸易发展迅速，贸易规模、商品种类和地理范围都空前扩大，国际贸易在各国经济中的地位大大提高，作用增强。

（1）资本主义生产方式准备时期的国际贸易。16世纪至18世纪中叶是西欧各国资本主义生产方式的准备时期。这一时期的地理大发现和资本的原始积累，大大推动了欧

洲经济和贸易的发展。

1492 年，意大利航海家哥伦布由西班牙出发横渡大西洋发现了美洲大陆；1498 年，葡萄牙人达·伽马从欧洲绕道好望角发现了到达印度的新航线。这一系列的地理大发现扩大了欧洲国家对外贸易的地理范围，使其直接扩大到大西洋彼岸的美洲和亚洲的印度、中国和马来群岛，欧洲商人大量涌入这些地区。西欧各国积累了大量的货币资本，商业资本得到了迅速的发展和壮大，从而大大促进了资本主义生产方式的出现和确立。在这一时期，欧洲几个主要贸易国家为争夺海上贸易霸权，进行过多次商业战争。随着几个主要贸易国家的兴衰，国际贸易中心曾多次转移。起初，由于葡萄牙和西班牙的势力范围扩大到亚非拉三大洲，伊比利亚半岛诸多城市就成为国际贸易中心。随后，荷兰兴起，成为世界头号海上强国，对外贸易的规模远远超过葡萄牙和西班牙，这一时期安特卫普和阿姆斯特丹成为国际贸易中心。到 17 世纪，英国成为国际贸易强国，伦敦也就成为国际贸易中心。概括而言，这一时期的国际贸易是西欧各国进行的一种掠夺性的贸易，贸易的范围和规模较封建社会时期有了空前的扩大。贸易的商品结构开始转变，工业原料和城市居民消费品的比重上升，贸易对各国经济发展作用显著，贸易的普遍性、国际性增强。

（2）资本主义自由竞争时期的国际贸易。18 世纪后期至 19 世纪中叶是资本主义自由竞争时期。一方面，在这一时期，欧洲国家先后发生了工业革命和资产阶级革命，资本主义机器大工业得以建立并广泛发展。机器大工业使社会生产力水平大大提高。大量成本低廉的商品被生产出来，不仅能满足本国的消费需要，国内市场的有限性也使得将这些具有竞争优势的剩余产品输往他国市场成为一种迫切的需要。另一方面，大机器生产需要源源不断的原材料供应，而各国国内原材料供应有限，这就需要打破本国地理范围的限制，在国外寻找原料市场。再加上交通运输工具和通信方式的进步，国际贸易在这一时期发展迅速，在各方面都发生了显著变化，具体包括以下方面：

第一，国际贸易量迅速增加。在 1720—1800 年的 80 年间，国际贸易量总共只增长了 1 倍；进入 19 世纪之后，国际贸易量的增长速度明显加快，19 世纪的前 70 年中，国际贸易量增长了 10 多倍。

第二，国际贸易的商品结构发生了很大的变化。18 世纪末以前交易的商品以香料、茶叶、丝绸、咖啡等为主。发展到这一时期，这些商品的交易绝对量虽然仍在扩大，但其所占的比重已经下降，各种工业制成品所占比重显著上升，其中纺织品、钢铁、机器等商品的贸易量增长较快。另外，粮食、煤炭等初级产品也成为国际贸易中的主要商品。如粮食的国际贸易额大约占到当时国际贸易额的 10%。

第三，国际贸易方式有所改变。过去主要采用现场看货成交。而在这一时期逐渐转变为凭样品成交。国际定期集市的作用下降，商品交易所和样品展览会的作用增强。1848 年，美国芝加哥出现了第一个谷物交易所。1876 年，英国伦敦成立了有色金属交易所。1870 年，纽约成立了棉花交易所。

第四，国际贸易的组织方式有所改进。过去占垄断地位的具有特权的外贸公司逐步让位于在法律上负有限责任的股份公司，外贸的经营组织机构趋于专业化；同时，由于国际贸易规模的扩大，开始出现了为国际贸易服务的运输、保险和金融等专业化企业。各国之间为稳定贸易渠道，以使经常贸易有所保证，或得到另一方的优惠待遇，相互之间订立贸易条约或贸易协定的形式也普遍起来。

（3）资本主义垄断时期的国际贸易。从 19 世纪末到 20 世纪初，资本主义由自由竞争阶段向垄断阶段过渡。这一时期，发生了第二次工业革命，发电机、电动机、内燃机等开始广泛使用，一些新兴的工业部门，如电力、石油、化工、汽车制造等部门纷纷建立，促进了社会生产力的发展和资本主义经济的增长。同时，垄断的形成对资本主义也产生了重大影响，垄断在许多资本主义国家已经成为全部经济生活的基础，国际贸易因受上述因素的影响而出现了如下一些新变化：

第一，参与国际贸易的国家越来越多。世界各国在经济上的相互依赖日趋加强。这一时期，参与国际贸易的国家主要是发达资本主义国家和许多落后的殖民地或半殖民地国家，前者在国际贸易中居垄断地位，占绝对优势；而后者大多是被迫卷入世界资本主义的流通范围。

第二，国际贸易的增长速度下降，贸易格局发生了变化。据统计，截至第一次世界大战爆发前，国际贸易虽然仍呈现出明显的增长趋势，但同自由竞争时期相比，其速度已经下降了。例如，在 1840—1870 年的 30 年自由竞争期间，国际贸易量增长了 3.4 倍，而在 1871—1913 年的 42 年间，国际贸易量只增长了 3 倍。在 1914—1938 年间，由于受战争以及资本主义世界经济危机的影响，国际贸易量的年均增长率仅为 0.7%，国际贸易值反而减少了 32%，有的年份国际贸易的扩大过程几乎完全停滞。从国际贸易的地理格局看，英国在国际贸易中的比重和地位在明显下降，而其他西欧国家以及北美、非洲的一些国家在国际贸易中的比重在明显增长。

第三，垄断开始对国际贸易产生严重影响。垄断组织不仅控制了国内市场，而且在世界市场上也占据了垄断地位，通过垄断价格使国际贸易成为垄断组织追求利润最大化的手段。在这一时期，国际贸易中明显形成了大型垄断组织瓜分世界市场的局面。各垄断组织通过缔结国际协定，共同瓜分商品销售市场和原料产地，划分势力范围，规定商品的价格和生产规模。当然，垄断不但没有消灭竞争，反而使竞争在新的条件下变得更加激烈。

第四，一些主要资本主义国家的垄断组织开始资本输出。在垄断资本主义阶段，由于少数富裕的资本主义国家出现了大量的过剩资本，而本国能够获利的投资场所非常有限，垄断资本家为了追求高额垄断利润，也为了确保原料的供应和对市场的控制，就将资本输往殖民地。通过资本输出，扩大商品出口，占有原料产地，同时排挤竞争对手，确立自己在世界市场中的统治地位，以便攫取高额垄断利润。据统计，在第一次世界大战前，英、法、德三国仅资本输出一项，每年就可获得 80 亿法郎的超额利润。

二、国际贸易的新发展

1. 国际贸易对增强经济韧性的作用日益显著，服务贸易和技术贸易发展方兴未艾

当前，"经济韧性"已成为一个流行词汇。新冠疫情大流行以及自然灾害、人为灾害的增多，引发了有关全球经济应对冲击时如何更加具备韧性的讨论。世界贸易组织（WTO）在《世界贸易报告 2021》中指出，当今以高度贸易联系为特征的全球经济，虽然世界更容易受到自然灾害和人为火害的冲击，但是也更具备抵御能力；通过消除贸易一体化提高经济韧性的政策，往往会产生降低经济韧性的相反效果；加强经济韧性需要更多区域协作和多边贸易合作。未来，全球贸易体系面临的挑战是多种多样的，包括气候变化、流行病、网络攻击和数据欺诈，以及日益加剧的不平等、经济脆弱性、政治不确定性和地缘政治的紧张局势等。这些风险相互作用，将对环境、经济和社会产生一定程度的影响。

2022 年，我国服务贸易保持较快增长。全年服务进出口总额 59 801.9 亿元，同比增长 12.9%；其中服务出口 28 522.4 亿元，增长 12.1%；服务进口 31 279.5 亿元，增长 13.5%；逆差 2 757.1 亿元。

知识密集型服务进出口稳定增长。2022 年，知识密集型服务进出口 25 068.5 亿元，增长 7.8%。其中，知识密集型服务出口 14 160.8 亿元，增长 12.2%；出口增长较快的领域是知识产权使用费，电信计算机和信息服务，分别增长 17.5% 和 13%；知识密集型服务进口 10 907.7 亿元，增长 2.6%；进口增长较快的领域是保险服务，增速达 35.8%。

2. 跨境电子商务作为新兴的贸易方式，近年来发展迅猛

互联网在全球买卖双方之间架起了一座经济、高效沟通的"桥梁"。伴随着安全支付、订单追踪与客户服务等支持性技术的崛起，全球跨境电子商务市场规模已呈几何级数增长。在全球跨境电子商务迅猛发展浪潮中，中国跨境电子商务的表现格外亮眼。中国海关统计数据显示，2022年，我国跨境电子商务进出口2.11万亿元，增长9.8%。其中，出口1.55万亿元，增长11.7%。中国消费者通过电商平台从国际市场上购买的产品类别主要有化妆品与保健品、书籍、服装与配饰，以及计算机硬件与软件。与此同时，中国也在向美国、英国、巴西、德国、法国、俄罗斯、日本和韩国等国家出口手机与配件、时装、保健与美容、消费电子产品，以及运动与户外用品等。其中，产品种类的增多、条款的优化、地区覆盖程度的提升、质量的改进、更有吸引力的价格是推动跨境电子商务发展的主要因素。目前中国是全球最大的B2C跨境电商交易市场，全球26%的交易发生在此。

微课
中国跨境电
商发展前景

在中国的带动下，跨境电子商务将为电子商务的未来注入新动力。未来，随着全球物流、支付、贸易便利化条件持续改善，全球数字化进程加快，跨境电子商务有望迎来更多的发展机遇。

3. 贸易投资一体化趋势明显，跨国公司对全球贸易的主导作用日益增强

在经济全球化的推动下，生产要素特别是资本在全球范围内更加自由地流动，跨国公司通过在全球范围内建立生产和营销网络，推动了贸易投资一体化，并对国际经济贸易格局产生了深远影响。一是跨国公司已成为全球范围内资源配置的核心力量。目前全球跨国公司已超过8万家，跨国公司的生产总值已占全世界生产总值的1/3，并且已控制全世界2/3的国家贸易和技术转让业务。二是国际贸易竞争从以比较优势为主，转变为以跨国公司数量和在国际范围内整合资源的能力为主。这就意味着，一个国家具备国际竞争优势的企业越多，越可以在国际分工中更多地整合别国资源。三是国际贸易格局由产业间贸易转向以产业内贸易、公司内贸易为主。主要表现为，中间产品、零部件贸易在国际贸易中的比重增加。四是跨国公司产业转移不断加快，加工贸易在整个国际贸易中的比重持续提高，已成为发展中国家对外贸易的增长点。例如，华为技术有限公司（简称"华为"）作为全球领先的信息与通信技术（Information and Communications Technology, ICT）解决方案供应商，专注于ICT领域，坚持稳健经营、持续创新、开放合作，在5G和微波领域全球领先。作为一个全球化经营的跨国公司，华为在通信领域的主导作用越来越强。

4. 数字贸易发展将成为国际贸易和经济增长的新引擎

5G、物联网、云计算、大数据、人工智能等新一代数字技术的应用，为金融、保险、运输、旅游、文化、教育、医疗、研发设计等服务贸易提供了更多的数字化解决方案。数字贸易将带来国际贸易格局的变革、全球产业链和供应链的深度调整，同时也赋予了经济全球化新的内涵。世界主要国家都高度重视数字经济发展，把握新一

轮科技革命和产业变革新机遇，对数字贸易开放发展的系统性国际规则制度环境与监管协调机制提出了更高的要求。数字贸易是国际贸易创新发展的一次重大飞跃，在全球范围内呈快速发展趋势，潜力巨大，前景可观。2022年5月21日，由国家工业信息安全发展研究中心编制的《2021年我国数字贸易发展报告》通过梳理数字贸易的内涵和发展特点，总结提炼数字贸易的发展框架，提出以"数字交付服务贸易""数字订购服务贸易"和"数字订购货物贸易"为主体的数字贸易测度框架，并依据商务部、海关总署、两化融合公共服务平台数据，利用"数字融合比"法，对我国2018年至2020年数字贸易规模进行试测算，旨在进一步完善我国数字贸易规模测算体系和提出促进数字贸易发展的战略措施提供参考依据。此外，报告也为推动我国数字贸易高质量发展、提升我国数字贸易国际竞争力提出建议：一是健全数字贸易统计体系和监测方法；二是加强数字贸易制度供给和法律保障；三是优化服务贸易行业结构；四是提升传统产业进出口数字融合比；五是积极参与数字贸易国际合作。

5. 贸易自由化和保护主义的竞争愈演愈烈，各种贸易壁垒花样迭出

在经济全球化的推动下，世界各国经济交往愈加频繁，贸易自由化已是不可逆转的潮流。但是随着国际贸易规模的不断扩大，贸易摩擦产生的可能性也越大。当前，各国经济发展水平的不均衡性、区域贸易集团的排他性、贸易分配利益的两极化等都是造成贸易保护主义层出不穷的重要原因。

当前世界已进入贸易摩擦的高发期，并呈现出以下特点：一是基于战略利益考虑而引发的贸易摩擦增多。二是贸易保护的手段不断翻新。各种技术壁垒成为贸易保护的新式武器，知识产权纠纷成为国际贸易争端的重要内容。三是贸易摩擦从单纯的贸易问题转向更为综合的领域。社会保障问题、汇率制度问题等已成为引起贸易摩擦的重要因素，资源摩擦与贸易摩擦交互作用的趋势越来越明显。四是大国之间的贸易摩擦对世界的影响举足轻重。

◈ 国际贸易新视界

21世纪海上丝绸之路

案例背景：海上丝绸之路自秦汉时期开通以来，一直是沟通东西方经济文化交流的重要桥梁，而东南亚地区是海上丝绸之路的重要枢纽和组成部分。在中国与东盟建立战略伙伴关系10周年之际，为进一步深化与东盟的合作，2013年10月3日，我国提出建设"21世纪海上丝绸之路"的倡议。

"21世纪海上丝绸之路"的战略伙伴并不局限于东盟，而是以点带线，以线带面，增进同沿线国家和地区的交往，串起连通东盟、南亚、西亚、北非、欧洲等各大经济板块的市场链，发展面向南海、太平洋和印度洋的战略合作经济带，以亚欧非经济贸易一体化为发展的长期目标。由于东盟地处海上丝绸之路的十字路口和必经之地，将成为"21世纪海上丝绸之路"的首要发展目标，而中国与东盟已奠定了广泛的政治基础和坚实的经济基础，"21世纪海上丝绸之路"符合双方的共同利益和发展要求。

微课
数字丝绸
之路

"21世纪海上丝绸之路"的主要航线为：泉州—福州—广州—海口—北海—河内—吉隆坡—雅加达—科伦坡—加尔各答—内罗毕—雅典—威尼斯。

问题："21世纪海上丝绸之路"建设有何战略意义？

分析提示：党的二十大报告指出：中国坚持经济全球化正确方向，推动贸易和投资自由化便利化，推进双边、区域和多边合作。"21世纪海上丝绸之路"建设具有经济与外交的双重意义。"21世纪海上丝绸之路"是我国在世界格局发生复杂变化的时期，主动创造和平、和谐的对外合作环境的有力手段，为我国全面深化改革创造良好的机遇和外部环境。海洋是各国经贸文化交流的天然纽带，共建"21世纪海上丝绸之路"，是中国连接世界的新型贸易之路，其核心价值是通道价值和战略安全价值。

第二节　国际贸易的概念、分类和作用

❖ 引例

案例资料：

改革开放以来，中国的外贸依存度呈现不断增长的趋势，但不同时期中国外贸依存度增速表现出很大差异。从1980年到1990年，中国的外贸依存度从12.6%上升到30%，10年间提高了约18%，这段时间外贸依存度增长较快与改革开放初期外贸基数较低有关。从1990年到2000年，中国的外贸依存度上升到39.6%，10年间提高了约10%，在这段时间内，外贸依存度出现波动，其原因主要是外贸增长受汇率调整、亚洲金融危机等因素的影响。2001 年到 2005 年是中国外贸依存度上升最快的 5 年，到 2005 年，中国的外贸依存度上升到 63.9%，5 年间提高了约 24%。近年来，内需对中国经济的拉动效果不断上升，中国的外贸依存度已从 2006 年的 64% 下降到 2021 年的 34.1%，低于 42% 的世界平均水平，我国经济应对外部冲击的能力不断增强。

问题：根据我国外贸依存度的相关数据，如何看待我国外贸依存度发生的变化？

一、国际贸易的概念

微课
国际贸易的
基本概念

国际贸易（international trade）是指世界各国（地区）之间货物（goods）、服务（services）的交换活动，是世界各国在国际分工的基础上相互联系的主要形式。由于国际贸易是一种世界范围内的货物和服务的交换，因此又称为世界贸易（world trade）或全球贸易（global trade）。

从英语单词含义的角度很容易理解国际贸易的概念，"inter" 是 "互相的" 的意思，"national" 是 "国家的、民族的" 的意思，而 "trade" 是 "贸易" 的意思。仅从字面理解，国际贸易指国家之间的贸易，但这种字面理解并不全面，如中国香港地区是单独关税区，它与中国内地之间的贸易属于国际贸易范畴，但它不是一个国家，而是一个地区。因此，国际贸易范畴不仅是指国家间的货物和服务的交换活动，而且指地区之间（特别是单独关税区与所属国家、其他国家和它们相互之间）货物与服务的交换活动。

不含服务贸易，仅含货物贸易的国际贸易称为狭义的国际贸易；包含货物贸易和服务贸易的国际贸易称为广义的国际贸易。

那么 "外贸"（对外贸易）是否就是 "国贸"（国际贸易）呢？国际贸易是世界各国及地区对外贸易的总和；对外贸易是指一国（地区）与其他国家（地区）之间货物和服务的交换活动，英国和日本等岛国也称对外贸易为海外贸易（overseas trade）。由此可见，国际贸易与对外贸易既有联系又有区别。国际贸易和对外贸易都是跨越国境或关境的货物和服务的交换活动。国际贸易主要是从世界范围内考察国家与国家、国家与地区、地区与地区之间的货物与服务的交换活动。对外贸易则是从一个国家（地区）的角度来研究。"国际贸易" 与 "对外贸易" 的本质是相同的，只是从不同角度看待同一问题的观点不同。它们之间的关系是一般与个别的关系。

在国际贸易与对外贸易这一对基本概念以外，还需把握以下几个重要概念。

1. 国际货物贸易与国际服务贸易

按照贸易对象是否具有一定的物理形态，国际贸易可以分为国际货物贸易和国际服务贸易。

（1）国际货物贸易。国际货物贸易的买卖对象是具有一定物理形态的商品，是看得见、摸得着的有形货物，所以国际货物贸易也称为有形贸易（visible trade）。有形贸易的进出口必须办理通关手续，因而反映在海关统计中，构成一国或地区国际收支经常项目的重要内容。

（2）国际服务贸易。国际服务贸易是指国家或地区之间各种类型服务的交换活动，是无形贸易（invisible trade）的重要组成部分。服务贸易作为一个独立概念提出来并被普遍接受是在 20 世纪 70 年代。在过去近 40 年的发展中，服务贸易快速增长，为世界各国的经济发展提供了广阔的空间，成为衡量一个国家整体水平的重要指标。

"乌拉圭回合"达成的《服务贸易总协定》（*General Agreement on Trade in Services*，GATS）将服务贸易划分为四类：

① 过境交付（cross-border supply），指在一成员境内向任何其他成员境内提供服务。

② 境外消费（consumption abroad），指在一成员境内向任何其他成员的服务消费者提供服务。

③ 商业存在（commercial present），指一成员的服务提供者在任何其他成员境内通过商业存在提供服务。

④ 自然人流动（movement of personnel），指一成员的服务提供者在任何其他成员境内通过自然人提供服务。

这已成为"国际服务贸易"被各国普遍接受的定义。

第一类服务贸易是指服务的提供者与消费者都不移动，如通过电信、邮电、计算机网络实现的视听、金融、信息等服务。

第二类服务贸易的提供者是通过消费者的国境移动实现的，如接待外国游客，提供旅游服务，为国外病人提供医疗服务，接受外国留学生等。

第三类服务贸易与市场准入和直接投资有关，即服务的提供者将自己的生产要素（人员、资金、服务工具）移动到另一个缔约国或地区内，通过设立商业机构为消费者提供服务，取得收入，如外国公司到中国开办商店，设立商业机构、会计师事务所、律师事务所等。

第四类服务贸易是指服务贸易提供者（自然人）的过境移动在其他缔约方境内提供

服务而形成的贸易，如一国的医生、教师等在另一国或地区从事个体服务。

以上四类各国或地区之间的服务贸易，无论交易发生在何地，都属于服务贸易。服务贸易的消费者是服务的进口方，服务贸易的提供者则是服务的出口方。

相对于货物贸易，服务贸易具有以下特点：

① 国际服务贸易的标的具有无形性。货物贸易买卖的商品在空间形态上是确定的、可视的、有形的；而服务贸易买卖的商品在空间形态上是不固定的、不直接可视的、无形的。

② 国际服务贸易标的的生产和消费过程具有同步性。国际货物贸易中的商品生产和消费过程是可以分割的；而国际服务贸易中服务的提供和消费难以分割，也就是服务价值的形成和使用价值的创造过程，服务价值的实现和使用价值的让渡过程，以及使用价值的消费过程往往是同时发生的。

③ 国际服务贸易的标的是难以储存和反复转让的。货物是可以在时空上分离的物品，它可以存储、运输和反复转让；而服务不能存储、运输和反复转让。

④ 国际服务贸易一般不经过海关，也不显示在海关统计中。国际货物贸易必须经过海关，货物的进出口反映在一国的海关统计中。一国货物的进出口和服务的进出口构成一国国际收支经常项目的主要部分。

国际服务贸易与国际货物贸易尽管有诸多不同，但从总体上看，两者之间的关系是相互依存、相互促进的。一方面，国际货物贸易的发展会刺激与之有关的国际服务贸易的增长。例如，国际货物贸易的增长会带动与之相关的金融、运输、保险、通信等服务业的发展，而这些服务业一旦超越了一国或地区的界限即属于国际服务贸易的范畴。而一个国家或者地区所提供的国际服务贸易水平越高，越能促进该地区货物贸易的发展。因此，国际货物贸易的增长必然带动国际服务贸易的发展。这是被第二次世界大战后国际贸易的发展实践所充分证明的规律。另一方面，国际服务贸易的不断发展也带动了国际货物贸易的增长。例如，运输服务业的发展带来了对汽车、轮船、飞机等运输工具（属于货物贸易范畴）的需求。

🖥 知识窗

服务贸易成为开放型经济发展的新引擎和对外开放深化的新动力，居民生活服务业成为新增就业的容纳器和改善民生的新渠道。

服务贸易进入增速趋稳、结构趋优的新阶段。五年来，我国服务贸易年均增长率

2. 对外贸易额、国际贸易额与对外贸易量、国际贸易量

对外贸易额（value of foreign trade）、国际贸易额（value of international trade）与对外贸易量（foreign trade volume）、国际贸易量（international trade volume）是衡量一国对外货物贸易和国际货物贸易规模的重要指标。以货币表示的按现行价格计算的一国一定时期（通常为 1 年）的对外贸易总额，称为对外贸易额或对外贸易值。联合国及世界贸易组织编制和发表的世界各国对外贸易额的资料，一般以美元表示。

对外贸易额是一国（地区）出口贸易额与进口贸易额的总和。一国（地区）将本地生产或加工的商品输往其他国家或地区，这种活动称为出口贸易。一国（地区）将外国（地区）生产或加工的商品输入本国（地区），这种活动称为进口贸易。一国（地区）的出口贸易收入称为出口额，进口贸易支出称为进口额。一国（地区）在一定时期（通常为一年）内出口额与进口额的差额称为贸易差额（balance of trade）。当一国出口额大于进口额时，称为贸易顺差（surplus of trade）或出超（favorable balance of trade）。当一国进口额大于出口额时，称为贸易逆差（deficit of trade）或入超（unfavorable balance of trade）。

同一货币单位表示的世界各国货物出口总额或进口总额，称为国际贸易额或国际贸易值，通常以美元表示。从一国或地区来说，出口额与进口额之和构成一国或地区的对外贸易额。但从整个世界来分析，一国（地区）的出口就是另一国（地区）的进口，如果把各国（地区）的对外贸易额相加就会造成重复计算。由于世界上的大多数国家根据装运港船上交货价（FOB）计算出口额，用成本加保险费、运费价（CIF）计算进口额，世界进口额比世界出口额增加了运费和保险费。所以，世界出口货物总额总是小于世界进口货物总额。

由于进出口商品的价格经常变动，对外贸易额难以反映某国（地区）贸易的实际规

模和发展变化，如果以国际贸易实物数量来表示，则能避免上述矛盾。但是，参加对外贸易的商品数量繁多，计量标准各异，无法将它们直接相加。为此，一般要选择以某一固定年份为基期，以基期计算的报告期出口或进口价格指数去除报告期的出口额或进口额，则得到按不变价格计算的进口额或出口额。按不变价格计算的对外贸易额已经排除了价格波动的影响，反映对外贸易的实际规模，故称为对外贸易量。国际贸易量则是以一定时期的不变价格为标准计算的国际贸易额。

3. 对外贸易商品结构与国际贸易商品结构

就某一个国家（地区）而言，对外贸易商品结构（composition of foreign trade）是指一定时期内进出口贸易中各类商品的构成情况，即某大类或某种商品的进出口贸易额与整个进出口贸易额之比，以份额表示。一国的对外贸易商品结构可以反映该国的经济发展水平、科技发展水平、产业结构状况。如发达国家的出口商品以机器设备等工业制成品为主，发展中国家的出口商品以初级产品和劳动密集型产品为主。因此，第二次世界大战后，国际贸易商品结构的变化趋势很显然对发展中国家较为不利，对发达资本主义国家十分有利。

国际贸易商品结构（composition of international trade）又称进出口商品结构，是指一定时期内各大类商品或某种商品在整个国际贸易中所占的比例，它用各类或某种商品的贸易额与国际贸易总额的比重来表示。第二次世界大战后，随着世界生产力的发展和科学技术的进步，国际贸易商品结构发生了很大变化，初级产品比重大大下降，工业制成品比重不断提升，特别是化工产品、工程产品及一些技术密集型产品的比重显著增加，对不同类型国家的经济产生了不同的影响。

4. 对外贸易地理方向与国际贸易地理方向

对外贸易地理方向（direction of foreign trade），是指一定时期内各个国家或国家集团在一国或地区对外贸易中所占有的地位，通常是由它们在该国或地区的进出口总额中的比重来表示。对外贸易地理方向指明一国或地区出口商品的去向和进口商品的来源，从而反映该国或地区与其他国家或国家集团之间经济贸易联系的程度。决定一国或地区对外贸易地理方向的主要因素是经济的互补性、国际分工的形式，以及贸易政策。

国际贸易地理方向（direction of international trade）是指世界各国或各地区在国际贸易中所占的比重，说明各国、各地区参与国际交换的水平及其在国际贸易中的地位。计算时可用它们的进（出）口贸易额占世界进（出）口贸易总额的比重来表示。它是反映国际贸易地区分布与商品流向的指标。

对外贸易地理方向与国际贸易地理方向之间的关系类似于对外贸易与国际贸易之间

的关系，即从不同角度分析同一问题。站在世界的角度考察国际贸易，即可用国际贸易地理方向来分析；站在一国或地区的角度考察对外贸易，即可用对外贸易地理方向来分析。

5. 贸易条件与对外贸易依存度

贸易条件（term of trade），又称贸易比价或进出口商品比价，指一国在一定时期（通常为一年）内出口商品价格指数和进口商品价格指数之间的比率。其价格关系反映了一国在对外商品交换上的数量关系，计算公式为：

贸易条件 = 出口商品价格指数 / 进口商品价格指数 ×100

如果指数上升，贸易条件大于 100，则说明出口商品价格比进口商品价格相对上涨，意味着每出口一单位商品能换回的进口商品数量比原来有所增加，表明贸易条件比基期有所改善，较基期有利于出口；反之，如果指数下降，贸易条件小于 100，则表明贸易条件恶化，不利于出口。

对外贸易依存度（ratio of dependence on foreign trade）又称外贸依存度，是一国国民经济对进出口贸易的依赖程度。通常用进出口总值占国民生产总值（GNP）或国内生产总值（GDP）的百分比来表示。对外贸易依存度可分为出口贸易依存度和进口贸易依存度，前者是出口总值占 GNP 或 GDP 的百分比，后者是进口总值占 GNP 或 GDP 的百分比。

对外贸易依存度反映了一个国家或地区参与国际分工和国际经济技术合作的程度，也是衡量一个国家或地区对世界经济变动敏感性的标尺，不同国家在不同时期的对外贸易依存度是不同的。

◈ 职业判断

外贸依存度比较

职业判断
分析提示

案例资料：

中国海关总署公布的数据显示，2021 年中国进出口贸易总额 39.1 万亿元人民币，同比增长 21.4%；2021 年，中国的国内生产总值约 114.37 万亿元人民币。日本财务省公布的数据显示，2021 年日本的出口总额为 85.88 万亿日元，比上一年增长 23.6%；进口总额为 91.25 万亿日元，比上一年增长 33.3%；2021 年，日本的国内生产总值约 4.9 万亿美元。

问题：根据外贸依存度的计算方法，分别计算中国和日本两国 2021 年的外贸依存度，并加以对比。

　　　　　　　　　　第二节　国际贸易的概念、分类和作用

6. 贸易差额与国际收支

贸易差额（balance of trade）是指一国或地区在一定时期（通常为一年）内出口值与进口值之间的差额。如出口值超过进口值则称为出超，又称为贸易顺差；如进口值超过出口值则称为入超，又称为贸易逆差。贸易顺差表明这个国家或地区的贸易收入大于贸易支出，贸易逆差表明这个国家或地区的贸易收入小于贸易支出。

贸易差额是衡量一个国家或者地区对外贸易状况的重要标志之一。在一般情况下，贸易顺差反映一个国家或地区的商品在国际市场的竞争中处于优势，在对外贸易收支中处于有利地位。贸易逆差反映一个国家或地区的商品在国际市场的竞争中处于劣势，在对外贸易收支中处于不利地位。

国际收支（balance of payment）是指一国或地区在一定时期（通常为一年）内对外国（或地区）的全部经济交易所引起的收支总额对比。如果收入大于支出，则称为国际收支顺差（或称黑字）；如果支出大于收入，则称为国际收支逆差（或称赤字）；收支相等则称为国际收支平衡。国际收支集中反映在国际收支平衡表中，能从一个侧面反映一国或地区的经济实力以及对外经济活动状况。

7. 进口替代与出口导向

进口替代（import substitution）属于一种经济发展策略，是指一个国家或地区发展本国或地区生产的工业品（即本国或本地产品）来替代原先依靠进口的工业品。发展本地化生产，首先要从国外进口技术设备和原材料，开发替代进口国的产品生产，其进程一般由轻工业品的进口替代转向重化工业品的进口替代。进口替代的立足点放在本地生产和消费上，以便节省外汇，建立本国工业体系。实行进口替代一般需配合贸易保护政策，以利于本地新兴工业的发展。这样一来，工业化进程的时间更长，工业竞争更加激烈。

出口导向（export leading）是指一个国家发展本国或地区的工业品出口，以便替代原先的初级产品出口，如棉布替代棉花出口、石油替代原油出口等。出口导向也是一种经济发展战略。出口导向包括初级产品加工后出口、轻纺工业品出口、重化工业品出口等不同出口导向阶段。出口导向的立足点放在本地产品对国际市场的占有上。因此，实施出口导向战略必须建立在一定的工业基础和国际竞争力上。

由此可见，进口替代与出口导向是一国或地区走工业化道路，利用国际贸易发展本国或地区经济的两种不同的战略选择，两者之间具有一定的联系。根据拉丁美洲、亚洲一些工业化和半工业化国家（地区）的发展历史和经验教训，两种战略选择必须根据各自不同的国情和当时的国际经济环境具体分析，慎重选择。

二、国际贸易的分类

微课
国际贸易的
分类

国际贸易的分类有很多种，必须先把握其分类标准，再理解其分类结果。

1. 以货物移动方向为标准

以货物移动方向为标准，可以将国际贸易划分为出口贸易、进口贸易及过境贸易等。

（1）出口贸易（export trade）。指将本国或地区生产和加工的商品运往他国或地区市场销售，称为出口贸易或输出贸易。

（2）进口贸易（import trade）。指将外国或地区的商品输入本国或地区市场进行销售，称为进口贸易或输入贸易。

关于出口贸易和进口贸易还有如下几个概念。

复出口（re-export trade）。指外国或地区商品进口后，未经加工又输往外国或地区销售的活动。形成复出口的原因主要与经营转口贸易有关。

复进口（re-import trade）。指本国或地区商品出口后，在外国或地区未经加工而重新输入本国或地区的活动。造成复进口的原因是商品出口后未能销售或者商品遭受损坏等。复进口具有偶然性，无实际商业意义。

净出口（net export）。指一个国家或地区在一定时期（通常为一年）内，某种商品的出口量大于进口量，其超出部分即为净出口。

净进口（net import）。指一个国家或地区在一定时期（通常为一年）内，某种商品的进口量大于出口量，其超出部分即为净进口。

净出口和净进口能够反映一国或地区在某种商品的贸易上所处的地位。净出口说明该国或地区在某一特定商品的生产上具有较强的能力，其生产和出口在国际贸易中处于优势；净进口说明该国或地区对特定商品的生产能力较弱，在国际贸易中处于劣势和依赖地位。净出口和净进口都是以数量来表示的。

（3）过境贸易（transit trade）。指一国商品经过另一国的国境运往第三国销售，对另一国而言，这种贸易活动就是过境贸易。

过境贸易又分为直接过境贸易和间接过境贸易。直接过境贸易是指外国商品运到本国国境后，不存放在海关仓库，而是在海关的监督下，通过本国的港口或车站输出国外。它完全是为了转运关系而通过国境的。间接过境贸易是指外国商品运到本国国境后，由于各种原因先暂时存放在海关仓库，然后再提出运往国外。过境货物应按照海关规定办理过境手续。

过境贸易产生的原因一般是一些国家或地区没有港口，必须依赖他国港口转运。如非洲一些内陆国家（如尼日尔、马里等国）大多依赖多哥的洛美和贝宁的科托努港口转运物资，因此这些国家的进出口贸易大多要过境多哥和贝宁。

2. 以国境和关境为标准

以国境和关境为标准，可以将国际贸易划分为总贸易和专门贸易。

（1）总贸易（general trade）。指以进出国境为标准，凡是进入国境的商品一律列为总进口，离开国境的商品一律列为总出口，总出口加上总进口就是一国的总贸易额。

（2）专门贸易（special trade）。指以进出关境为标准，凡是运入关境的商品一律列为专门进口，运出关境的商品一律列为专门出口，专门出口加上专门进口就是一国的专门贸易额。

在国际贸易统计中，总贸易体系与专门贸易体系是两种不同的统计方法。总贸易体系是指以一国的国境作为统计界限，即以货物通过国境作为统计进出口的标准。专门贸易体系是指以关境作为统计界限，即以货物通过海关结关作为统计进出口的标准。总贸易体系和专门贸易体系说明的是不同的问题。前者说明一国在国际货物流通中所处的地位和所起的作用；后者说明一国作为生产者和消费者在国际货物贸易中具有的意义。

由于各国在编制统计时采用的方法不同，所以联合国发表对外贸易额资料，一般均注明是按照何种贸易体制编制的。目前采用总贸易体系的有 90 个国家和地区，包括日本、英国、加拿大、美国、澳大利亚等；采用专门贸易体系的有 83 个国家和地区，包括德国、意大利、法国等。我国采用的是总贸易体系。

哪个国家采用何种贸易体系，一般的判断是：大国、岛国、陆上邻国较少的国家采用总贸易体系；而关境大于国境（如欧盟成员国）的国家和地区一般采用专门贸易体系。

📖 **知识窗**

国境和关境的区别

关境亦称"税境""海关境域""关税境域"或"关税领域"，指一国海关法规可以全面实施的领域。一般而言，一国的关境与其国境（包括领陆、领水、领空）的范围是一致的，关境即国境。但是，也有一些国家和地区的关境与国境不一致。在设有自由贸易区、自由贸易港、保税区的国家，这些自由贸易港、自由贸易区及保税区不属于该国的关境范围之内，这部分地区被称为"关境以外的本国领土"。此时，关境小于国境。相反，在缔结关税同盟的国家之间，相互不征收进出境货物的关税，关境包括几个缔约国的领土，这一地区被称为"关境以内的外国领土"，关境大于国境。有关关境的法律条文一般在各国的海关法中予以载明。

一般情况下，关境与国境的关系分为三种：（1）关境等于国境。（2）关境大于国境，如结成关税同盟的国家，其成员国之间货物进出国境不征收关税，只对来自和运往非同盟成员国的货物在进出共同关境时征收关税，此时应认为每个成员国的关境大于国境，如欧盟。（3）关境小于国境。如在设有保税区、自由贸易港和自由贸易区的国家。

3. 以商品形态为标准

以商品形态为标准，国际贸易可以分为有形贸易和无形贸易。

（1）有形贸易（visible trade）。指有形的、可以看得见的商品贸易，即如前文所述的国际货物贸易。

（2）无形贸易（invisible trade）。指非实物形态的贸易，如金融、运输、旅游、计算机服务、设备租赁、技术转让、法律咨询等劳务的提供与接受。无形贸易又称劳务贸易，如前文所述的服务贸易。

有形贸易和无形贸易是紧密相连的。国际贸易首先是从有形贸易开始发展的，后来随着贸易往来的扩展和国际经济关系的扩大才出现了无形贸易，而无形贸易又促进了有形贸易的发展。两者共同构成一国的国际收支。但有形贸易和无形贸易也有区别，通常有形贸易的进出口要经过海关手续，其进出口额表现在海关的贸易收支上，是国际收支的主要构成部分；而无形贸易不经过海关手续，也不显示在海关的贸易统计上，但它也是国际收支的一部分。

4. 以贸易是否有第三国（地区）参加为标准

以贸易是否有第三国（地区）参加为标准，国际贸易分为直接贸易、间接贸易和转口贸易。

（1）直接贸易（direct trade）。商品生产国与消费国不通过第三国（地区）进行买卖商品的行为，称为直接贸易。由于直接贸易免除了转口商的渔利活动，减少了中间环节，节省了流通费用，对出口国和进口国都十分有利。因此，在国际贸易中，大多采用直接贸易的方式。

（2）间接贸易（indirect trade）。商品生产国与消费国通过第三国（地区）进行买卖商品的行为，称为间接贸易。间接贸易的存在主要是由于运输航线不通、销售渠道不畅、外汇结算困难或存在政治障碍等原因造成的。在国际贸易中，有相当一部分贸易是以间接贸易方式进行的，间接贸易在发展中国家所占的比重较大。

（3）转口贸易（entreport trade），又称"再输出贸易"或"中转贸易"。商品生产国与商品消费国通过第三国（地区）进行的贸易，对第三国（地区）来说，就是转口贸易。

第三国从商品生产国进口商品，不是为了本国生产和消费的需求，而是再向其他消费国出口，通过从事转口贸易获取大量转口利润。从事转口贸易的大多是一些地理位置优越、运输条件便利、商业发达、与世界各地贸易联系频繁、信息灵通、贸易限制较少的国家或地区。目前世界三大转口贸易中心依次是新加坡、中国香港和迪拜。

议一议
举例说明转口贸易与过境贸易有什么区别。

转口贸易有两种经营方式：

① 间接转口，即把商品从生产地输入，然后由该国商人再销往商品的消费地。

② 直接转口，即转口商人仅参与商品的交易过程，而商品仍从生产地直接运往消费地。

转口贸易的货物一般不办理海关手续。

5. 以清偿工具为标准

以清偿工具为标准，国际贸易分为现汇贸易和易货贸易。

（1）现汇贸易（spot exchange trade）。指在国际贸易中，以货币为清偿工具的贸易。当然，作为清偿工具的货币必须是在国际金融市场上能自由兑换的，如美元、欧元、日元等。

（2）易货贸易（barter trade）。把进口与出口结合起来，买卖双方有进有出，互换货物，且货物价值基本相近，一般不需要用外汇支付，仅通过单据的交换，即可完成交易。通过易货贸易可缓解买卖双方因外汇紧缺而造成进口能力不足的矛盾，克服因外汇支付困难形成的贸易障碍，避免外币动荡和汇率变化对贸易的影响，有利于促进双方的贸易往来。当然，易货贸易也有它的局限性，如可供交换的商品种类有限，必须是双方正好需要的货物，而且进口和出口还要保持大体平衡，从而也就限制了贸易的规模；交易过程复杂，费时费力。另外，货物计价通过政府间谈判确定，而不是由市场竞争决定，使得贸易条件往往受诸多因素制约。因此，在国际贸易中一般较少采用严格的或单纯的易货贸易。

6. 以货物运送方式为标准

以货物运送方式为标准，国际贸易可分为以下几类：

（1）陆路贸易（trade by roadway）。在国际贸易中，以陆路运输工具（如火车、汽车等）运送货物的，称为陆路贸易。陆地相邻国家间的贸易，大多采取此种方式。

（2）海路贸易（trade by seaway）。在国际贸易中，以海洋运输工具运送货物的，称为海路贸易。国际贸易中大部分货物都是通过海上运送方式完成的。

（3）空运贸易（trade by airway）。在国际贸易中，以航空方式运送货物的称为空运贸易。对于一些贵重的、体积较小、数量较少的货物，往往采用航空运送的方式。

（4）管道运输贸易（trade by pipeline transport）。在国际贸易中，以管道作为运输工具的一种长距离输送液体和气体物资的，称为管道运输贸易。管道运输是一种专门由生产地向市场输送石油、煤和化学产品的运输方式，多用于石油、天然气等大宗商品的贸易中。

（5）邮购贸易（trade by mail order）。在国际贸易中，以邮政包裹方式寄送货物的，称为邮购贸易。它只限于数量不大的交易，随着电子商务的兴起，有了一定程度的发展。

（6）多式联运贸易（trade by multimodal transport）。在国际贸易中，以上述运输方式中的任何两种或两种以上的运输方式运送货物的，称为多式联运贸易。

7. 以参加贸易国家的经济水平为标准

以参加贸易国家的经济水平为标准，国际贸易可分为水平贸易和垂直贸易。

（1）水平贸易（horizontal trade）。指经济发展水平大体相同的国家之间进行的贸易活动，如发达国家之间的贸易或发展中国家之间的贸易，就属于水平贸易。

（2）垂直贸易（vertical trade）。指经济发展水平不同的国家之间进行的贸易活动，如发达国家与发展中国家之间的贸易，就属于垂直贸易。由于发达国家大多位于北半球，发展中国家大多位于南半球，故又称"南北贸易"。

三、国际贸易的作用

1. 国际贸易在一国或地区国民经济中的地位

国际贸易在资本主义社会之前的经济中并不占据重要地位。但是，进入资本主义社会后，国际贸易已成为一国国民经济的有机组成部分，以及国民经济整体中不可缺少的重要环节。

列宁继承和发展了马克思关于资本主义生产必须依存对外贸易的理论。

列宁指出，资本主义之所以需要国外市场，并不是像某些经济学家所说的，是因为资本主义的发展会引起小生产者的破产，缩小了国内市场，因而需要国外市场；或是因为在国内市场范围内不可能解决社会生产品的销路问题，只有把产品输往国外市场，剩余价值才能实现。事实上，随着资本主义的发展，社会分工日益加深，国内市场不是缩小了，而是不断扩大了。资本主义国家之所以必然需要国外市场，是由资本主义发展的具体历史条件决定的。

在社会主义市场经济制度下，国际贸易在国民经济中同样占有十分重要的地位。由于社会主义国家要求大力发展社会生产力，要求最大限度地满足人民群众日益增长的物质文化需要，要求不断发展国家的对外关系。所以，国际贸易对社会主义国家来说并不是可有可无的，而是国民经济的有机组成部分，是国民经济不可缺少的重要环节。

2. 国际贸易在一国国民经济中的作用

国际贸易对一国经济的发展起到重要的促进作用，也是世界各国发展对外关系的纽带和手段。具体来说，对外贸易的作用包括：

（1）互通有无，调剂余缺。由于自然条件不同，社会经济条件各异，任何一个国家都不可能拥有或生产它所需要的一切商品。通过国际贸易，能够在各国之间互通有无，实现使用价值的转换。缺少原料的国家，可以依靠进口原料生产更多的工业制成品；食品生产不足的国家，可以通过国际贸易来满足本国人民的生活需要；经济发展水平较低的国家，可以依靠本国在生产上具有相对优势的产品的出口，换取本国经济发展所需的机器设备和先进技术，从而有助于加速一国经济的发展。就不同的商品来说，由于自然条件或其他生产条件的变化，或由于需求方面的变化，在国内市场上常常会出现供过于求或求过于供的状况。通过对外贸易，可以调剂余缺，使经济获得相对稳定的发展。

（2）可以阻止利润率的下降趋势。由于技术进步和市场竞争，企业必须不断进行资本积累，以便更新机器设备。这就必然会使资本的有机构成不断提高，即在全部资本中不变资本所占的比重越来越大，可变资本所占的比重越来越小，从而使利润率呈现下降趋势。国际贸易是阻止利润率下降的重要因素，主要原因包括：① 通过国际贸易可以从国外获得廉价的原料和商品，从而降低工资，降低生产成本；② 通过国际贸易可以扩大工业制成品的销路，从而得以扩大生产规模，充分发挥现有生产设备的能力，获得规模经济效益；③ 国际市场上的竞争往往比国内市场上的竞争更为激烈，这就迫使企业不得不努力改进技术，提高产品质量，提高劳动生产率，降低生产成本。

（3）节约社会劳动，增加生产总量，推动经济的发展。由于种种原因，各国不同部门的生产力之间存在着差距，一国出口本国具有相对优势的产品，进口本国处于相对劣势的产品，通过交换，可以节约社会劳动，增加社会产品总量，从而推动经济的高速发展。

（4）发展对外关系的纽带和手段。随着历史的发展，各国之间的交往越来越频繁，联系越来越紧密。国际贸易是各国对外经济关系的核心。一国经济状况的变化，往往可以通过国际贸易影响到其他国家。通过国际贸易，各国间可以相互合作，有助于维护世界和平，促进各国经济的发展。同时，在一定情况下，国际贸易也可以成为各国进行竞争的重要手段。

🏵 国际贸易与中国经济

强劲发展的中国进出口贸易

案例背景：2022 年 1 月 14 日，海关总署发布的统计数据显示，2021 年中国货物贸易进出口总值为 39.1 万亿元人民币，比 2020 年增长 21.4%。其中，出口 21.73 万亿元，比 2020 年增长 21.2%；进口 17.37 万亿元，比 2020 年增长 21.5%。

2021 年，中国外贸进出口无论在规模上还是在质量上都实现了新的突破，为中国经济发展贡献巨大力量。主要体现在五个方面：

第一，国际市场份额更高。根据最新数据测算，2021 年，中国出口和进口的国际市场份额分别为 15.1% 和 11.9%，全球货物贸易第一大国地位更加巩固。

第二，新型业态发展更快。2021 年，中国跨境电子商务出口同比增长 24.5%，市场采购出口增长 32.1%。

第三，开放平台的作用更强。2021 年，中国综合保税区进出口增长 24.3%，自贸试验区进出口增长 26.4%，海南自由贸易港进出口增长 57.7%。

第四，主体活力更足。2021 年，中国有进出口实绩的外贸企业 56.7 万家，增加了 3.6 万家，其中民营企业对外贸增长的贡献率达 58.2%。

第五，进出口结构更优。一般贸易进出口占比提升了 1.6%，出口产品中近六成是机电产品，中西部地区进出口额增长 22.8%，对欧美日等发达经济体进出口增长 17.5%，对拉丁美洲、非洲进出口分别增长了 31.6% 和 26.3%。

中国加入世界贸易组织 20 年来，货物贸易进出口总值从 2001 年的 4.22 万亿元人民币增至 2021 年的 39.1 万亿元，年均增长 12.2%，见证了 20 年来中国货物贸易跨越式的发展历程。中国货物贸易进出口发展呈现六大特点：一是进出口增长超过 8 倍，中国货物贸易规模跃居世界第一。二是出口产品结构变化显著，机电产品占比接近六成。三是扩大进口不断发力，高新技术、资源类产品进口稳步增长。四是贸易伙伴多元发展，东盟成为中国最大的贸易伙伴。五是外贸主体数量倍增，民营企业成为第一大经营主体。六是外贸发展新动能不断激发，外贸新业态日新月异。

问题：面对百年未有之大变局，中国的进出口贸易为什么能保持强劲发展势头？站在加入世界贸易组织 20 周年的新起点，未来中国的进出口贸易在哪些方面有发展优势？

一、单项选择题

1. 总贸易以进出国境为标准，凡进入（　　）的商品一律列为总进口。

    A. 国境   B. 关境

    C. 边境   D. 保税区

2. 在人类历史上，对外贸易产生于（　　）。

    A. 原始社会早期   B. 原始社会末期

    C. 奴隶社会末期   D. 封建社会早期

3. 社会生产的发展和（　　）是国际贸易产生和发展的基础。

    A. 国际分工   B. 自然条件

    C. 人口、劳动规模   D. 市场规模

4. （　　）是指一国国民经济对进出口贸易的依赖程度。

    A. 对外贸易对比度   B. 对外贸易依赖度

    C. 对外贸易依存度   D. 国民经济依存度

5. 货物生产国与消费国通过第三国进行的贸易对第三国而言是（　　）。

    A. 过境贸易   B. 转口贸易

    C. 直接贸易   D. 多边贸易

二、多项选择题

1. 下列关于易货贸易的优点表述正确的是（　　）。

    A. 克服因外汇支付困难形成的贸易障碍

    B. 避免外币动荡和汇率变化对贸易的影响

    C. 有利于促进双方的贸易往来

    D. 限制了贸易的规模

2. 以货物运送方式为标准，可将国际贸易分为（　　）。

    A. 陆路贸易   B. 海路贸易

    C. 管道贸易   D. 空运贸易

    E. 邮购贸易

3. 一国货物和服务的进出口构成一国国际收支经常项目的主要部分，国际货物贸易与国际服务贸易的最大区别是，货物出口可以（　　）。

    A. 不经过海关   B. 运输

C. 反复转让　　　　　　　　　　　D. 转运

E. 直运

4. 以货物移动方式为标准来分类，国际贸易可分为（　　）。

A. 出口贸易　　　　　　　　　　　B. 进口贸易

C. 过境贸易　　　　　　　　　　　D. 总贸易

E. 专门贸易

5. 国际贸易在一国国民经济中的作用体现在（　　）。

A. 互通有无，调剂余缺　　　　　　B. 阻止利润率下降趋势

C. 节约社会劳动　　　　　　　　　D. 发展对外关系的纽带和手段

E. 不利于国内产品的竞争

三、判断题

1. 依照商品形式，对外贸易可分为有形贸易和无形贸易。　　　　　　（　　）

2. 国际贸易值是以货币表示的，而国际贸易量是以数量表示的。　　　（　　）

3. 依照商品形态，对外贸易可分为有形贸易和无形贸易。　　　　　　（　　）

4. 以参加贸易国家的经济水平为标准，国际贸易分为水平贸易和垂直贸易。（　　）

5. 转口贸易有直接转口和间接转口两种经营方式。　　　　　　　　　（　　）

6. 在国际贸易中有相当一部分是以间接贸易方式进行的，间接贸易在发达国家所

占比重较大。　　　　　　　　　　　　　　　　　　　　　　　　（　　）

7. 剩余产品的出现是国际贸易产生的必要条件之一。　　　　　　　　（　　）

8. 以贸易是否有第三国（地区）参加为标准，国际贸易分为直接贸易、间接贸易

和转口贸易。　　　　　　　　　　　　　　　　　　　　　　　　（　　）

9. 设有保税区、自由港和自由贸易区的国家一般关境大于国境。　　　（　　）

10. 按照商品形态分类，国际贸易可分为现汇贸易和易货贸易。　　　（　　）

国际贸易理论

第二章

素养目标

- 学会甄别和运用西方贸易理论，洋为中用，树立民族自信心和自豪感
- 培育外贸从业人员的法治思维、辩证思维和创新思维

知识目标

- 掌握国际贸易理论的发展
- 熟悉绝对成本学说和比较成本学说
- 了解自由贸易理论和保护贸易理论

技能目标

- 能够利用绝对成本学说和比较成本学说分析问题
- 能够理解重商主义、保护贸易理论的主要主张并加以运用
- 能够利用产品生命周期说、产业内贸易理论的主要内容分析现实问题

思维导图

```
                        ┌──────────────────┐        绝对成本学说
                   ┌────│  古典自由贸易理论  │────┤
                   │    └──────────────────┘        比较成本学说
                   │
                   │                                重商主义
      ┌────────┐   │    ┌──────────────┐            保护幼稚工业学说
      │ 国际   │   │    │              │────┤
      │ 贸易   │───┼────│  保护贸易理论  │            超保护贸易理论
      │ 理论   │   │    │              │
      └────────┘   │    └──────────────┘            保护贸易理论的新发展
                   │
                   │                                赫克歇尔－俄林贸易学说
                   │                                里昂惕夫之谜
                   │    ┌──────────────┐            国际贸易新要素理论
                   └────│ 现代与当代     │────┤
                        │ 国际贸易理论   │            产品生命周期说
                        └──────────────┘            产业内贸易理论
                                                    战略贸易政策理论与管理贸易理论
```

学习计划

● 素养提升计划

_____

_____

_____

● 知识学习计划

_____

_____

_____

● 技能训练计划

_____

_____

_____

第一节　古典自由贸易理论

一、绝对成本学说

1. 绝对成本学说提出的背景

　　亚当·斯密（Adam Smith，1723—1790 年）是英国古典经济学的主要奠基人之一，也是国际分工理论的创始者，他的代表著作是 1776 年出版的《国民财富的性质和原因的研究》，简称《国富论》。亚当·斯密所处的时期是从工场手工业到机器大工业的过渡时期。随着英国产业革命的展开，新兴的资产阶级发展资本主义的迫切要求受到中世纪遗留下来的封建行会规章制度的限制。重商主义（极端保护主义）政策体系的束缚，使他们从海外获得大量廉价原料，开拓产品的销售市场的愿望难以实现。亚当·斯密站在产业资产阶级的立场上，1776 年发表了《国富论》，批判了重商主义的"贸易差额"论和保护贸易政策，在国际分工方面提出了主张自由贸易的绝对成本学说（也称绝对优势学说）。

微课
古典自由贸易
理论

2. 绝对成本学说的主要观点

　　亚当·斯密的绝对成本学说是建立在分工和国际分工学说基础之上的，他用一国内部不同职业、不同工种之间的分工原则来说明国际贸易分工。其主要观点如下：

　　（1）分工能提高劳动生产率，增加社会财富。在《国富论》中，亚当·斯密十分强调分工的利益。在他看来，分工可以提高劳动熟练程度；使每个人专门从事某项作业，节省了与生产无关的时间；分工还有利于发明创造和改进工具。他以手工工场中的制针业为例，认为在没有分工的情况下，一个粗工每天最多只能制造 20 枚针，有的甚至连一枚也制造不出来，而在分工之后，平均每人每天可制造 4 800 枚针，每个工人的劳动生产率提高了 200 多倍，这显然是分工的效果。亚当·斯密认为：分工是由交换引起的。人们为了交换，就要生产能交换的产品。每个人都专门从事他最具优势产品的生产，然后彼此进行交换，这对每个人都有利。如果每个国家都按照其绝对有利的生产条件进行专业化生产，然后彼此进行交换，对每个交换国都有利。因此，分工带来的劳动生产率的提高是增加国民财富的重要条件。

(2) 分工的依据是绝对优势或绝对成本。亚当·斯密认为：若外国能将比我们自己制造还便宜的商品供应给我们，我们最好就使用自己的有利产业生产出来的物品的一部分去向他们购买。那么，一国如何确定哪种产品的生产具有优势呢？如何判断另一国的某种商品便宜与否呢？亚当·斯密的依据是生产成本。一国应把本国生产某种商品的成本或费用与外国生产同种商品的成本或费用进行比较，以便决定是自己生产还是从国外进口。若比较结果证明一国某种商品的生产成本绝对低于他国，则该国生产这种产品的产业就是具有绝对优势的产业；相反，则是处于绝对劣势的产业。各国按照这种绝对成本差异进行国际分工，生产本国最具优势的产品进行贸易，就能将各国的资源、资本和劳动力得到最有效的利用，并大大提高劳动生产率，增加各国的物质福利。

(3) 绝对优势来源于自然禀赋或后天有利的条件。亚当·斯密不仅论证了国际分工的基础是各国商品间存在的绝对成本差异，而且进一步指出了绝对成本差异存在的原因。他认为，各国都有适宜生产某种特定产品的绝对有利的条件，因而该产品的生产成本会绝对低于别国。这种绝对优势来源于两方面：一是自然禀赋，即一国在气候、环境、土壤、矿产资源等自然条件方面的优势，属于天赋的优势；二是各国人民通过后天的教育、培训而获得的知识和特殊的工艺技能。如果一国具备其中的一种优势，它的劳动生产率就会比别国高，生产成本自然就比别国低了。

3. 绝对成本学说的例证说明

现以英国和葡萄牙两国同时生产油和呢绒为例，对亚当·斯密的国际分工理论做进一步分析说明。

表 2-1　英国和葡萄牙的绝对成本差异

项目	英国	葡萄牙
呢绒	100 人	110 人
油	120 人	80 人

由表 2-1 可见，英国和葡萄牙生产呢绒和油的成本各不相同。一年生产 1 个单位的呢绒和油，英国分别需要 100 人和 120 人；而葡萄牙分别需要 110 人和 80 人。从劳动力数量的比较来看，同一时期生产同量的呢绒，英国的生产成本低一些，故处于绝对优势，相应地葡萄牙处于绝对劣势；而生产同量的油，葡萄牙的生产成本略低，处于绝对优势，而英国处于绝对劣势。所以依据绝对优势理论，英国应该大力从事呢绒的生产，并用呢绒的出口从葡萄牙换取油的进口；同时，葡萄牙应出口油而从英国进口呢绒。通过这种交换，双方均从中得到了贸易利益，具体表现在以下三个方面：

(1) 在劳动生产率方面，国际分工前，两国每年共生产 2 个单位的呢绒和 2 个单位的油；分工之后，英国 220 个人全部用于生产呢绒，共可生产 2.2 个单位的呢绒，葡萄牙 190 个人全部用于生产油，共可产出 2.375 个单位的油。可见，两种产品的总产量都有所增加，劳动生产率明显提高。

(2) 在消费水平方面，分工前，英国和葡萄牙对两种产品的消费水平均为 1 个单位，分工之后，假定英国用它所生产的 2.2 个单位的呢绒中的一半与葡萄牙交换油，能换来 1.1 个单位的油，同时，国内还消费了 1.1 个单位的呢绒，所以，两种产品的消费均增加了 0.1 个单位；而葡萄牙在分工后，呢绒和油的消费量分别是 1.1 个单位和 1.275 个单位，比分工前各增加了 0.1 个单位的呢绒和 0.275 个单位的油。

(3) 在劳动力方面，若两国维持分工前的消费水平不变，在分工后，英国只需用 100 人生产的 1 单位的呢绒即可与葡萄牙交换自己需用 120 人生产的 1 单位的油，比自己生产节约了 20 个人一年的劳动；对葡萄牙来说，只要用 80 人生产的 1 单位的油即可与英国交换自己需用 110 人生产的 1 单位呢绒，比自己生产节约了 30 个人一年的劳动。所以，经过分工，明显地节省了劳动力和劳动时间。

可见，按照亚当·斯密的绝对成本学说进行的国际分工和国际贸易，各国都可同时受益，其利益就来源于各自生产中发挥的绝对优势，使生产效率提高而增加的产品量。绝对成本差异的存在，是国际分工产生的原因和基础。

4. 绝对成本学说简评

亚当·斯密的国际分工理论包含科学的成分和非科学的成分，说明国际贸易并不像重商主义者所说的那样只能使交易的某一方获得利益，而是贸易双方都能获得利益。贸易利益的普遍性原则为自由贸易的政策主张奠定了理论基础。该理论反映了当时社会经济中已成熟了的要求，成为英国新兴产业资产阶级革命反对贵族地主和重商主义者、发展资本主义的理论工具。关于分工能提高劳动生产率、节省劳动时间、参与国际分工对所有参加国都有利的定论，虽经历了 200 多年的发展，至今仍具有重大的现实意义。但是，亚当·斯密关于交换引起分工，而交换又是人类固有倾向的观点并不正确。事实上，历史上分工是先于交换的，交换以分工为前提；并且交换也不是人类固有的产物，它是社会生产力和分工发展的结果。另外，绝对优势理论也只能说明国际贸易中的一种特殊情形，并不能解释国际贸易的全部。该理论暗含了一个前提，即贸易双方至少各拥有一种低成本的产品对外销售，但如果现实生活中，有的国家没有任何一种产品的生产成本低于别国，而另一些国家在所有的产品上都具有较高的劳动生产率时，他们是否还要参加国际贸易呢？如果此时贸易关系仍然存在，贸易双方还能从中共享利益吗？

二、比较成本学说

亚当·斯密的绝对成本学说只能解释在生产上各具绝对优势的国家之间的贸易，却不能解释事实上存在的所有产品都处于绝对优势的经济发达国家和所有产品都处于绝对劣势的经济不发达国家之间的贸易现象。英国的政治经济学家大卫·李嘉图在绝对成本学说的基础上，提出了比较成本学说，第一次论证了国际贸易的分工基础不仅限于绝对成本差异，只要各国之间产品的生产成本存在相对差异，即比较成本差异，就可以参与国际贸易并从中获利。

1. 比较成本学说提出的背景

大卫·李嘉图（David Ricardo，1772—1823 年）是英国产业革命深入发展时期的经济学家，也是古典经济学的完成者。他的主要著作是 1817 年出版的《政治经济学及赋税原理》。大卫·李嘉图所处的时代正值英国工业革命迅速发展，资本主义不断上升时期，当时英国社会的主要矛盾是工业资产阶级和地主贵族阶级之间的矛盾，并随着工业革命的进行，矛盾日益尖锐。在经济方面，斗争主要表现在是否废除《谷物法》的问题上。大卫·李嘉图在这场斗争中站在资产阶级一边，他继承和发展了亚当·斯密的理论，在《政治经济学及赋税原理》一书中提出了以自由贸易为前提的比较成本学说（也称比较优势学说），为资产阶级的斗争提供了有力的理论武器。

2. 比较成本学说的主要观点

在亚当·斯密观点的基础上，大卫·李嘉图做出了进一步的延展。

在《政治经济学及赋税原理》一书中，大卫·李嘉图写道："如果两个人都能制造鞋和帽，其中一个人在两种职业上都比另一个人强，不过制帽时只强 20%，而制鞋时强 33%，那么这个较强的人专门制鞋，而这个较弱的人专门制帽，岂不是对双方都有利么？"由个人推及国家，大卫·李嘉图认为，如果一国在两种产品的生产上都处于绝对优势地位，但优势程度不同；而另一国在这两种产品的生产上都处于绝对劣势地位，但劣势程度也不同，则前者应选择他优势程度较大的那种产品从事专门化生产，而后者应选择他劣势程度较小的产品进行生产，即"两优之中取其重，两劣之中取其轻"。然后通过对外贸易，两国都能取得比自己以等量劳动生产所能得到的更多的产品，从而节约社会劳动，增加双方的贸易利益。

3. 比较成本学说的例证说明

现仍以英国和葡萄牙两国同时生产呢绒和油为例来说明。

表 2-2　英国和葡萄牙的比较成本差异

项目	英国	葡萄牙
呢绒	100 人	90 人
油	120 人	80 人

由表 2-2 可见，一年生产 1 单位的呢绒和 1 单位的油，英国各需要 100 人和 120 人，而葡萄牙则分别需要 90 人和 80 人。在这种情况下，英国两种产品的生产成本都比葡萄牙高，处于绝对劣势，即葡萄牙处于绝对优势。按照亚当·斯密的绝对成本理论，英葡之间不会发生分工，因为，英国没有商品可卖给葡萄牙，而葡萄牙也不必向英国购买商品。但是，按照大卫·李嘉图的思想，葡萄牙应"两优之中取其重"，专门生产比英国优势较大的油，放弃生产成本比英国优势较小的呢绒，并用油的出口来换取从英国进口呢绒。对英国来说，则应"两劣之中取其轻"，放弃生产比葡萄牙劣势较大的油，而专门生产劣势较小的呢绒，并向葡萄牙出口呢绒以换取油的进口。这样分工，对双方都有利。具体表现在以下三个方面：

（1）在劳动生产率方面，在国际分工之前，英葡两国每年共生产 2 个单位的呢绒和 2 个单位的油；分工以后，英国用 220 人专门生产呢绒，每年可生产 2.2 个单位的呢绒，葡萄牙用 170 人专门生产油，一年共生产 2.125 单位的油。两种产品的总产量都有所增加，劳动生产率明显提高。

（2）在消费水平方面，假定英葡两国产品交换比例为 1∶1，即 1 单位的油能换同样 1 单位的呢绒，再假定英国拿一半的呢绒即 1.1 个单位的呢绒与葡萄牙换油，那么分工后，英国呢绒和油的消费量都为 1.1 个单位，都比分工前增加了 0.1 个单位；而葡萄牙呢绒和油的消费量分别为 1.1 和 1.025 个单位，比分工前增加了 0.1 和 0.025 个单位。随着产量的增加，贸易的结果使两国的消费水平有所提高。

（3）在劳动力方面，分工之后，英国只需用 100 人生产的 1 个单位的呢绒就能向葡萄牙换回自己需要用 120 人才能生产出来的 1 个单位的油，节约了 20 个人一年的劳动；而葡萄牙只需用 80 人生产的 1 单位的油就能同英国交换自己需 90 人才能生产出来的 1 单位的呢绒，节约了 10 人一年的劳动。所以，分工还能节约双方的劳动时间。

可见，国际贸易的基础并不局限于绝对成本的差异，只要各国存在成本上的相对差别，就会在产品的生产上具有比较优势，这种比较成本差异的存在，也是国际分工的基础。

职业判断
分析提示

❖ 职业判断

比较优势还是绝对优势？

案例资料：

中国的彩色电视机制造技术比越南强，中国在彩色电视机制造上对越南有绝对优势。绝对优势和绝对劣势是不是决定了人与人之间的分工关系或者国与国之间的贸易关系呢？中国比越南更善于生产彩色电视机，当然是中国向越南出口彩色电视机。

问题：请问这种说法正确吗？

4. 比较成本学说简评

大卫·李嘉图的比较成本学说被当代著名经济学家保罗·萨缪尔森称为"国际贸易不可动摇的基础"。它作为反映国际贸易领域客观存在的经济运行的一般原则和规律的学说，具有很高的科学价值和现实意义，标志着国际贸易学说总体系的建立。从历史作用上看，比较成本学说为自由贸易政策奠定了基础，促进了当时英国资本积累和生产力的发展。在此理论的影响下，1846 年英国议会终于废除了《谷物法》，这是 19 世纪英国自由贸易所取得的伟大胜利。另外，此理论表明，不论一个国家处于什么发展阶段，不论它的经济实力强弱，都能确定自己的相对优势，或找出劣势中的相对优势，根据比较成本原则来安排生产，参与国际贸易和国际分工，从中获得利益。这种观点无疑为各国发展经济贸易关系提供了有利的论证，有助于全球贸易的扩大和社会生产力的发展。

但另一方面，比较成本学说也存在一定的局限性。

第一，比较成本学说采用静态分析方法，忽略了动态分析。学说建立在一系列简单的假设条件之上，如只考虑两个国家、两种产品；坚持劳动价值论，认为所有劳动都是同质的；生产在成本不变的情况下进行；收入分配没有变化等。将多变的经济世界抽象为静止的均衡的世界，因而揭示的贸易各国获得的利益是静态的、短期的利益。但实际上，劳动生产率、科学技术并不是一成不变的，一个国家当前的相对优（劣）势，很有可能变成以后的相对劣（优）势。因此，一国参与国际分工，不能只着眼于目前的静态优势，还应注重长远的动态利益和动态优势。否则，只固定生产少数几种相对优势的产品，将对经济的长远发展产生不利影响。大卫·李嘉图虽然偶尔承认，生产技术和成本的变化会引起国际分工格局的变化，但遗憾的是，他并未深入阐述这种思想，更未对理论进行修正。

第二，比较成本学说泛泛谈论了各国参与国际分工和国际贸易会从中获利，但对于参与国各获得多少贸易利益，如何分配贸易利益，各国劳动成本差异的原因等更复杂的问题，却没有触及。

第三，比较成本学说以劳动价值论为基础，认为劳动是唯一的生产要素或劳动在所有产品的生产中均按相同的固定比例使用，且所有的劳动都是同质的，所以任何一种产品的价值都取决于它的劳动成本。大卫·李嘉图的这种劳动价值论是不完整的，也是不彻底的。仅用劳动成本的差异不能全面解释比较利益。

第二节　保护贸易理论

微课
保护贸易理论

一、重商主义

重商主义（mercantilism）是 15—17 世纪欧洲资本原始积累时期，代表商业资本利益的经济思想和政策体系，有早期重商主义和晚期重商主义之分。

1. 早期重商主义

早期重商主义盛行于 15—16 世纪中叶，又称重金主义，也称货币差额论，主张国家利用行政或法律手段禁止贵重金属外流，在国际贸易中实行少买（不买）的原则。主要代表人物是约翰·海尔斯（John hales）、威廉·斯塔福（William Stafford）、安东尼·蒙克莱田（A. Montchretien）等。

约翰·海尔斯于 1550 年写了一本小册子，生前没有发行，后由威廉·斯塔福修改后于 1581 年以 W. S 的名字在伦敦出版，书名为《论英国本土的公共福利》。他们认为，英国物价上涨的主要原因是不足值货币充斥市场，驱使足值货币流向国外，国家财富较少。为了降低物价，避免货币外流，一方面要停止损毁货币，另一方面要实行保护关税政策，必须禁止外国工业品，尤其是奢侈品的进口，即使售价比本国低也不例外；禁止从英国输出羊毛、皮革、锡等原料，奖励那些不输出原料及在英国生产工业品的生产者。

安东尼·蒙克莱田于1615年发表了《献给国王和王后的政治经济学》一书。他的主张对当时法国对外贸易起到一定的作用。在谈及货币与贸易时，他认为，黄金比铁更有威力，有了它就有了一切。货币是军事神经，哪个国家拥有量较多，其军事力量就更强大。而换取黄金最重要的手段是发展对外贸易。他重视发展生产，认为一个国家用于出口的产品越多，从外国吸收的黄金就越多；同时反对奢侈品，认为从国外进口的奢侈品越多，黄金流量就越大。

总的来看，早期重商主义的观点大致有以下两个方面：

第一，把货币与商品对立起来。认为财富就是金银，要求在对外贸易中绝对多卖少买，使金银流入国内。

第二，孤立地对待货币运动。主张把货币窖藏起来，反对把货币带出国外。许多欧洲国家规定，外国人来本国进行贸易时，必须将其销售所得的货币，用于购买本国货物。

2. 晚期重商主义

晚期重商主义产生于16世纪下半期，又称贸易差额论。晚期重商主义认为，对外贸易是增加英国财富的手段，原则是在对外贸易中取得顺差。主要代表人物有托马斯·孟（Thomas Mun）、爱德华·米塞尔登（E. Misselden）、约瑟亚·蔡尔德（Josiah Child）等。

托马斯·孟认为，一国要增加财富，必须时刻慎守这样的原则：在价值上，每年卖给外国的货物，必须比本国消费的外国货物多。国际贸易顺差是获取财富的唯一手段。但是贸易差额有绝对总量与个别之分，一个国家每年对外贸易加在一起计算出来的贸易差额是绝对总量意义上的，针对个别国家计算出来的贸易差额则是个别的。一国每年的贸易差额只要绝对总量是顺差即可，不必要求所有个别贸易差额都是顺差。他把商品和货币联系起来，不认为本国货币越多越好，认为本国货币存量过多，会增加本国商品价格，出口竞争力削弱，主张应保持适度的国内货币存量，让多余的货币投入国际贸易。

爱德华·米塞尔登是提出编制贸易平衡表的第一人。他认为，一国必须编制贸易平衡表，如果贸易差额为正就有利，反之则不利。他还提出了一些鼓励出口和限制进口的措施。

对于国际贸易的作用，约瑟亚·蔡尔德提出了自己的观点。他认为，国际贸易的发展使财富增多，利率下降，更低的利率使国际贸易更加发达，国家更加富裕。他指出，国际贸易产生财富，财富产生权利。

和早期重商主义相比，晚期重商主义有了很大的进步：

第一，主张绝对总量意义上的贸易差额。只要保持绝对总量意义上的贸易顺差，就能够产生更多的货币收入。在商品与货币关系上，认为商品与货币具有统一性。

第二，认为货币产生贸易，贸易增多货币。不主张把货币窖藏起来，主张把货币投入流通，去换取更多的货币。认为如果货币输出能够导致大量的货币盈余，这种输出就不应受到阻碍。

二、保护幼稚工业学说

弗里德里希·李斯特（Friedrich List，1789—1846 年），是德国历史学派的先驱者。1825 年出使美国后，受到了亚历山大·汉密尔顿（A. Hamilton）的影响。汉密尔顿主张美国独立后，应保护美国的幼稚工业，保护的主要方法是提高进口商品的关税。他在1791 年 12 月递交给国会的一份《关于制造业的报告》中表达了保护关税学说的思想。在美国，弗里德里希·李斯特看到了保护贸易政策的实效。1841 年，他出版了《政治经济学的国民体系》一书，系统地提出了保护幼稚工业学说。

1. 对比较成本说的批评

（1）主张一国的对外贸易政策因发展时期而异。比较成本学说认为，自由贸易能够形成和谐的国际分工，弗里德里希·李斯特认为这是一种不考虑各国性质和各自特有利益的世界主义经济学，抹杀了各国不同的经济发展阶段。他认为，从经济方面看来，国家都必须经过如下发展时期：原始未开化时期、畜牧时期、农业时期、农工业时期、农工商业时期。他把前三个时期称为第一阶段，农工业时期和农工商业时期分别称为第二阶段和第三阶段。他认为，一国的贸易政策，第一阶段是对比较先进的国家实行自由贸易，以此为手段，使自己脱离未开化状态，在农业上求得发展；第二阶段是采用商业限制政策，促进工业、渔业、海运事业和国外贸易的发展；第三阶段是当财富和力量已经达到最高程度后，再逐步恢复到自由贸易原则，在国内外市场竞争，使从事农工商业的人们在精神上不松懈，并且可以鼓励他们不断努力保持既有的优势地位。处于第一阶段的是西班牙、葡萄牙和那不勒斯王国；处于第二阶段的是德国和美国；法国显然是紧紧靠在第三阶段的边缘；但目前只有英国实际达到了这个阶段。他的关于人类经济发展史的五时期论为德国实行保护贸易政策提供了理论依据。

（2）主张国家干预对外贸易。自由贸易理论把国家视为被动的警察（passive policeman），弗里德里希·李斯特则把国家比喻成如慈父般的有力指导者。他认为，国际干预对外贸易是很自然的事情，他以人力在森林成长中的作用来比喻国家实行保护贸易政策在促进幼稚工业发展中的作用。

2. 保护幼稚工业学说的核心是生产力论

弗里德里希·李斯特认为，落后国家参与国际分工和国际交换的目的是发展生产力，这是根本的，只有如此，对外贸易才会有利于落后国家的经济发展。他认为，比较成本学说所宣扬的贸易参加国都能获利的观点，只是着眼于眼前财富的增加，而没有着眼于落后国家生产力的提高。

他认为，财富和财富的生产力不是等同的。他把财富的生产力和财富的关系比作果树与果实的关系，认为生产力是产生果实的果树，是创造财富的源泉，而财富则是果树上结出的果实，是生产力的结果。一个国家开展对外贸易促进经济发展，不能着眼于财富存量的多少，而应着眼于财富生产力的提高。

他也承认，实行保护贸易政策不免会失去比较成本学说所阐明的比较利益，但是，牺牲的只是眼前的财富，得到的是财富生产力的提高，那是值得的。

弗里德里希·李斯特所论述的生产力有特定的含义。他的生产力论是综合生产力论。这里的生产力不仅包括物质因素，而且包括精神和制度上的因素。

三、超保护贸易理论

1929—1933年的资本主义经济危机使市场问题进一步尖锐化，经济萧条，失业严重。为了促进经济繁荣，扩大就业，出现了多种支持超保护贸易政策的理论。影响最大的是约翰·梅纳德·凯恩斯（John Maynard Keynes，1883—1946年）提出的对外贸易乘数论。凯恩斯主义认为，自由贸易理论"充分就业"的前提条件已不存在。

用古典学派的"国际收支自动调节说"说明贸易顺差、贸易逆差最终均衡的过程，忽略了在调节过程中对一国国民收入和就业的影响。他们认为，贸易顺差有利于增加国民收入，扩大就业；而贸易逆差则会减少国民收入，加重失业。对外贸易乘数论是在投资乘数论的基础上发展起来的。

1. 投资乘数论

乘数概念是凯恩斯的学生卡恩（R. F. Kahn, 1905—1989年）提出来的。1931年卡恩发表了《国内投资与失业的关系》，提出了该理论。1936 年，凯恩斯出版了巨著《就业、利息和货币通论》（*The General Theory of Employment, Interest and Money*），把卡恩的观点进一步规范化，形成投资乘数论，这一理论成为凯恩斯国民收入决定论的支柱之一。

投资乘数论，也称乘数原理（multiplier theorem），就是增加一笔投资 ΔI，在国民收入重新达到均衡的时候，由此引起的国民收入的增加 ΔY 并不限于这笔初始的投资量，而是初始投资量的若干倍，即 $\Delta Y=K\Delta I$，式中 K 即为投资乘数。

2. 对外贸易乘数论

在投资乘数论的基础上，凯恩斯主义认为，一国的出口和国内投资一样，有增加国民收入的作用；一国的进口则与国内储蓄一样，有减少国民收入的作用。当商品出口时，从国外得到的货币收入会使出口产业部门的收入增加，消费也增加。它必然引起其他产业部门的生产增加，就业增加，收入也增加……如此反复下去，收入增加量将为出口增加量的若干倍。当商品进口时，必须向国外支付货币，于是收入减少，消费随之下降。他们得出结论，当贸易差额为顺差时，对外贸易才能提高一国的国民收入，增加就业量。此时，国民收入的增加量将为贸易顺差的若干倍，这就是对外贸易乘数论。

> ⊗ **请注意：**
>
> 贸易顺差在一定条件下可以增加国民收入，增加就业。但是，如果各国为了追求贸易顺差，不加节制地实行"奖出限入"的政策，势必导致关税壁垒和非关税壁垒的盛行，增加贸易障碍，发生各种贸易战，这就会阻碍整个国际贸易的发展。此外，还必须看到，贸易顺差过大可能会增加通货膨胀的压力或使本国货币升值而影响扩大出口。

四、保护贸易理论的新发展

1. 新贸易保护主义的兴起和发展

20 世纪 70 年代中期以后，随着资本主义世界经济进入滞胀和衰退状态，发达国家的贸易保护主义有所抬头。当时尽管关税壁垒有所削弱，但形形色色的非关税壁垒汇成了一股新贸易保护主义的逆流。美国传统工业制成品的竞争力已明显落后于德国、日本等国，为了调整产业结构，加速落后工业部门的技术革新，采取了多种保护贸易政策；

美国、原欧共体（现为欧盟）对日本的贸易逆差剧增，相互间贸易摩擦加剧，出现了所谓"钢铁战""电子战""汽车战"等贸易政策之争；西欧、日本在农产品方面的竞争力长期不如美国，对此也实行了一定程度的贸易保护政策。特别是 20 世纪 80 年代初期，世界各主要工业国经济不景气，为了摆脱不利局面，相继开始调整经济结构，引发了新贸易保护主义的产生。

2. 新贸易保护主义的理论基础

（1）国内市场扭曲论。该理论主张当国内市场由于外部经济、工资差额、生产要素等"扭曲"地存在，使价格机制未能充分发挥作用，而出现阻碍资源最佳利用的状态时，根据"次佳原理"，要采取保护措施。换言之，当"扭曲"已经存在而又不能避免时，应以人为的"扭曲"抵消原来"扭曲"产生的不良影响，提高经济福利。所以在国内市场存在"扭曲"时，采取关税等保护贸易措施比实行自由贸易更合适。

（2）改善贸易条件论。进口国家课征关税或实行数量限制时，可以促使出口国家的价格下跌，从而改善进口国家的贸易条件。具体来说，在这两种情形下，效果尤为明显：① 课征关税或采取数量限制措施国家的进口额，占该商品世界进口总额的比重较大。② 该商品的输出供给弹性较小。

（3）维持高水平工资论。各国工资水平不同，一些工资水平高的国家认为：经济发展比较落后而劳动力相对丰富的国家的工资水平较低，故其生产成本也较低。如果自由进口这些国家的产品，则本国产品势必难以与其竞争，结果会使本国难以维持较高的工资水平与生产水平。为了维持本国较高的工资水平，避免廉价劳动力产品的竞争，必须实施保护关税。

（4）增加国内就业论。对外国商品课征保护关税，可减少进口，因而刺激国内生产，增加国内就业。但是，这必须在其他国家不采取报复措施的情况下才有效。

（5）反倾销论。倾销是指以低于正常价格或不合理的低廉价格向外出口。当进口国发现本国产业由此而受到严重损害时，应对此类外国产品课征关税，以抵消其倾销效果，保护国内产业。

（6）改善贸易收支或国际收支论。征收关税与限制进口措施，可减少一国的输入，有助于改善贸易收支或国际收支。在贸易收支或国际收支逆差较大时，或出现通货膨胀与金融危机时，此种保护理论最为流行。但此种保护理论，只有在其他国家不采取报复措施的情况下才有效。

（7）作为报复手段或谈判手段论。当一国的出口，因其他国家课征关税而受到损害时，应对该国商品的进口也征收关税，这就是报复关税。报复关税的目的在于使对方国家了解关税对相互贸易的损害，而促使彼此互相取消或减让关税。即把关税作为谈判的手段。

(8) 国防或国家安全论。自由贸易使各国在经济上相互依存，一旦发生战争，致使国外供给剧减或断供时，本国国防力量必然大受影响，因而对有关生产战略物资的产业要加以保护，以加强国防力量，维护国家安全。

3. 新贸易保护主义的主要特点

(1) 被保护的商品不断增加，且从传统产品、农产品转向高级工业品和劳务部门。

(2) 贸易保护措施多样化。主要包括：① 按照有效保护税率设置阶梯关税。② 加强了征收"反补贴税"和"反倾销税"的活动。③ 非关税壁垒不断增高。④ 强调管理贸易。

(3) 从贸易保护制度转向更加系统化的管理贸易制度。具体表现在：

① 发达国家实行的贸易保护主义措施，随着政府管理贸易而不断充实和调整，成为对外贸易体制中的重要组成部分。

② 外贸政策法律化。西方国家管理外贸已有单行的法律。

③ 管理贸易制度发展成为以外贸法为中心与其他方面的国内法相配合的一个整体。

(4) 各国"奖出限入"措施的重点从限制进口转向促进出口。

4. 新贸易保护主义对国际贸易的影响

(1) 保护程度不断提高，阻碍了国际贸易的发展。

(2) 保护贸易扭曲了贸易流向。数量限制影响了产品贸易的性质，改变了进口的地理方向。出口国家只有努力在受限制的商品中扩大市场，才能增加固定数量下的贸易额。

(3) 贸易限制推动了商品国际、国内价格的上涨。

(4) 进口限制未能有效维持就业。

(5) 新贸易保护使发达国家付出了巨大代价。如美国、欧盟、日本在农业资助方案和出口补贴上支付了巨额的款项。

(6) 新贸易保护主义伤害了发展中国家。

(7) 新贸易保护主义使发达国家和发展中国家的国内生产总值下降。

🔲 知识窗

绿色贸易壁垒

随着工业化进程的加快，人类日益面临大气污染、温室效应、有毒废物排放、物种灭绝、资源枯竭等生态环境方面的问题，引起了世人的广泛关注。一些工业发达国家以此为借口，凭借其经济和技术的垄断地位，制定了一系列严苛的环保措施和高于发展中国家技术水平的环境质量标准，并以此作为市场准入的条件，对本国市场和工业形成保护，构筑了一道绿色屏障，主要形式包括：

1. 绿色标志

绿色标志又称绿标制度，或环境标志制度，是指国际上有资质的认证机构依据有关标准对商品进行认证并颁发标志和证书的一项制度。绿标图案多为天鹅、常绿树、天使、蒲公英等，富有绿色寓意，欧美等国家多以立法形式对此加以规定。凡是没有取得绿标的进口商品将受到数量和价格的限制，加贴了绿标的商品被认为是一种"环境质量信得过"的"绿色产品"。

2. 绿色包装

各种与环境要求不符的包装会对环境造成严重的污染，许多发达国家纷纷通过立法对本国商品和进口商品的包装卫生和安全提出了强制性的要求。主要包括① 通过改进设计，减少包装材料的使用，以节约资源；② 重复使用包装材料；③ 使用再生材料制作包装；④ 使用生物降解包装，使废弃包装在自然环境中快速腐烂。为此，一些发达国家通过产业重组和资源重新配置形成了新的产业链，满足了包装在环境保护上的要求，促进了经济的发展，而发展中国家因技术水平、价值观念和行政管理等方面的滞后，使得绿色包装成为其进入发达国家市场的绿色屏障。

3. 环境成本

新贸易保护主义者认为任何产品都应将环境费用和资源费用计入成本，且应以国际环境标准进行计算。如果忽视环境质量或降低环境标准，其出口产品实际上就具有不公平的比较优势或环境补贴，形成了对高环境标准生产产品的不公平竞争。发展中国家在出口贸易中未计算绿色成本，是在进行环境倾销。因此，应通过反倾销、反补贴措施来均衡不同环境标准下的成本差异。很明显，这是经过精心设计和构筑的绿色壁垒。

第三节 现代与当代国际贸易理论

一、赫克歇尔－俄林贸易学说

瑞典经济学家戈特哈德·贝蒂·俄林（Bertil Ohlin，1899—1979 年）是 1977 年的诺贝尔经济学奖得主。1933 年，他出版了其著作《区际贸易与国际贸易》(*Interregional and International Trade*)。在该著作中，提出了要素禀赋论，这一理论也称为资源赋予论。因其理论采取了其师伊·菲·赫克歇尔（Eli F Heckscher，1879—1952 年）在 1919 年发表的《对外贸易对收入分配的影响》中的主要论点，因此，该理论又称为"赫克歇尔－俄林模式"，简称"赫－俄模型（H–O Model）"。

要素禀赋论是用生产要素的丰缺解释国际贸易产生的原因和商品流向的理论，其理论基础是新古典学派的均衡价格论和北欧学派的一般均衡理论，被认为更接近国际贸易的实际，是现代国际贸易理论。

要素禀赋论有狭义和广义两种：狭义的要素禀赋论就是生产要素供给比例论；广义的要素禀赋论还包括要素价格均等化原理。

要素禀赋论的主要假定是：只有两个区域或两个国家；在每个区域内或每个国家内部，生产要素（资本与劳动）是自由流动的，但在区域间或国家间，它们是不能流动的；贸易在自由竞争的条件下进行；生产要素是完全可以分割的，没有规模经济利益；只有有形贸易，贸易是平衡的，出口等于进口；两国的技术水平和生产函数一致。

1. 要素供给比例论

俄林认为，商品价格的国际差异是产生国际贸易的直接原因，只有这样，贸易双方才能够因交换而获利。而各国不同的商品价格比例是国际贸易产生的必要条件，因为如果各国国内商品价格比例相同，就不存在比较利益，国际贸易就不可能发生。各国不同的商品价格比例又是由各国不同的要素价格比例决定的，而各国不同的要素价格比例又是由各国不同的要素供给比例决定的。他认为，整个国家的价格体系决定了国际贸易基础，但是，要素供给是中心环节，它是决定国际贸易产生的原因和进出口商品结构的主要因素。

所谓要素供给比例不同，是指要素的相对供给不同，也就是说，与相同的生产要素需求相比，各国所拥有的各种生产要素的相对数量是不同的。在各国生产要素需求一定的情况下，各国生产要素供给比例不同，对生产要素价格的影响是不同的，丰裕的生产要素价格便宜，而稀缺的生产要素价格昂贵。因此，一国生产和出口本国生产要素供给丰裕的产品有比较优势，而生产本国稀缺生产要素的产品没有优势。

根据商品所包含的要素密集程度的不同，可以把国际贸易产品大致分为土地密集型产品、资源密集型产品、劳动密集型产品、资本密集型产品、技术密集型产品等。俄林认为，国际分工和国际贸易流向应该是劳动力多的国家集中生产劳动密集型产品，出口到劳动力相对稀缺的西欧、北美等地区。加拿大、澳大利亚、阿根廷等地广人稀的国家应集中生产谷物、牛羊类农产品等土地密集型产品，出口到西欧、日本等地区。而西欧和美国则应集中生产像机器设备等需要大量资本的资本密集型产品，出口到资本相对稀缺的国家。

2. 要素价格均等化原理

俄林认为，各国要素供给比例不同引起的要素价格差异，将通过两条途径而缩小，从而使要素价格趋于相等。一条是生产要素的国际移动，另一条是商品的国际贸易。

在生产要素缺乏流动性的状态下，商品国际贸易可以部分代替要素流动，拉平要素价格差距，使之趋于均等。

例如，甲乙两国，甲国劳动力丰裕、资本稀缺，因此工资低而利率高，应出口劳动密集型产品，进口资本密集型产品；乙国则相反，劳动力稀缺，资本丰裕，因此工资高而利率低，应出口资本密集型产品，进口劳动密集型产品。两国进行国际贸易后，由于甲国出口劳动密集型产品，因此对劳动力的需求增加，这样使原来丰裕的生产要素变得稀缺，工资上升；相反，由于进口资本密集型产品，对国内资本密集型产品的需求减少，从而对资本需求减少，利率下降。乙国的情况正好相反，由于出口资本密集型产品，对资本的需求增加，使资本由丰裕变得稀缺，利率上升；由于进口劳动密集型产品，对劳动力的需求减少，使劳动力由稀缺变得丰裕，工资下降。可以看出，在甲乙两国，相对丰富的生产要素的需求增长，卖得较高的价钱。而供应不足的生产要素的需求减少，比以前获得较少的报酬。两个国家生产要素的相对稀缺性都有所减少。甲国和乙国贸易的结果使得劳动力和工资的价格趋于均等。

后来，保罗·萨缪尔森等人用数学证明，两国根据比较利益原则生产各自占优势的产品，但不实行完全的国际分工。在这些特定条件下，国际要素价格均等不仅是一致趋势，国际贸易将使两国间同质生产要素的相对收益和绝对收益相等，这一结论是建立在"赫－俄模型"的要素价格均等化原理的基础上的，故称为"赫－俄－萨模型（H–O–S Model）"。

二、里昂惕夫之谜

里昂惕夫之谜是针对要素禀赋论所提出的一种质疑，它的提出成为西方传统微观国际贸易理论在当代新发展的转折点。

1. 里昂惕夫与里昂惕夫之谜

沃西里·里昂惕夫（Wassily W. Leontief，1906—1999 年）是当代著名的经济学家，投入－产出经济学的创始人，第四届诺贝尔经济学奖获得者。其代表作为《投入产出经济学》（1966 年），该书收录了他从 1947—1965 年公开发表的 11 篇论文，其中有两篇主要是研究国际贸易的，即《国内生产与对外贸易：美国资本地位的再审查》（1953 年）和《要素比例和美国的贸易结构：进一步的理论和经验分析》（1956 年）。

第二次世界大战后，在第三次科技革命的推动下，世界经济迅速发展，国际分工和国际贸易随之迅猛发展，贸易商品结构和地区分布发生了很大变化，传统的国际贸易理论显得越来越脱离实际，于是引起了经济学家们对包括要素禀赋理论在内的已有学说的怀疑，并促成他们对一些理论模式进行检验。从 1953 年开始，里昂惕夫挑起了经济学界针对"赫－俄模式"展开的大论战。通过检验，里昂惕夫提出了要素禀赋论的反论——里昂惕夫之谜。

2. 对要素禀赋论的检验——里昂惕夫之谜

要素禀赋论认为，一国出口的是密集使用本国丰富要素生产的产品，进口的是密集使用稀缺要素生产的产品。美国是一个资本丰富而劳动力稀缺的国家，按照要素禀赋论，美国应出口资本密集型产品，进口劳动密集型产品。为了检验要素禀赋论，1953年，里昂惕夫用投入产出分析法对 1947 年美国的 200 个行业进行分析，把生产要素分为资本和劳动两种，然后选出具有代表性的一揽子出口品和一揽子进口替代品，计算出每百万美元的出口品和每百万美元进口替代品所需要的国内资本和劳动力及其比例，见表 2-3。

表 2-3　每百万美元的出口品和每百万美元的进口替代品所需要的国内资本和劳动力及其比例（1947 年）

项目	出口品	进口替代品
资本 K/ 美元	2 550 780	3 091 339
劳动力 L/（工/年）	812 313	170 004
资本 / 劳动力	13.911	18.185

里昂惕夫的研究发现，美国进口替代品的资本密集程度反而高于出口商品的资本密集程度（约高出 30%），因而得出与要素禀赋论相反的结论：美国参加国际分工是建立在劳动密集型生产专业化的基础上，而不是建立在资本密集型生产专业化的基础上。换言之，这个国家是利用对外贸易来节约资本和安排剩余劳动力。里昂惕夫的惊人发现引起了经济学界的重大关注，被称为里昂惕夫之谜（the Leontief paradox）。1956 年，里昂惕夫又利用投入产出法对美国 1951 年的贸易结构进行了第二次检验，检验结果与第一次是一致的，谜题仍然存在。

3. 对里昂惕夫之谜的不同解释

里昂惕夫之谜不仅促成了一些类似的研究工作，也引起了经济学家们对"谜"做出不同的解释。归纳起来，对里昂惕夫之谜的产生主要有以下几种具有代表性的解释。

（1）劳动效率的差异。里昂惕夫认为各国的劳动生产率是不同的，1947 年美国工人的生产率大约是其他国家的 3 倍，因此在计算美国工人的人数时应将实际美国工人数乘以 3 倍。这样，按生产效率计算的工人数与拥有的资本量之比，较之于其他国家，美国就成了劳动力丰富而资本相对短缺的国家，所以它出口劳动密集型产品，进口资本密集型产品，与要素禀赋论揭示的内容是一致的。

这种解释是行不通的，里昂惕夫自己也否定了这种解释。因为，如果说美国的生产效率高于其他国家，那么工人人数和资本量都应同时乘以 3，这样美国的资本相对充裕程度并未受到影响。

（2）人力资本的差异。人力资本（human capital）是指所有能够提高劳动生产率的教育投资、工作培训、保健费用等开支。

克拉维斯（J. B. Kravis）、基辛（D. B. Keesing）、凯能（P. B. Kenen）和鲍德温（R. E. Baldwin）等经济学家用人力资本的差异来解释"谜"的产生。这些经济学家认为，里昂惕夫计量的资本只包括物质资本（physical capital），而忽略了人力资本（human capital），若将人力资本部分加到有形资本当中，将很明显地得出美国出口资本密集型产品，进口劳动密集型产品的结论。因为美国劳动比国外劳动包含更多的人力资本。他们还曾做过实际的估算和研究，成功地消除了"谜"。

（3）贸易壁垒的存在。这种解释认为，里昂惕夫之谜产生的原因是由市场竞争不完全引起的。国际间商品流通因受贸易壁垒的限制而使要素禀赋论揭示的规律不能实现。有人认为，美国政府为了解决国内就业，制定对外贸易政策时有严重保护本国非熟练劳动的倾向。如果实行自由贸易的话，美国进口品的劳动密集程度必定比实际高。鲍德温的研究表明，如果美国的进口商品不受限制的话，其进口品中资本和劳动之比率将比实际高 5%。

（4）自然资源因素被忽略。里昂惕夫是利用双要素模型来进行分析的，未考虑其他生产要素，如自然资源。而实际上，一些产品既不是劳动密集型产品，也不是资本密集型产品，而是自然资源密集型产品。例如，美国的进口品中初级产品占60%~70%，这些初级产品大部分是木材和矿产品，而这些产品的自然资源密集程度很高，把这类产品划归为资本密集型产品无形中加大了美国进口品资本与劳动的比率，使"谜"产生。如果考虑自然资源这个因素在美国进出口贸易结构中的作用，就可以对"谜"进行解释，里昂惕夫后来在对美国的贸易结构进行检验时，在投入－产出表中减去19种自然资源密集型产品，就成功地解开了"谜"，取得了与要素禀赋论相一致的结果。这个原因也可用来解释加拿大、日本、印度等国贸易结构中"谜"的存在。

4. 里昂惕夫之谜简评

里昂惕夫之谜是西方传统国际贸易理论发展的里程碑。里昂惕夫对要素禀赋论的检验具有重大的理论意义，推动了战后国际贸易理论的新发展。他的投入－产出分析法对美国贸易结构的计算分析，开辟了用统计数据全面检验贸易理论的道路。

里昂惕夫之谜和里昂惕夫之谜的检验说明，要素禀赋论已不能对战后国际贸易的实际情况做出有力的解释，因为战后科学技术、熟练劳动力在生产中的作用日益加强，已构成一个非常重要的生产要素，而建立在庸俗学派要素理论基础上的要素禀赋论已脱离战后的经济现实。里昂惕夫之谜与要素禀赋论的矛盾是理论与实践的矛盾，里昂惕夫之谜的解释正是结合实际对要素禀赋论前提中的劳动同质（即劳动生产率相同）、两要素模型和完全竞争的假定进行了修正。

国际经济学界关于里昂惕夫之谜与要素禀赋论旷日持久的论战是以对要素禀赋理论前提的修正结束的。当今西方传统国际贸易理论中居主导地位的仍然是以比较优势为核心，经过修正的要素禀赋论，它被誉为西方传统国际贸易理论的基石之一。

三、国际贸易新要素理论

针对里昂惕夫之谜，西方经济学界的一些经济学家提出了许多解释，但另一些学者针对战后国际贸易的新情况、新特点，又提出了不少比较新颖的理论，直接修正和发展了赫－俄学说。其中一部分仍用生产要素差异来论述国际贸易，但同时扩大了要素的范围，赋予要素新的含义，由此产生了新要素理论。

1. 人力技能说

人力技能说是从里昂惕夫的劳动熟练说发展来的。所谓人力技能是指人的劳动技术熟练程度，是通过储蓄和投资形成的，实际上也可以看成是人力投资。人们通过对劳动力进行投资（如教育、职业培训、保健等），可以提高劳动力的素质和技能，使劳动生产率得到提升，从而对一国参加国际分工的比较优势产生作用与影响。该学说认为在新时代，一个国家应该重视人力投资以提高人力技能，这样才可能产生新的比较优势。

2. 研究与开发学说

研究与开发（简称"研发"）学说强调的是研究与开发作为一种新的生产要素对于国际贸易比较利益的重要作用。研究与开发要素是指经济发展过程中用于研究和开发各种新项目、新技术、新产品的投资。在实际衡量中多用开发经费占销售额的比重来计算。研究与开发程度的高低，可以改变一个国家在国际分工中的比较优势，而丰裕的资金、丰富的自然资源、高质量的人才是从事研究开发的条件，市场对新产品的需求是研究开发产业化的基础，研究与开发密集度高的产品就是知识密集型的产品或技术密集型的产品，其变化可以产生新的比较利益。研究与开发学说强调了科技在国际贸易优势形成中的作用，符合国际贸易发展的趋势。

3. 技术进展论

技术进展论认为技术是过去对研究与开发进行投资的结果，也可以作为一个独立的生产要素。技术进展同人力技能、研究与开发等要素一样，决定着一国生产要素禀赋状况及其在国际贸易中的比较利益。由于该理论是在研究与开发学说的基础上发展起来的，所以，强调技术进展对国际贸易比较优势的决定作用，实际上也是强调研究与发展要素的作用。

在此基础上，后来又有人进一步提出了技术差距论，认为由于各国技术投资和技术革新的进展不一致，因此存在一定的技术差距。这样就使得技术资源相对丰裕或技术领先的国家，具有较强的开发新产品和新工艺的能力，从而有可能暂时享有生产和出口某类高技术产品的比较优势。该理论补充了要素禀赋论，并根据创新活动的连续性使要素禀赋论动态化。

4. 信息贸易理论

信息是能够创造价值并进行交换的一种无形资源，是现代生产要素的组成部分。信息本身又是可以交换的商品，是一种软件要素，而且是一种无限的资源，占据信息意味着比较优势的改变，可以促进一国贸易格局的变化。目前该理论并不很完善，但它却代表着重要的发展方向。

以上这些新要素理论，虽然都未成系统，也不很完善，但却为我们提供了新见解。

加快走向贸易强国之路

案例背景：建设贸易强国，是全面建设社会主义现代化国家的重要目标。党的二十大报告指出：推动货物贸易优化升级，创新服务贸易发展机制，发展数字贸易，加快建设贸易强国。

贸易强国代表着一国对外贸易竞争力更强、产品质量效益更好，并在国际贸易中拥有重要产品定价权、贸易规则制定权和贸易活动主导权。商务部明确了包括消费升级、贸易强国、外贸促进等在内的经贸强国建设"时间表"和"路线图"，规划了三个阶段性目标：2020 年前，进一步巩固经贸大国地位，推进经贸强国的进程；2035 年前，基本建成经贸强国；2050 年前，全面建成经贸强国。

贸易强国建设是贸易大国建设的必然延伸，是中国推动经济发展质量变革、效率变革、动力变革，以及提高全要素生产率的重要举措，也是建设中国现代化经济体系的重要内容和迫切要求。

从国际上看，贸易摩擦以及全球保护主义频发，给外贸发展带来了较大的不确定性；新冠疫情暴发加速了全球供应链、产业链调整，供应多元化、区域化的特征更加显著，中国外贸发展环境日益复杂。

在此背景下，为保持并不断提升中国对外贸易的竞争力，需提高资本、产业、技术和人才等关键要素质量，发展高技术、高品质和高附加值产品，不断提升中国的品牌形象与服务质量，促进中国产业迈向全球价值链的中高端。

问题：中国加快由贸易大国走向贸易强国进程的重要意义和主要举措是什么？

四、产品生命周期说

产品生命周期说（product life cycle theory）由美国销售学家雷蒙德·弗农于 1966 年在《经济学季刊》发表的《产品周期中的国际投资与国际贸易》一文中首先提出，经威尔斯（Louis T. Wells）、赫希哲（Hirsch）等人不断完善。

产品生命周期说是战后解释制成品贸易的著名理论。该理论认为，由于技术的创新和扩散，制成品和生物一样具有生命周期，先后经历了五个阶段，即：新生期、成长期、成熟期、销售下降期和让与期。在产品生命周期的不同阶段，各国在国际贸易中的地位是不同的。

新生期是指新产品的研究和开发阶段。在新生期，需要投入大量的研究开发费用与大批科学家和工程师的熟练劳动，生产技术尚不确定，产量较少，没有规模经济的效益，成本很高。因此，拥有丰富的物质资本和人力资本的高收入发达国家具有比较优势。这一阶段产品主要供应生产国本国市场，满足本国高收入阶层的特殊需求。

经过一段时间以后，生产技术确定并趋于成熟，国内消费者普遍接受创新产品，加之收入水平相近的国家开始模仿消费新产品，国外需求发展，生产规模随之扩大，新产品进入成长期。在成长期，由于新技术尚未扩散到国外，创新国仍保持其比较优势，不仅拥有国内市场，而且打开并垄断国际市场。

国际市场打开之后，经过一段时间的发展，生产技术已成熟，批量生产达到适度规模，产品进入成熟期。在成熟期，由于生产技术已扩散到国外，外国生产厂商模仿生产新产品，且生产者不断增加，竞争加剧；由于生产技术已形成，研发要素已不重要，产品由智能型（或研发密集型）变成资本密集型，经营管理水平和销售技巧成为比较优势的重要条件。这一阶段，一般的发达工业国都有比较优势。

当国外的生产能力增强到能满足本国的需求（即从创新国进口新产品为零），产品进入销售下降期。在这一时期，产品已高度标准化，国外生产者利用规模经济大批量生产，使其产品的生产成本降低，因而开始在第三国市场上以低于创新国产品售价销售其产品，创新国渐渐失去竞争优势，出口量不断下降，品牌竞争让位于价格竞争。

当模仿国在创新国市场上也低价销售其产品时，创新国该产品的生产急剧下降，产品进入让与期，该产品的生产和出口由创新国让位给其他国家。在这个阶段，不但研发要素不重要，甚至资本要素亦不甚重要，低工资的非熟练劳动成为比较优势的重要条件。具备这个条件的是有一定工业化基础的发展中国家。创新国因完全丧失比较优势而变为该产品的净进口者，产品生命周期在创新国结束。此时，创新国又利用资本和物质资本丰富的优势进行再创新，开发其他新产品。

产品生命周期模型见图 2-1。

在图 2-1 中，纵轴表示商品数量，横轴表示时间。某发达国家为创新国，其他发达国家和发展中国家为开始时间不同的两组模仿国。

在第一阶段，创新国研制与开发新产品，于 t_0 开始投产，产量较少，产品主要在本国市场销售。在这个阶段，创新国处于垄断地位。随着经营规模的扩大和国外需求的发展，创新国于 t_1 开始向国外出口该产品，该产品进入第二阶段。国外生产者于 t_2 开始模仿新产品生产，与创新国竞争，新产品进入第三阶段。随着国外生产者增多及其生产能力增强，创新国的出口量下降，其他发达国家于 t_3 变为净出口者，使该产品进入

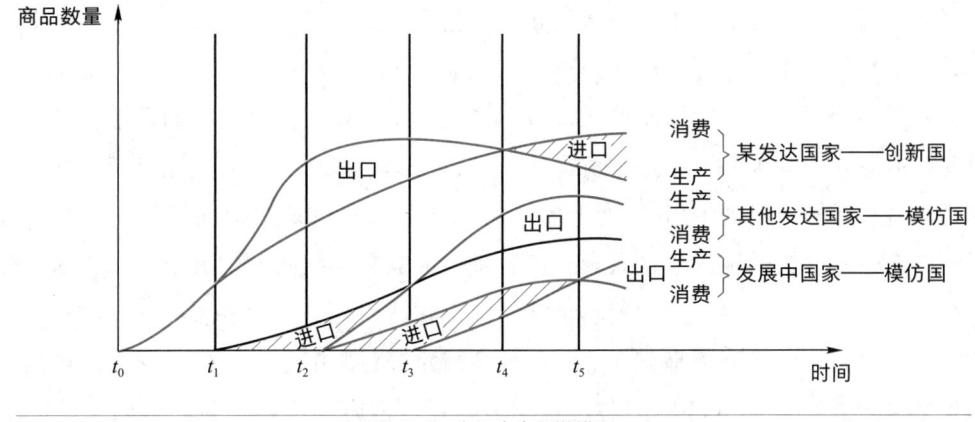

图2-1 产品生命周期模型

第四阶段。这时，产品已高度标准化，国外生产者利用规模经济大批量生产，降低生产成本，使创新国开始失去竞争优势并于 t_4 变为净进口者，使该产品进入第五阶段。及至 t_5，由于发展中国家的低工资率使它们具有该产品生产的比较优势，该产品由低收入的发展中国家出口到高收入的发达国家，即产品由发达国家完全让位给发展中国家。

从以上分析可见，由于技术的传递和扩散，不同国家在国际贸易中的地位不断变化，新技术和新产品创新从技术领先的某发达国家，而后传递和扩散到其他发达国家，再到发展中国家。当创新国发明的新产品大量向其他发达国家出口时，正是其他发达国家大量进口时期；当创新国由出口高峰大幅度下降时，正是其他发达国家大量出口时期；而其他发达国家出口下降时，正是发展中国家出口增加、进口减少时期；其他发达国家从出口高峰大幅度下降时期，正是发展中国家大量出口时期。新技术和新产品的转移和扩散像波浪一样，一浪接一浪地向前传递和推进。

五、产业内贸易理论

产业内贸易理论（intra-industry trade theory）又称差异化产品理论（differentiated product theory），是当前国际贸易理论的热门课题之一。该理论采用战后国际贸易新理论的研究成果，着重产业内贸易的探讨，即一国同时出口和进口同一产业的产品，国家间进行同产业的产品差异化竞争，并认为这是更符合现实情况的国际贸易。

微课
动态国际贸易理论与产业内贸易理论

1. 产业内贸易的理论解释

产业内贸易（intra-industry trade）指的是同一产业部门内部的差异化产品（differentiated products）的交换及其中间产品的交流。例如，美国和日本相互交换计算机，德国与法国相互交换汽车，意大利和德国相互交换打字机等。当代国际贸易中的分工格局，从产品结构上可分为产业内贸易和产业间贸易。

国家间要素禀赋的差异形成的比较成本的差异是产业间贸易发生的基础和原因。国家间的要素禀赋差异越大，产业间贸易量就越大。这是传统的贸易理论对产业间贸易的解释。国际贸易中的产业内贸易现象显然不能用传统的贸易理论来解释，因为传统贸易理论有两个重要的假定：一是假定生产各种产品需要不同密度的要素，而各国所拥有的生产要素禀赋是不同的，因此贸易结构、流向和比较优势是由各国不同的要素禀赋来决定的；二是假定市场竞争是完全的，在一个特定产业内的企业，生产同样的产品，拥有相似的生产条件。而这些假定与现实相差甚远。西方经济学界对产业内贸易的种种理论说明，产品差异论、规模经济或规模报酬递增论及偏好相似论可以解释产业内贸易现象。

(1) 产品差异性。在每一个产业部门内部，由于产品的质量、性能、规格、牌号、设计、装潢等的不同，甚至每种产品在其中每一方面都有细微差别而形成由无数样品组成的差别化系列产品。各国财力、物力、人力的约束和科学技术的差距，使它们不可能在具有比较利益的部门生产所有的差别化产品，而必须有所取舍，着眼于某些差别化产品的专业化生产，以获取规模经济效益。因此，每个产业内部的系列产品通常产自不同的国家。而消费多样化造成的市场需求多样化，使各国对同种产品产生相互需求，从而形成贸易。例如，原欧洲共同体（现欧盟）建立以后，随着关税的下降并最后取消及内部贸易的扩大，各厂商得以专业化生产少数几种差异化产品，使单位成本较之过去生产许多种差异产品时大为下降，成员国之间的差异产品交换亦大大增加。

与产业内差异产品贸易有关的是产品零部件贸易的增长。为了降低成本，一种产品的不同部分往往通过国际经济合作形式在不同国家生产，追求多国籍化的比较优势。例如，波音777飞机的32个构成部分，波音公司承担了22%，美国制造商承担了15%，日本供应商承担了22%，其他国际供应商承担了41%。飞机的总体设计在美国进行，美国公司承担发动机等主要部分的生产和制造，其他国家的承包商在本国进行生产设计和有关部件，然后运到美国组装。显然，波音777飞机是多国籍化的产物。类似的跨国公司间的国际联盟、协作生产的零部件贸易，正在促进各国经济的相互依赖和产业内贸易的扩大和发展。

(2) 规模经济或规模报酬递增与不完全竞争。规模报酬递增与不完全竞争是最普遍被用来解释产业内贸易的理论。规模经济或规模报酬递增是指厂商进行大规模生产，使成本降低，报酬递增。对一家厂商而言，规模经济包括外部规模经济和内部规模经济。

前者不一定带来市场不完全竞争（imperfect competition），后者则将导致不完全竞争，如垄断性贸易（monopolistic competition）、寡头（oligopoly）或独占（monopoly）。这是因为国际贸易开展后，厂商面对更广大的市场，生产规模可以扩大，规模经济使扩大生产规模的厂商的生产成本、产品价格下降，生产相同产品而规模不变的其他国内外厂商由此被淘汰。因此，在存在规模经济的某一产业部门内，各国将各自专注于该产业部门的某些差异产品的发展，再相互交换（即开展产业内贸易）以满足彼此的多样化需求。

国家间的要素禀赋越相似，越可能生产更多相同类型的产品，因而它们之间的产业内贸易量将越大。例如，发达国家之间的要素禀赋和技术越来越相似，它们之间的产业内贸易相对于产业间贸易日益重要。

（3）偏好相似。这是林德假说（Linder hypothesis）的应用，发达国家间的产业结构相似，它们之间的分工大多是部门内产品分工。它们收入水平相近，消费结构大体相同，对对方的产品形成广泛的相互需求。因重合需求大，所以发达国家之间产业内贸易量大。

2. 产业内贸易的规范模型

产业内贸易理论涉及的范围很广，建立的模型必须适用于不同的条件，因而可能出现的模型会比产业间贸易模型多。下面以垄断性竞争条件下的生产和定价为代表，介绍一种规范的产业内贸易模型，以进一步说明国际贸易中的产业内贸易现象，垄断性竞争的生产和定价模型见图 2-2。

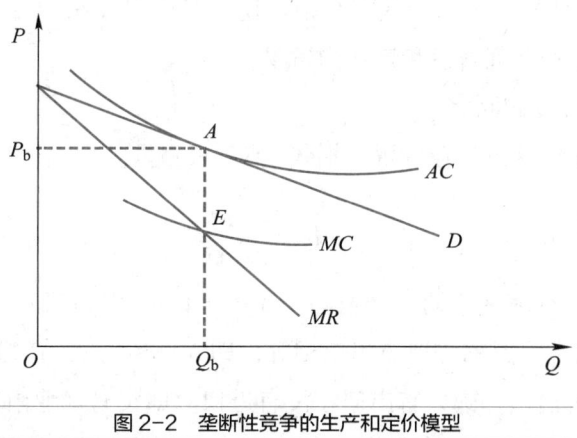

图 2-2　垄断性竞争的生产和定价模型

该模型假定许多厂商销售同一差异产品且可以自由进入或退出市场，即市场为垄断性竞争。这一模型还假定该差异产品的生产为规模报酬递增。

在图 2-2 中，D 为某厂商所销售的差异产品的需求曲线，MR 为相应的边际收益曲线，由于产品是差异性产品，所以 D 向下倾斜，又因许多厂商销售相同的产品，故 D 十分富有弹性，即价格的微小变化会引起销售量的很大变化。为了增加销售量，该厂商必须降低商品价格（P），故其边际收益曲线位于需求曲线之下，$MR<P$。

AC 为该厂商的平均成本曲线，MC 为相应的边际成本曲线。通过专业化生产少数几种差异化产品，该厂商的生产规模报酬递增，故 AC 也向下倾斜。为了使平均成本下降，边际成本必须小于平均成本，故边际成本曲线应位于平均成本曲线以下。

该厂商的最佳产出水平为 MR 和 MC 的交点 E 所给定的产量 Q_b。在这一产出水平上，边际收益等于边际成本（E 点所示），即 $MR=MC$；价格等于平均成本（A 点所示），即 $P=AC$，厂商索取的价格为需求曲线 D 和 AC 的切点 A 表示的水平 P_b。按这一规模生产，厂商获得正常报酬（normal return）。任何低于 E 点的产出，边际收益超过边际成本，厂商需增加产出。相反，任何高于 E 点的产出，边际收益小于边际成本，厂商需减少产出。

现以 I 国和 II 国生产布和汽车为例说明两国的产业内贸易。设 I 国劳动力丰富，II 国资本丰富；布为劳动密集型产品，汽车为资本密集型产品；布和汽车均为差异性产品，生产均为规模报酬递增，市场均为垄断性竞争。两国开展贸易后，根据要素禀赋论，I 国将出口布，进口汽车；II 国出口汽车，进口布；两国进行产业间贸易。但根据规模报酬递增与不完全竞争理论，I 国作为布的净出口国，仍会进口一些种类的布和出口一些类型的汽车；II 国作为汽车的净出口国，仍会进口一些类型的汽车，出口一些种类的布。I 国对布、II 国对汽车的净出口反映了产业间贸易。而 I 国同时出口一些汽车、进口一些布，II 国同时出口一些布、进口一些汽车则体现了产业内贸易。因此，当产品为差异性产品时，会同时发生产业间贸易和产业内贸易。

3. 产业内贸易程度的测定

产业内贸易程度可通过产业内贸易指数（B）来测量。

$$B = 1.0 - \frac{|X-M|}{X+M}$$

上式中，X 与 M 分别代表属于同一产业的产品的出口值和进口值。B 的最大值为 1，最小值为 0。当某一产业产品的进口与出口相等，即 $X-M=0$ 时，B 为最大值 1；但当某一产业只有进口、没有出口，或只有出口、没有进口，即没有产业内贸易时，B 为最小值 0。工业国之间的产业内贸易程度较高。根据格鲁贝尔和劳埃德的估算，1967 年，10 个工业化国家的 B 值平均为 0.48，原欧共体（现欧盟）成员国的 B 值平均为 0.67，显示了先进工业国家之间的贸易有一大部分属于产业内贸易。而且，随着经济的发展，工业国之间的产业内贸易越来越普遍。

应注意的是，界定一个产业的范围大小不同，会得出不相同的 B 值。界定的范围越大，B 值也越大，因为某一产业的范围越大，一国越可能出口该产业的某些差异产品，而进口另一些差异产品；反之亦然。因此，应慎用产业内贸易指数（B）。

六、战略贸易政策理论与管理贸易理论

1. 战略贸易政策理论

20 世纪 70 年代后，发达国家的经济增长速度普遍放缓。在欧洲，失业率不断上升；在美国，由于工资水平上涨缓慢，导致实际购买力下降；在日本，经济增长率也开始停滞与下降。发达国家为了改善其经济发展的现状，提出了一种新的要求国家干预、通过对某些所谓战略产业的扶持以刺激经济增长的理论观点，即战略贸易政策理论。其基本论点有"以补贴促进出口""以进口保护促进出口""战略支持产业的外部经济消息"等。总之，战略贸易政策理论的核心是政府通过干预对外贸易，扶持战略性产业的发展，是一国在不完全竞争和规模经济条件下获得资源次优配置的最佳选择。

该理论是各国在国际贸易中实行贸易干涉与干预的基础，一国可以通过各种政策的干预（如税收、补贴、经济合作等），在对本国至关重要的生产领域中创造出比较优势，而这些生产领域具有各种很强的前后向的联系，不仅可以带动经济发展，而且具有广泛的外部经济效益。该理论常常与产业政策之间存在密切联系，目的是在不完全竞争市场中，通过贸易获取利益，促进经济的增长与发展。

战略贸易政策是指一国政策在不完全竞争和规模经济条件下，凭借生产、出口补贴或保护国内市场等措施和手段，扶持本国战略性产业的成长，获取规模经济效益，增强其在国际市场上的竞争能力。

战略贸易政策的实行需要具备一定的前提条件，如不完全竞争和规模经济的存在，政府必须掌握充分的信息，获得战略支持产业的垄断地位和外部经济的存在，国内相应市场的潜力，贸易对手国不采取报复措施等。总之，战略贸易政策的实施有许多限制条件，有些条件是客观存在的，有些条件不一定能够满足，因而战略贸易政策运用的现实性和有效性就要大打折扣。

该理论建立在 20 世纪 80 年代发展起来的不完全竞争理论和规模经济理论的基础上，背离了自由贸易，通过论证在不完全竞争和规模经济存在的条件下，政策的直接干预可以转移他国利润以提高本国的福利水平，从而为国家进一步干预对外贸易活动提供了依据。战略贸易政策在实践中也可以起到扶持相应产业发展的作用，但其在实施中是以他国利益的牺牲为代价的，因而势必会导致其他国家的抵制，从而引发贸易保护主义的抬头，大大降低战略产业扶持的效果。

2. 管理贸易理论

管理贸易出现于 20 世纪 70 年代，盛行于 20 世纪 80 年代后期，介于自由贸易与保护贸易之间，属于有组织的自由贸易。它是以协调国家经济利益为重心，以政府干预贸易环境为主导，以磋商谈判为轴心，对本国进出口贸易和全球贸易关系进行全面干预、协调和管理的一种贸易制度，也就是政府控制和约束的贸易。

管理贸易在一定程度上遵循自由贸易原则，但同时也利用国内立法，或通过达成双边或多边国际协定，管理本国对外贸易并进行国际协调。所以，管理贸易既不同于自由贸易，也不同于保护贸易。国家之间的贸易活动包含许多人为干预因素，这在一定程度上限制了自由竞争；在寻求整体利益平衡的前提下，在兼顾贸易伙伴经济利益的同时，追求本国利益的最大化，而不是只关心本国的经济利益。

管理贸易理论的基础主要是博弈论，各国实施管理贸易主要采取非关税措施，以不违背降低关税壁垒的自由贸易原则为前提，通过各种巧妙的办法限制进口。其主要特点是：通过立法形式，使管理贸易法律化、制度化；采用单边、双边和多边协调管理等方式解决有关国际贸易问题；通过区域性经济组织对区域贸易进行管理；管理贸易措施以非关税壁垒为主。

管理贸易是在战后贸易自由化大趋势下，面对新贸易保护主义的压力而出现的贸易体制。其目标是在自由贸易原则的基础下，协调相互之间的贸易关系，均分贸易利益，促进各方发展。作为一种新的贸易体制，它对世界经济贸易的发展将会产生巨大影响。

✦ 国际贸易新视界

中国机电产品出口创新高

案例背景： 尽管新冠疫情仍在全球蔓延，但是中国机电产品受益于全球机电产品的需求增长和国内疫情防控红利下的供应保障。2021 年主要产品对重点市场的进出口额普遍实现了大幅增长，在"十四五"开局之年实现了开门红。海关总署的数据显示，2021 年中国机电产品进出口额为 3.13 万亿美元，首次突破 3 万亿美元，同比增长 25.5%。

2021 年，中国出口机电产品 12.83 万亿元，同比增长 20.4%，占出口总值的 59%。机电各重点行业出口额增幅普遍较大。数据显示，2021 年中国汽车（含底盘）出口额 334.6 亿美元，同比增长 119.2%，增幅最为显著。计算机、通信产品、家用电器、照明设备等传统重点产品的出口受益于全球需求增加和持续稳定的增长。电动汽车、锂电池、集成电路、光伏等新兴产品出口增速较快。印刷电路、接插件、晶体管、电容器等上游零部件类的出口也受海外生产拉动，更深层次地融入全球产业链而增长显著。

在进口方面，2021年中国进口机电产品7.37万亿元，同比增长12.2%，占进口总值的42.4%。由于中国机电产品进口以用于电子信息、汽车等产品的各类中间品为主，因此中间产品进口支撑了机电产品进口整体的稳健增长。其中，集成电路是中国进口额最大的单一机电产品，同时也是带动中国机电进口的主要拉动力。数据显示，2021年中国集成电路进口额4 325.5亿美元，同比增长23.6%。中国集成电路进口贸易实现高增长的原因有两方面，一是各行业的数字化、智能化拉动上游半导体需求；二是欧美国家新冠疫情尚未缓解及国际贸易摩擦造成的供应链不稳定，加剧了全球半导体产能紧张和供应短缺，为了避免生产中断，作为扮演全球机电产品重要供应角色的中国企业提高了集成电路等关键部件的库存。

问题：如何理解科技是第一生产力，是大国竞争制胜的制高点？

分析提示：党的二十大报告指出：必须坚持科技是第一生产力。近年来，中国科技实力不断增强，在计算机、新能源汽车、锂电池、通信设备、集成电路、光伏等新兴产业开始取得关键进展和竞争优势，在一定程度上加速了"中国技术"出口，表明中国的科技正在快速崛起。科技是国家实力的关键，是大国竞争的制高点。

⟡ 知识与技能训练

一、单项选择题

1. 亚当·斯密的代表著作是（　　　）。

    A.《国富论》   B.《政治经济学及赋税原理》

    C.《域际和国际贸易》   D.《国际贸易》

2. 大卫·李嘉图的代表著作是（　　　）。

    A.《国富论》

    B.《国民财富的性质和原因的研究》

    C.《政治经济学及赋税原理》

    D.《国际贸易》

3. 大卫·李嘉图认为国际贸易产生的根源是（   ）。

    A. 各国生产各种商品的劳动生产率不同

    B. 各国生产要素禀赋不同

    C. 各国间商品价格不同

    D. 各国间要素价格不同

4. 认为土地、劳动、资本的比例关系是决定国际分工和国际贸易发生和发展的最重要的因素，这种观点是（   ）。

    A. 绝对成本学说   B. 比较成本学说

    C. 赫－俄学说   D. 以上都不是

5. 按"两优之中取其重，两劣之中取其轻"的原则进行分工的思想是由（   ）提出的。

    A. 亚当·斯密   B. 大卫·李嘉图

    C. 俄林   D. 以上都不是

二、多项选择题

1. 对里昂惕夫之谜的不同解释包括（   ）。

    A. 劳动效率的差异   B. 人力资本的差异

    C. 贸易壁垒的存在   D. 自然资源因素被忽略

2. 产品生命周期理论将产品的生命周期划分为（   ）、成长期、（   ）、销售下降期、（   ）。

    A. 新生期   B. 成熟期

    C. 让与期   D. 平衡期

3. 产业内贸易现象出现的原因是（   ）。

    A. 产品差异性   B. 规模经济

    C. 不完全竞争   D. 偏好相似

4. 保护幼稚工业学说主张（   ）。

    A. 一国的对外贸易政策因发展时期而异

    B. 国家干预对外贸易

    C. 国内市场扭曲论

    D. 财富和财富的生产力不是一回事

5. 新贸易保护主义对国际贸易的影响有（   ）。

    A. 阻碍了国际贸易的发展

B. 未能有效地维持就业

C. 以进口替代国内生产的范围受到限制

D. 贸易保护主义加重了发展中国家的债务负担

三、判断题

1. 大卫·李嘉图是古典经济学派的主要奠基人之一，也是国际分工和国际贸易理论的创始人。　　　　　　　　　　　　　　　　　　　　　　（　　）

2. 古典学派经济学家亚当·斯密提出了比较成本学说，后由大卫·李嘉图进一步发展。　　　　　　　　　　　　　　　　　　　　　　　　　（　　）

3. 早期、晚期重商主义都主张通过国家干预措施得到更多的金银，以增加一国的财富。　　　　　　　　　　　　　　　　　　　　　　　　　（　　）

4. 李斯特认为贸易保护政策保护的对象应是一国所有的幼稚工业，而不是农业。　　　　　　　　　　　　　　　　　　　　　　　　　　　　（　　）

5. 实行自由贸易的理论，首先是由古典政治经济学派的亚当·斯密在其名著《国富论》中提出的。　　　　　　　　　　　　　　　　　　　　（　　）

6. 亚当·斯密的绝对成本学说是建立在他的分工学说和国际分工学说的基础之上的。　　　　　　　　　　　　　　　　　　　　　　　　　（　　）

7. 大卫·李嘉图的比较成本理论被当代著名经济学家保罗·萨缪尔森称为"国际贸易不可动摇的基础"。　　　　　　　　　　　　　　　　　（　　）

8. 早期重商主义又称为贸易差额论。　　　　　　　　　　　　　　（　　）

9. 一国的进口与国内储蓄一样，有减少国民收入的作用。　　　　（　　）

10. 要素禀赋论是用劳动力要素的丰缺解释国际贸易产生的原因和商品流向的理论。　　　　　　　　　　　　　　　　　　　　　　　　　　　（　　）

◈ 综合实训

实训项目　第 133 届广交会的召开

1. 实训目的

通过分析整理材料，小组讨论，分析第 133 届广交会召开的意义。

2. 实训资料

第 133 届中国进出口商品交易会（简称"广交会"）暨第二届珠江国际贸易论坛于 2023 年 4 月 15 日—5 月 5 日举办。本届广交会总体运行平稳，实现了"高效、安全、数字、绿色"的目标，为促进外贸稳规模优结构、推动全方位对外开放、服务构建新发展格局做出了积极贡献。

（1）线上平台运行平稳。本届广交会线上平台共优化 141 项功能。线上平台累计访问量 3061 万次，访客数 773 万人，境外占比超过八成。参展企业店铺累计访问量超 440 万次，其中出口展参展企业店铺累计访问量约 437 万次，进口展参展企业店铺累计访问量 3.4 万次。参展企业累计连线展示 6127 场次。线上平台智能化、便利化和友好度持续提升，受到展客商普遍欢迎。

（2）贸易对接成效显著。本届广交会共举办 52 场"贸易之桥"全球贸易推广系列活动、8 场"好宝、好妮探广交"展示活动、3 场省市主题专场对接活动、2 场双循环贸易促进活动，来自 67 个国家和地区的境外工商机构、采购商、供应商等 3000 多人参加。举办 19 场贸易推广活动、7 场时尚秀，精准推介特色产业、优质企业、创新产品和知名品牌，为供采双方牵线搭桥，推动多个项目签约成功。如新疆棉纺业专场对接活动，现场宣传 300 余种棉纺织品，达成意向采购金额 5.7 亿元。"宁聚珠江，贸通世界"南京专场对接活动达成合作意向金额 23 亿元。

（3）多功能平台作用持续彰显。本届广交会进一步丰富业态，拓展功能，充分发挥资讯交流、创新发布、产业推介、贸易服务等多功能综合平台作用。高质量举办第二届珠江国际贸易论坛，包括 1 场开幕式、5 场主论坛和 18 场行业论坛，共有 200 余位政商学研界嘉宾出席，聚焦国际贸易前沿课题，探讨创新发展路径，向国际社会发出广交会声音，贡献广交会智慧。广交会设计创新奖（CF 奖）展示厅展出 2022 年度获奖产品 139 件。广交会产品设计与贸易促进中心（PDC）共有来自 7 个国家和地区的 95 家设计公司参加，达成合作意向近 1500 项。新设的贸易服务区引进近 250 家机构参展，线上线下提供物流仓储、金融保险、检测认证、商业咨询、设计创新、跨境电商等全链条综合服务。举办会展标委会国家标准宣贯会，提升外贸中心牵头编制的三项国家标准的认知度和普及率。举办"绿色时空"活动，42 家企业获评第 130 届广交会绿色展位奖。

（4）知识产权保护更加有力。本届广交会线下受理的知识产权投诉案件涉及被投诉企业共计 341 家，最终认定涉嫌侵权企业 163 家；线上受理的知识产权投诉案件涉及被投诉企业共计 74 家，最终认定涉嫌侵权企业 2 家。线上线下共受理、调解贸易纠纷 16 件，调解成功率较高。广交会高效专业的知识产权保护，有效激励和保护创新，营造了安全公平的国际贸易环境，得到展客商充分肯定。

（5）助力乡村振兴取得新成果。本届广交会线下展设立"乡村振兴特色产品"展区，线上设立"乡村振兴"专区，供脱贫地区企业集中展示。"乡村振兴特色产品"展区共有来自 22 个省份的 171 家企业参展，涉及食品、工艺品、医药保健品、休闲用品等 13 个产品类别。脱贫地区企业共上传展品 4.44 万件。在本届广交会上，以产业帮扶让特色产业实现"造血式"发展、以绿色养殖提振村民创收信心、以产业 + 金融激活乡村发展内生动力的故事不断上演。参展企业表示，通过广交会这个国际化平台，他们不仅了解到了市场趋势、结识了客户、拿到了订单，而且还培养了直播营销人才、加快了数字化转型步伐，为促进脱贫地区特色产品和产业提档升级注入新活力，为赋能乡村可持续发展找到了更多路径。

3. 实训要求

结合相关资料阐述广交会与中国国际贸易发展的历史渊源并分析对国际贸易的影响。

国际贸易政策措施

第三章

素养目标

- 形成法治思维方式，在涉外事务中解决国家利益问题时做出正确的选择
- 树立社会责任感和大国担当意识，在维护世界各国合作伙伴关系和世界经济运行之间保持平衡

知识目标

- 掌握进出口贸易的各项政策与措施
- 掌握关税和非关税壁垒

技能目标

- 能够开展国际贸易政策调查
- 能够掌握国际贸易措施，分析并解决实际问题

思维导图

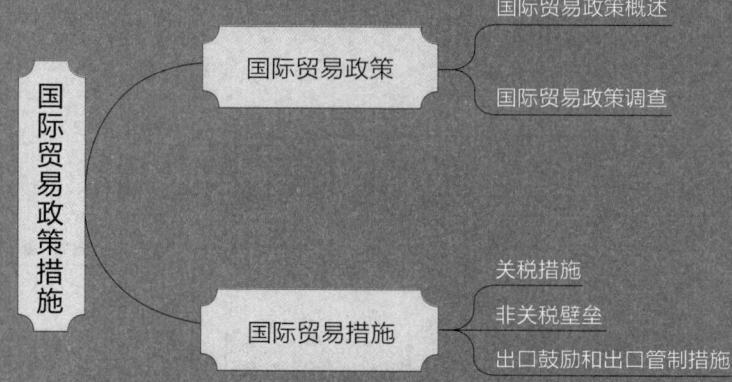

学习计划

● 素养提升计划

_____
_____
_____

● 知识学习计划

_____
_____
_____

● 技能训练计划

_____
_____
_____

第一节 国际贸易政策

粤港澳大湾区包括香港特别行政区、澳门特别行政区和广东省广州、深圳、珠海、佛山、惠州、东莞、中山、江门、肇庆九个珠三角城市,总面积 5.6 万平方千米,2021 年末总人口约 8 700 万,是我国对外开放程度最高、经济活力最强的区域之一,在国家发展大局中具有重要的战略地位。2021 年,粤港澳大湾区 GDP 总量超过 12 万亿元,约占全国 GDP 的 1/7。粤港澳大湾区作为国家对外开放的前沿阵地,背靠泛珠三角区域的广阔腹地,同时对接国际与国内两个市场。对外服务配合"一带一路"建设,对内深入推进改革开放。

香港特别行政区是高度开放和国际化的城市,拥有开放便利的营商环境及优质的专业服务。通过推动粤港澳大湾区协同发展,有助于进一步提升中国香港地区的国际金融、航运、贸易中心和国际航空枢纽的地位。

澳门特别行政区参与"一带一路"和粤港澳大湾区建设,是保持中国澳门地区长期繁荣稳定的重大决策。在参与"一带一路"建设方面,中国澳门加强内地与"一带一路"沿线的葡语国家的合作,促进各项功能的流通,使其流入更加广阔的市场。通过优化区域发展格局,共同努力把粤港澳大湾区打造成为"一带一路"建设的重要支撑区。

问题:建设粤港澳大湾区有何重大历史意义?

一、国际贸易政策概述

国际贸易政策是各国政府为促进对外贸易和国民经济的发展而实行的各种政策措施的总称,它是各国经济政策的重要组成部分。一国对外贸易政策的制定和实施不仅要反映其国内经济的特点,而且要兼顾国际贸易环境的具体情况及有关国家的政策措施,以利于有的放矢地制定相应的政策,保护国内市场,扩大商品销路。

微课
国际贸易政策
措施

1. 制定对外贸易政策的目的

（1）促进和保护国民经济的正常发展，保护国际收支平衡，扩大本国产品的出口市场，增加就业，提高劳动者的收入。

（2）在维护国家主权和利益的前提下，协调与各国的经济贸易关系，积极参与社会分工和国际竞争。

（3）发展国家间的经济交流和友好关系，对国际经济合作和世界经济的发展做出贡献。

2. 对外贸易政策的构成

（1）对外贸易总政策，即一国在总体上采取的是相对的自由贸易政策还是保护贸易政策。对外贸易总政策通常与一国的经济发展战略相联系，会在一个较长的时期内加以贯彻。

（2）商品进出口政策，例如有意识地扶植某些出口部门，或暂时限制某些种类商品的进口等。一国的商品进出口政策通常与该国的产业发展政策有关。

（3）国别对外贸易政策，即一国根据有关国际经济格局、政治社会关系，以及本国经济结构的特点等，对不同的国家或地区采取不同的贸易政策。

在现实经济生活中，上述三方面是紧密联系、相互贯通的。无论是商品进出口政策，还是国别对外贸易政策，总是离不开对外贸易总政策的指导；而对外贸易总政策也不是抽象的东西，它是通过具体商品的进出口政策和国别对外贸易政策体现出来的。

3. 对外贸易政策的类型

各国的对外贸易政策基本上有两种类型：一是自由贸易政策，二是保护贸易政策。

（1）自由贸易政策。自由贸易政策是一种既不限制进口，也不限制出口的贸易政策。其主要内容包括：国家取消对进出口贸易的限制和障碍，取消对本国进出口商品的各种特权和优惠，使商品自由进出口，在国内外市场上自由竞争。

（2）保护贸易政策。保护贸易政策是一种限制进口，同时鼓励出口的贸易政策。其主要内容包括：国家广泛利用各种限制进口的措施，以保护本国市场免受外国商品的竞争，并对本国出口商品给予优惠和补贴，以提高其国际竞争力，使出口贸易不断扩大。

4. 对外贸易政策的制定和执行

选择和制定一国对外贸易政策的制约因素包括以下几个方面：

（1）经济力量的强弱。一般来说，经济比较发达、商品国际竞争力较强的国家，倾向于自由贸易政策，反之则倾向于保护贸易政策。

（2）经济发展战略的选择。不言而喻，采取外向型经济发展战略的国家，就会制定

微课
国际贸易政策
演变与关税

比较开放和自由的对外贸易政策；反之，采取内向型经济发展战略的国家，就会制定相对封闭和保守的对外贸易政策。

（3）利益集团的影响。不同的对外贸易政策对本国不同的利益集团会产生不同的利益影响，如自由贸易政策有利于出口集团、进出口贸易商和消费者，但不利于进口集团，因为这个集团生产的商品面临着进口商品的有效竞争。

（4）国际政治经济环境和一国的外交政策。对外贸易政策和外交政策关系密切，两者相互服务，相互促进。对外贸易要服从外交的需要，而外交则要为对外贸易打通道路，提供保护。当今许多国家都奉行所谓的经济外交战略，把外交作为打开国际市场的一种手段。

（5）他国的利益以及国际规则。虽然各国制定的对外贸易政策，都是以本国利益为基点的，但是在世界经济相互依赖、相互联系日益加深的今天，一味采取"以邻为壑"的政策，恐怕是行不通的。一项对他国绝对不利的贸易政策很难长期地保护本国的利益，因为它势必会招致其贸易伙伴的反对。

（6）一国对外贸易政策的制定，还要受本国国际收支和对外贸易差额的变化、国内物价，以及就业状况等因素的影响。总之，一国制定什么样的对外贸易政策，取决于本国的具体情况和国际环境，但这并不排除存在某些共同的原则和规则。

✦ 国际贸易与中国经济

中国的贸易政策和贸易体制对全球贸易的积极影响

中国自 2001 年加入世界贸易组织后，主动开放市场，履行货物和服务开放的承诺，大幅降低关税税率和非关税壁垒。党的十八大以来，我国实行更加积极主动的开放战略，构建更大范围、更宽领域、更深层次的对外开放格局，共建"一带一路"，推动经济全球化朝着更加开放、包容、普惠、平衡、共赢的方向发展。积极参与全球治理体系改革和建设，坚决维护和践行真正的多边主义，提升在国际议程设置、国际规则制定、国际和地区热点议题解决等方面的话语权。

中国对全球贸易的历史性贡献和积极影响主要表现在以下三方面：

1. 扩大对外开放，带动世界经济复苏与增长

中国顺应时代发展潮流和世界发展趋势，促进贸易平衡发展，提高贸易便利化水平，大幅度放宽外商投资准入条件，营造富有吸引力的投资环境，规范引导企业对外投资，以广范围、大力度、高水平的对外开放力度促进全球共同发展。

2. 支持多边贸易体制，促进贸易自由化

中国坚定支持多边贸易体制，深度参与贸易政策审议，全力支持发展中国家融入多边贸易体制，始终旗帜鲜明地反对单边主义和保护主义，以实际行动维护多边贸易体制的权威性和有效性，有效推进贸易投资自由化与便利化。

3. 共建"一带一路"高质量发展，推动沿线国家贸易发展

党的二十大报告指出：推动共建"一带一路"高质量发展。"一带一路"高质量发展促进沿线国家基础设施的互联互通，带动资金和技术的流动，推动区域贸易一体化和便利化发展，建成多元贸易合作机制，创新跨境电子商务等贸易新业态的发展。

问题：中国对国际贸易做出了哪些突出贡献？

二、国际贸易政策调查

1. 国际贸易政策调查的内容

（1）国际贸易政策调查的内容包括对国际贸易的法律环境的熟悉和了解。国际贸易双方当事人的权利和义务通过合同加以规定。合同必须符合法律规范，符合法律规范的合同受到法律的保护。国际贸易的法律环境比国内贸易复杂，贸易当事人必须面对三个层次的法律：国内法、国际贸易条约和国际贸易惯例。

① 国内法。国内法是指一个国家制定并在本国主权管辖范围内生效的法律。国际贸易当事人都必须遵守各自所在国的国内法。由于不同国家法律的立法原则、司法程序，以及对权利和义务的界定往往有所不同，因而一旦发生争执提请司法裁决时，就需要明确以何国法律为裁决的依据。

② 国际贸易条约。国家通过缔结或参加国际双边或多边条约，承认某些国际法准则，是国际法的主要渊源。我国与许多国家签订了关于国际贸易的双边条约，主要类型有：通商航海条约、贸易协定、商品协定、自限协定等。

关于国际贸易的国际公约主要有：

第一，《联合国国际货物销售合同公约》（简称《公约》）。《公约》于 1980 年 4 月 11 日在维也纳制定，于 1988 年 1 月 1 日开始生效，对缔约国企业的国际货物买卖行为做出详尽的规定，是我国对外贸易中最重要的一项国际条约。我国在核准《公约》时，提出了两项重要的保留条件：其一，我国不同意扩大《公约》的适用范围，只认为《公约》适用于营业地分处不同缔约国的当事人之间所订立的货物买卖合同；其二，我

国坚持认为，订立、更改或终止国际货物买卖合同必须采取书面形式，《公约》对合同形式不受限制的规定对中国不适用。

第二，《统一提单的若干法律规则的国际公约》（简称《海牙规则》）（1924 年），《关于修改统一提单的若干法律规则的国际公约的议定书》（简称《维斯比规则》）（1968 年），《1978 年联合国海上货物运输公约》（简称《汉堡规则》）（1978 年）。以上均为调整国际海上货物运输关系的公约。

第三，《联合国国际货物多式联运公约》（1980 年）。

第四，《承认及执行外国仲裁裁决公约》（1958 年）。

在法律的适用上，国际法优先于国内法。

③ 国际贸易惯例。国际贸易惯例是指在国际贸易的长期实践中形成的习惯性做法，由国际组织或某些国家的商业团体、学术团体加以规范成文，成为国际贸易活动中当事人的行为准则。国际贸易惯例本身并不是法律。贸易双方当事人有权在合同中达成不同于惯例规定的贸易条件。但许多国家在立法中明文规定了国际惯例的效力。特别是在《联合国国际货物销售合同公约》中，惯例的约束力得到了充分的肯定。在下列情况中，国际贸易惯例对当事人有约束力：

第一，当事人在合同中明示地选用某项国际贸易惯例。

第二，当事人没有排除对其已知道或应该知道的某项惯例的适用，而该惯例在国际贸易中被同类合同的当事人所广泛知道并经常遵守，这应视为当事人已默示地同意采用该项惯例。

第三，在国际贸易中通行的主要惯例均由国际商会制订，主要有：《国际贸易术语解释通则 2020》（INCOTERMS® 2020）、《跟单信用证统一惯例》（UCP600）、《托收统一规则》（URC522）、《见索即付保函统一规则》（URDG458）。

国际贸易惯例是国际法的又一重要渊源。上述惯例在国际贸易中均得到普遍遵守，是从事国际贸易的人员所必须熟知的重要内容。

（2）国际贸易政策的调查还必须关注我国关于进口贸易的政策和管理规定，主要有：

①《中华人民共和国对外贸易法》。它主要规定了我国对外贸易的基本方针、基本政策、基本制度和基本贸易行为。

② 其他专门性的对外贸易法律（如《中华人民共和国海关法》《中华人民共和国进出口商品检验法》等），以及非专门性的涉外经济法律中有关对外贸易的规定（如《中华人民共和国专利法》《中华人民共和国商标法》等）。除法律外，我国国务院及其所属部委还根据宪法、法律制定和颁布了有关对外贸易活动的条例、规定和实施细则、方法等。各省、自治区、直辖市和经国务院批准的计划单列市的人民代表大会及其常务委员会或人民政府

还制定了调整本地区对外贸易关系的区域性法规。

③ 我国对外贸易管理的经济手段。如我国现行汇率制度及相关管理规定、我国对外贸易税收制度及相关管理规定、我国进出口信贷制度及相关管理规定等。

④ 我国对外贸易管理的行政手段。如对外贸易经营权管理规定、进口配额管理规定、进口许可证管理规定、进口货物原产地管理规定等。

⑤ 我国加入世界贸易组织（WTO）在贸易方面的承诺。

进出口商要根据其进出口产品相关国家的国内政策和管理规定开展调研，要注意相关的国内政策和管理规定文件与资料的收集，跟踪这些政策和管理规定的调整和变化。

通过以上调研，企业基本上可以解决应选择哪个国家或哪个地区作为目标市场，企业应该出口（进口）哪些商品，以及以什么价格或方式进出口。

2. 贸易政策调查的方案

一般来讲，贸易政策调查是进出口市场调研的重要内容，调查的程序也应该包括以下步骤：

（1）确定调研目标。随着经济全球化的深入发展，进出口企业经营环境不断出现了许多新变化，企业经营也会越来越多地直接面对国际竞争。如果想在国际竞争中取胜，必须不断地通过有效的调研来收集信息，以做出正确的战略选择。调研需要首先明确调研目标，在调研活动中，如果目标明确、具体，准备的资料完整充分，就能准确地找出企业需要解决的问题，并大大提高调研活动的效率。

（2）进行调研企划。调研企划是指为确保调研的顺利实施而拟订的具体工作安排，包括调研人员安排和培训、调研经费预算、调研进度日程等。调研企划直接影响作业的质量和效益，调研人员的工作能力、职业态度、技术水平等会对调研结果产生重要影响。一般要求调研人员应具有沟通能力、创造力和想象力；调研费用因调研种类和收集资料精确度的不同而有很大差异。调研组织者应事先编制调研经费预算，制定出各项费用标准，力争以最少的费用取得最好的调研效果。调研进度日程是指调研项目的期限和各阶段的工作安排，包括规定调研方案的设计、问卷、抽样、人员培训、实地调研、数据录入、统计分析、报告撰写等完成日期。为保证调研工作的顺利开展和按时完成，调研者可制定调研进度日程表，对调研任务加以具体规定和分配，并对调研进程随时进行检查和控制。

（3）组织实施调研。调研资料的收集阶段也就是调研的实施阶段。调研项目确定、调研企划编制完成后，调研方案也就形成了。调研人员将方案付诸实施，就意味着市场调研资料的收集工作正式开始。该阶段的主要任务是设计调研问卷，组织调研人员深入实际，按照调研方案的要求和调研计划的安排，有序、系统、细致地收集各种资料。调研资料的收集需要大量的人力、财力做支撑，而且该阶段最容易出现调研误差，组织、管理、控制是该阶段工作取得成效的基本保障。

（4）整理分析资料。在这个阶段，调研人员要对分散、零星的市场调研资料进行整理分析，如核实收集资料，剔除虚假成分；将资料分档归类，并制成统计表，以供分析使用（包括编码、数据录入、数据运算和输出、结果等），所以要求统计分析人员具有较高的专业技能，对所收集到的资料能够利用科学的方法归纳分析，去伪存真，从众多市场表象中找到本质。

（5）撰写调研报告。调研报告是调研结果的最终体现，是一个企业进行进出口营销决策的重要依据。一般要求：语言要精练、有说服力，词汇尽量非专业化；结构严谨，体裁简洁，不能漏掉重要的资料；有明确的结论和建议，并让读者能够了解调研过程的全貌。

3. 国际贸易政策调查的常用方法

（1）企业自己组织调研。可向国外目标市场派出小组，以销售、问卷、谈话等形式进行调研。在调研活动中，一般以收集二手资料作为开始，但有时由于调研目标的特殊要求或一些客观条件的限制，导致二手资料不够用、不好用、不全面，就必须借助于实地调研去收集原始资料。选择优秀的调研人员，精心组织调研活动，实地调研就可以获得较为真实、客观的直接数据。

（2）可以由企业调研部门通过各种媒体（报纸、杂志、新闻广播、计算机数据库等）寻找信息资料。收集间接数据的方法又称文案调研法。在大多数情况下，在进行调研的初期，间接数据会使调研活动费用大大节省，同时还能够简化假设命题，缩小问题范围。如广东某公司计划向欧盟出口纺织品，上网查询一下目前中欧纺织品贸易争端的相关影响，以及目前双方商务管理部门的相关协议、政策，就可以了解目前纺织品出口欧盟的政策环境。

（3）网络和在线调研。今天，随着互联网技术的发展，网络和在线调研法也成为收集市场信息的重要手段。与传统方式相比，网络和在线调研在组织实施、信息采集和处理、调研效果等方面具有明显优势。

按照调研者组织样本的行为，网络和在线调研方法可以分为主动调研法和被动调研法。主动调研法，即调研者主动组织调研样本，完成主动调研的方法；被动调研法，即调研者被动地等待调研样本造访，完成统计调研的方法。

按照采用的技术划分，网络和在线调研可以分为站点法、电子邮件法、随机 IP 法和视频会议法等。

活动背景：一国对外贸易政策通常随着世界政治、经济形势的变化以及国际政治、经济关系的发展而变化，进口商要做好进口贸易工作，必须熟悉本国和其他国家，尤其是贸易对象国或地区的对外贸易政策。因此，进口商要根据其进口产品相关国家的国内政策和管理规定开展调研。

活动组织：分组模拟进口商角色，选择一个出口国，调研出口国或地区的国际贸易政策。

考核要点：调研需要包括贸易政策调查的内容、贸易政策调查的方法、贸易政策调查的方案等。

第二节　国际贸易措施

✧ **引例**

案例资料：

关税作为主权国家税收政策运用的重要内容，受到国际经济政治形势新变化的影响。关税削减将会导致供应链的本土化、近岸化和区域化，在贸易伙伴之间的自贸协定谈判中，关税削减更加聚焦于"公平与对等贸易"。2020 年暴发的新冠疫情加剧了全球价值链格局的调整。随着全球供应链脆弱性漏洞的暴露，各国政府开始高度重视本国供应链的安全和"韧性"，并上升到国家经济安全的高度。世界经济再平衡进程的启动和国际经贸规则的加快重构，给我国关税政策带来了巨大的冲击和挑战。2022 年 1 月 1 日《区域全面经济伙伴关系协定》生效后，区域内 90% 以上的货物贸易最终实现了零关税，且主要方式是立即降税到零和逐步降税到零。进出口企业实现降税及零关税的前提是产品符合 RCEP 原产地规则，并且按进口缔约方海关要求申报享受相关协定税率。

问题：请结合关税相关知识，分析中国关税政策将如何调整？

一、关税措施

关税是贯彻一国贸易政策的基本措施。非关税壁垒在第二次世界大战后越来越成为一国实行保护贸易政策的重要手段。关税壁垒和非关税壁垒对于国际贸易、进口国和出口国都会带来明显的影响。

1. 关税的概念和作用

关税是进出口商品通过一国关境时，由政府所设置的海关对进出口商品所征收的一种税收。

海关是设在关境上的国家行政管理机构，负责贯彻执行本国有关进出口政策、法令和规章。其任务是对进口货物、运输工具和其他物品等实施监督管理，征收关税和其他税费，查缉走私货物和进行海关统计等。

关境是海关征收关税的领域，也是海关所管辖并执行海关各项有关法令和规章的区域。一般来说，关境和国境是一致的。但有些国家在国境内设有自由贸易港或自由贸易区等自由经济区，这些地区不属于关境范围之内，这时关境小于国境。有些国家缔结成关税同盟，在参加关税同盟的国家之间不征收关税，参加关税同盟的国家的领土成为统一的关境，这时关境大于国境。

征收关税的作用主要有两个：一是增加本国财政收入；二是保护本国的产业和国内市场。其中，以前者为目的而征收的关税称为财政关税（revenue tariff），以后者为目的而征收的关税称为保护关税（protective tariff）。除此之外，关税还有涉外作用。关税一直与国际经济关系和外交关系有着密切的联系。例如，各国可以利用关税税率的高低和不同的减免手段来对待不同类型国家商品的进口，以此开展其对外经贸关系；通过提供优惠待遇可以改善国际关系，争取友好贸易往来；利用关税壁垒，可以限制对方的商品进口。

2. 关税的主要种类

（1）进口税。进口税（import duties）是指进口商品进入一国关境时或者从自由港、出口加工区、保税仓库进入国内市场时，由该国海关根据海关税则对本国进口商所征收的一种关税。进口税又称正常关税（normal tariff）或进口正税。

进口税是保护关税的主要手段。通常所说的关税壁垒，实际上就是对进口商品征收高额关税，以此提高其成本，削弱其竞争力，起到限制进口的目的。关税壁垒是一国推行贸易保护政策所实施的一项重要措施。

一般来说，进口税税率可分为普通税率、最惠国税率和普惠制税率三种。

① 普通税率。如果进口国未与该进口商品的来源国签订任何关税互惠贸易条约，

则对该进口商品按普通税率征税。普通税率通常为一国税则中的最高税率，一般比优惠税率高 1~5 倍，少数商品的普通税率甚至比优惠税率高达 10 倍、20 倍。

② 最惠国税率。最惠国待遇（most-favoured-nation treatment, MFNT），是指缔约国各方实行互惠，凡缔约国一方现在和未来给予任何第三方的一切特权、优惠和豁免，也同样给予对方。最惠国待遇的内容很广泛，但主要是关税待遇。最惠国税率是互惠的，且比普通税率低，有时甚至差别很大。由于世界上大多数国家都加入了签订有多边最惠国待遇条约的关贸总协定，因而这种关税税率实际上已成为正常的关税率。

③ 普惠制税率。普惠制是普遍优惠制（generalized system of preferences, GSP）的简称，是发达国家给予发展中国家出口制成品和半制成品（包括某些初级产品）普遍的、非歧视的、非互惠的一种关税优惠制度，税率一般比最惠国税率低约 1/3。普遍性、非歧视性和非互惠性是普惠制的三项基本原则。

📖 知识窗

普惠制原产地证明

普惠制原产地证明（Generalized System of Preferences Certificate of Origin）又称 "G.S.P 证""Form A 证"，是指发达国家给予发展中国家或地区在经济、贸易方面的一种非互利的特别优惠待遇。即发展中国家向发达国家出口制成品或半制成品时，发达国家对发展中国家予以免征或减征的关税。普惠制于 1970 年由联合国贸易开发会议第四届优惠特别委员会推行实施。这一制度的实施，对于发展中国家而言，可以扩大出口，多创外汇，加速经济基础发展，促进产业工业化。

普惠制原产地规则是各给惠国关于受惠国出口产品享受普惠制待遇必备的条件规定，是普惠制的重要组成部分和核心。为了确保普惠制关税优惠待遇仅给予在发展中国家生产、收获和制造，并从发展中国家出运的产品，各给惠国都制定了相应的原产地规则，用以衡量受惠国的出口产品是否可以取得普惠制的原产地资格。

（2）出口税。出口税（export duties）是出口国家的海关在本国产品输往国外时对出口商所征收的关税。目前大多数国家对绝大部分出口商品都不征收出口税。因为征收出口税会抬高出口商品的成本和国外售价，削弱其在国外市场的竞争力，不利于扩大出口。但目前世界上仍有少数国家（特别是经济落后的发展中国家）征收出口税。

我国历来采用鼓励出口的政策，但为了控制一些商品的出口流量，采用了对极少数商品征收出口税的办法。征收出口税的商品主要有生丝、有色金属、铁合金、绸缎等。

（3）过境税。过境税（transit duties）又称通过税，是一国对于通过其关境的国外货物所征收的关税。在资本主义生产方式准备时期，这种关税普遍流行于欧洲各国。

19世纪后半期，由于交通运输业的发展，各国在货运方面产生了激烈的竞争。同时，过境货物对本国生产和市场没有影响，所征收税率也很低，财政意义不大。因此，各国相继废止过境税。1921年，资本主义国家在巴塞罗那签订的《自由过境公约》便包括了废除一切过境税的条款。

（4）附加税。对进出口商品按照所规定的税率征收的关税称为正常关税，或称正税。在正税外再额外加征的关税称为附加税。对进口商品加征的关税称为进口附加税，对出口商品加征的关税称为出口附加税。附加税通常是一种特定的临时性应急措施，其目的主要有：减少贸易逆差，缓和国际收支危机；抵销外国的出口补贴，防止外国商品低价倾销；增加国家的财政收入等。征收附加税的目的一旦实现或形势发生变化后就停止征收。

有时是针对全部应税商品征收附加税，有时是针对个别国家的个别商品征收进口附加税。这种进口附加税主要有以下两种：

① 反倾销税。反倾销税是对于实行商品倾销的进口货物所征收的一种进口附加税。其目的在于抵制商品倾销，保护本国产品的国内市场。

② 反补贴税。反补贴税又称抵销税或补偿税，是对于直接或间接地接受任何奖金或补贴的外国货物进口所征收的一种进口附加税。

凡是进口货物在生产、制造、加工、买卖、输出过程中所接受的直接或间接的奖金或补贴都构成反补贴税的条件，不管给予这种奖金补贴是来自政府，还是同业公会。反补贴税的税额一般按奖金或补贴数额征收。征收目的在于提高进口货物的价格，抵销其享受的补贴金额，削弱其竞争能力，使它不能在进口国的国内市场上进行低价竞争或倾销。

（5）差价税又称差额税。当某种本国商品的国内价格高于同类进口商品的价格时，为了削弱进口商品的竞争能力，保护国内商品和国内市场，按国内价格和进口价格间的差额征收关税，这种关税就称差价税。由于差价税随着国内外价格差额的变动而变动，所以它是一种滑动关税。差价税有的按两种价格的差额征收，有的是在征收正常关税以外另行征收，这种差价税实际上是一种进口附加税。

（6）特惠税。特惠税又称优惠税，是一种特别优惠的低关税，只对特定国家提供这种优惠，第三国不得享受。

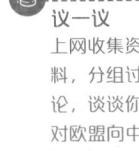
议一议
上网收集资料，分组讨论，谈谈你对欧盟向中国光伏产品征收反倾销税的看法。

最著名的特惠税是 1932 年建立的英帝国特惠制，第二次世界大战后改称为英联邦特惠制，英国加入欧洲共同体（现欧盟）后于 1977 年最终废除。当前最主要的特惠税是《洛美协定》国家之间的特惠税，它是欧洲共同体（现欧盟）向参加协定的非洲、加勒比和太平洋地区的发展中国家单方面提供的特惠税。这对于改善发展中国家出口产品的竞争能力，促进这些国家的工业化，提供了较为有利的条件。

3. 关税的征收方法

（1）从量税。从量税是以商品的重量、数量、容量、长度和面积等计量单位为标准计征的关税。从量税税额的计算公式是：

$$税额 = 商品数量 \times 每单位从量税$$

采用从量税的方法征收进口税，在商品价格下跌的情况下，加强了关税的保护作用。但在商品价格上涨的情况下，用从量税的方法征收进口税，进口税额不变，致使财政收入相对减少，保护作用也随之减弱。

请注意：

西方国家征收从量税，大部分是以商品的重量为单位来征收的。但各国对应税商品重量的计算方法各有不同。有的国家按商品的净重计征；有的国家按商品的毛重计征；有的国家按法定重量计征。

（2）从价税。从价税是以进出口商品的价格为标准计征的关税。其税率表现为货物价格的百分率。从价税的计算公式是：

$$税额 = 商品总值 \times 从价税率$$

从价税税额随着商品价格的变动而变动，它的保护作用不受商品价格变动的影响。但在商品价格下跌时，因关税收入减少，作为财政关税的作用则减弱。

征收从价税，较为复杂的问题是确定商品的完税价格。完税价格是经海关审定作为计征关税依据的货物价格。资本主义国家所采用的完税价格标准很不一致，大体上有以下四种：

① 以到岸价格（CIF）作为征税价格标准。

② 以离岸价格（FOB）作为征税价格标准。

③ 以法定价格作为征税价格标准。

④ 以实际成交价格作为征税价格标准。

（3）混合税。混合税又称复合税，是对某种进出口商品同时征收从量税和从价税的一种方法。在具体应用时有两种情况；一种是以从量税为主，加征从价税；另一种是以从价税为主，加征从量税。

（4）选择税。选择税是对某种进出口商品同时订有从价税和从量税两种税率，但选择其中一种征收的关税。一般是选择其中税额较高者征收，但也有选择其中税额较低者征收的。后两种方法因计算更为复杂，所以使用的情况并不多。

二、非关税壁垒

关税壁垒和非关税壁垒合称为贸易壁垒，指一国政府对外国商品进口所采取的一切限制措施。非关税壁垒的特点是：具有更大的灵活性和针对性；能更有效地限制进口；更具有隐蔽性和歧视性。

1. 进口配额制

进口配额又称进口限额，是一国政府对一定时期（如一季度、半年或一年）内某种商品的进口数量或金额所规定的限额，在规定的限额以内商品可以进口，超过限额就不准予进口，或虽然不完全禁止进口，但是要征收较高的关税或罚款。进口配额主要有以下两种：

微课
非关税壁垒
措施

（1）绝对配额。绝对配额是指在一定时期内，对某种商品的进口数量或金额规定一个最高额，达到这个数额后，便不准予进口。这种进口配额在实施中，又可分为全球配额和国别配额。前者是一种面向全世界的绝对配额，对于来自任何国家的商品一律适用。主管当局通常按进口商申请的先后顺序或过去某一时期的进口实际情况批给一定的额度，直至总额发完为止，超过总配额就不准予进口。而国别配额指在总配额内按不同国家分配给一定的配额，超过规定的配额便不准予进口。为了区分来自不同国家的商品，在商品进口时进口商必须提交原产地证明书。实行国别配额以使进口国家根据它与有关国家的政治经济关系分配给不同的配额。国别配额又可分为两类：即自主配额和协议配额。自主配额是由进口国单方面自主规定在一定时期内从某国进口某种商品的配额，而不必征得对方出口国的同意，所以又称单方面配额。协议配额是由进口国与出口国举行谈判达成双边协议所确定的配额，所以又称双边配额。

（2）关税配额。关税配额是指对商品进口的绝对数额不加限制，而对一定时期内，在规定的配额以内的进口商品给予低税、减税或免税待遇，对超过配额的进口商品则征收较高的关税、附加税或罚款。

按照关税征收的情况不同，关税配额可分为优惠性关税配额和非优惠性关税配额。

前者是对在关税配额内的商品进口，给予较大幅度的关税减让，甚至免税，超过配额的进口商品则征收原来的关税。后者是在关税配额内征收原来的进口税，对超过配额的进口商品则征收较高的附加税或罚款。

2. "自动"出口配额制

"自动"出口配额制又称"自动"出口限制，简称"自限"，是一种限制进口的手段。所谓"自动"出口配额制是指出口国在进口国的要求或压力驱动下，"自动"规定在某一时期内某种商品对进口国的出口配额，在限定的配额内自行控制出口，超过配额即禁止出口。

"自动"出口配额制一般有两种：一种是由出口国在进口国的压力驱动下单方面决定向某一国家出口某种商品的数量或金额。这种单方面"自动"出口限制，有的是由政府规定的配额，有的是根据政府的政策，由本国厂商"自动"限制出口。另一种是出口国与进口国通过谈判签订"自限协议"或"有秩序销售安排"，规定"自动"出口的限额。

"自动"出口限制最早出现于 20 世纪 50 年代。当时，日本的纺织业由于美国政府的要求，同意对纺织品出口实行"自动"限制。之后，随着一些资本主义国家对某些商品进口限制压力的增大，出口国家被迫"自动"限制的出口商品日益增多。目前，采取"自动"出口限制的商品，已从传统的纺织品、钢铁、汽车和鞋类等扩大到电视机、电子元件和船舶等，甚至一些农产品，如奶酪、苹果和肉类的出口也出现了类似的"自限协定"。

3. 进口许可证制

进口许可证制是指一国规定进口商进口某种商品必须事先申领许可证，并凭许可证进口商品的制度。

从进口许可证与进口配额的关系上看，进口许可证可以分为两种：一种为有定额的进口许可证，即商务部配额许可证事务局预先规定某些商品的进口配额，然后在进口配额的限度内，根据进口商的申请对于每一笔进口货物发给进口商一定数量的进口许可证，当进口配额用完时，就不再发放进口许可证。另一种是无定额的进口许可证，即进口许可证不与进口配额相结合，商务部配额许可证事务局预先不公布进口配额，而是根据进口商的申请，在个别考虑的基础上，决定对某种商品的进口是否发放许可证。由于这种个别考虑没有公开的标准，所以能起到更大的限制进口的作用。

从进口商品的许可程度上看，进口许可证一般可分为两种：一种为公开一般许可证，又称公开许可证或一般许可证。它对进口国别没有限制，凡是列明属于公开一般许可证的商品，进口商只要填写公开一般许可证后，即可获准进口。因此这类商品实际上是"自由进口"的商品。另一种为特种进口许可证。进口商必须先提出申请，经政府有关当局逐笔审查批准后才能进口。这种进口许可证，多数指定进口国别。为了区分这两种进口许可证所进口的商品，商务管理部门定期公布商品项目，并根据需要随时进行调整。

第二次世界大战前，进口许可证制在一些西欧国家曾被广泛使用。战后初期，大多数国家仍继续实行进口许可证制度。20世纪60年代后有所放松，但对于竞争激烈的商品进口仍采用进口许可证制。

4. 外汇管制

外汇管制是一国政府通过法令对外汇的收支、结算、买卖和使用的限制性措施。其主要目的是集中外汇的使用，防止外汇投机，限制资本的流出和流入，稳定货币汇率，改善或平衡国际收支。

5. 最低进口限价

由一国政府规定某种商品的最低进口价格，当进口商品的价格低于最低限价时，就征收进口附加税甚至禁止进口。

6. 进口押金制

进口押金制又称进口存款制。按照这种制度，进口商在进口商品时，必须预先按进口金额的一定比率，将一笔现金无息存放在指定银行，方能获准进口。存款必须经一定时期后才能返还给进口商。这种制度增加了进口商的进口成本，影响了进口商的资金周转，从而起到了限制进口的作用。第二次世界大战后，进口押金制首先在西欧出现，随后扩大到其他国家。

7. 专断的海关估价

海关估价是指海关按照国家有关规定，对申报进口的商品价格进行审核，以确定或预估其完税价格。专断的海关估价是指有些国家不采取通常的海关估价办法，而专断地提高某些进口商品的海关估价，以增加进口商品的关税负担，阻碍商品的进口。如美国海关对某种进口商品曾采用过的"美国售价制"，就是这种专断的海关估价的典型事例。按照通常的海关估价办法，应以进口商品的实际进口成交价格作为确定完税价格的依据。但美国对某些化学品、鞋类等却以远高于进口成交价格的美国国内批发价格作为确定完税价格的依据。结果，这种商品的进口关税率虽未变动，但实际征税额却大幅度提高，从而达到了限制进口、保护国内市场的目的。

8. 贸易技术壁垒

贸易技术壁垒是指进口国家有意识地利用复杂苛刻的产品技术标准、卫生检疫规定、商品包装和标签规定等来限制商品的进口。许多资本主义国家往往对于一些制成品的进口规定了复杂苛刻的技术标准。进口商品必须符合这些标准才准许进口，其中有些规定往往是针对某些国家的。有的国家还广泛利用卫生检疫规定来限制商品进口，要求进行卫生检疫的商品越来越多，规定越来越苛刻。另外，对商品的销售在包装和标签方面做出种种规定，这些规定内容复杂，手续烦琐，进口商必须符合这些规定，否则不准进口或禁止其在市场上销售。

总之，这类措施一般都是以保证质量、保障消费者安全和人民身体健康为原则而制定的。但由于它名目繁多，规定复杂，而且经常变化，使外国产品往往难以适应，从而可以起到限制外国商品进口的作用。

三、出口鼓励和出口管制措施

党的二十大报告指出：完善产权保护、市场准入、公平竞争、社会信用等市场经济基础制度，优化营商环境。保护贸易政策的核心就是"奖出限入"，许多国家除了利用关税和非关税措施限制进口外，还采取各种鼓励出口的措施，以扩大商品的出口。为了发展经济和对外贸易，他们在国内建立各种经济特区。同时，在国际贸易中，出口管制的情况也存在。特别是发达的资本主义国家，为了达到一定的政治、军事和经济目的，往往对某些商品，特别是战略物资实行出口管制。

1. 鼓励出口措施

为了加强本国产品的竞争能力，扩大出口，一般采取的措施主要有出口信贷、出口信贷国家担保、出口补贴、商品倾销、外汇倾销，以及促进出口的其他措施等。此外，国家还会建立一定的组织或机构或制定其他的制度来促进出口。

（1）出口信贷。所谓出口信贷是一个国家的银行为了鼓励商品出口，增强商品的竞争力，对本国出口厂商或外国进口厂商提供的优惠贷款。

从贷款对象来说，出口信贷主要有卖方信贷和买方信贷两种形式。

卖方信贷是出口方银行向出口商提供的信贷。其程序是：出口商以延期付款方式向进口商销售大型机械装备或成套设备。进出口商签订贸易合同后，进口商先付10%~15%的定金，在分批交货验收和保证期满时，再分期支付10%~15%的货款，其余70%~80%的货款在全部交货后若干年内分期偿还，并支付延期付款期间的利息。出口商向其所在地的银行借款，签订贷款协议，以融通资金。进口商分期偿还出口商的贷款和利息后，出口商再用以偿还从银行取得的贷款和利息。

买方信贷是出口方银行向进口商或进口方银行提供的贷款，其附带条件是贷款必须用于购买债权国的商品，这就是约束性贷款。其程序是：第一，进出口商签订贸易合同后，进口商支付 15% 左右的现汇定金。第二，进口商与出口方银行签订贷款协议，这一协议是以上述贸易合同为基础的，但具有相对独立性。第三，进口方银行贷款给进口商，进口商以现汇付款方式向出口商支付货款。第四，进口方银行根据贷款协议分期偿还出口方银行的货款和利息。第五，进口商与进口方银行间的债务按照双方商定的办法在国内清偿结算。

> ⊗ **请注意：**
>
> 　　出口信贷主要用于出口成套设备、船舶、飞机等交易金额较大、从生产到交货需要较长时间的产品。

　　(2) 出口信贷国家担保。出口信贷国家担保是一国为了扩大出口，设置专门的机构或专业银行，对那些向国外商人或银行提供信贷的银行进行担保的一种方式。即当外国进口商不能按时付款或拒付货款时，由出口国政府担保支付一部分或全部货款，减少贷款银行的风险。

　　通常私人信贷保险业务不承保的具有出口风险的项目，都可向担保机构进行投保。出口风险一般可分为两类：一是政治风险，如战争、敌对和内战险及政府实行禁运、冻结资金或限制对外支付等政治原因所造成的损失，可以给予补偿。承保金额一般为货价的 85%~95%。二是经济风险，如进口厂商或借款银行因破产倒闭无力偿付、货币贬值或通货膨胀等经济原因所造成的损失，可以给予补偿。保险金额一般为货价的 70%~80%，个别项目可实行全额担保。

　　担保期限通常可分为短期与长期。短期信贷担保时间为 6 个月左右，承保范围往往包括出口厂商所有的海外短期信贷交易。长期信贷担保时间通常为 2~15 年。这些担保机构的主要目的是扩大本国商品的出口，因此所收的费用不高，保险费率因担保项目、金额、期限与输往国外地区的不同而不同。

　　(3) 出口补贴。出口补贴（export subsidies）又称出口津贴，是一国政府为了降低出口商品的价格，加强其在国外市场上的竞争能力，在出口某种商品时给予出口厂商的现金补贴或财政上的优惠待遇。直接补贴（direct subsidies）即出口某种商品时，直接付给出口厂商的现金补贴或出口奖励金，其数额为本国生产费用与其他国家生产费用之间的差额，有时甚至大于这个差额。第二次世界大战后美国和一些西欧国家对某些农产品的出口，就采取直接补贴。间接补贴（indirect subsidies）又称隐蔽性补贴，即政府对某些出口商品给予财政上的优惠。

（4）商品倾销。商品倾销（dumping）就是以远低于国际市场价格、国内批发价格甚至生产成本的价格，向国外抛售商品，打击竞争者以占领市场。按照倾销的具体目的和时间不同，可分为三种形式：偶然性倾销、间歇性或掠夺性倾销和长期性倾销。

（5）外汇倾销。外汇倾销（exchange dumping）是出口企业利用本国货币对外贬值的机会，争夺国外市场的特殊手段。当一国货币贬值后，出口商品以外币表示的价格降低，提高了该商品的竞争能力，从而扩大了出口。同时，当货币贬值后，货币贬值的国家进口商品的价格上涨，从而削弱了进口商品的竞争能力。因此，货币贬值起到了促进出口和限制进口的双重作用。

（6）促进出口的其他措施。

① 成立专门的官方促进出口的组织和机构，即政府设立专门组织研究制定出口战略，管理和协调出口秩序，以扩大出口。

② 建立商业情报网，许多国家都设立了官方的商业情报机构，负责为企业提供所需要的资料，或建立商业咨询机构为企业进行海外的商业资信调查等。

③ 组织贸易中心和贸易展览会，为企业提供展览、宣传、咨询服务。

④ 组织贸易代表团和接待来访，建立和协调与外国企业之间的关系。

⑤ 组织评奖活动给予出口商精神奖励。

2. 出口管制

出口管制，也称出口控制政策，是指出口国政府出于政治、经济、军事或外交的需要，通过各种经济和行政的办法和措施，控制某些种类商品出口和输往其他国家的制度。

（1）出口管制的原因和目的。政治原因往往是实行出口管制的主要原因。对于破坏世界和平的战争行为，联合国会要求各国对其采取"禁运"的惩罚措施。许多国家对于实行恐怖主义的国家也实行不同程度的禁运。

军事原因是出口国为了保持在军事上的领先地位，往往采用出口控制手段限制或禁止某些可能增强其他国家军事实力的物资，特别是战略物资和可用于军事的高技术产品的出口。另外，杀伤力很强的核武器、生化武器及其原材料，以及导弹等现代武器的出口也受到限制。

经济原因是出口国为了保护国内稀缺资源或再生资源，维护国内市场的正常供应，会对某些物资的出口加以限制。另外，发达国家为了保持技术上的国际领先地位，对高技术及相关产品实行出口限制。

（2）出口管制的商品。出口管制国家一般对以下几类商品实行管制：

① 战略物资及其相关的先进技术资料。如武器、军事设备、军用飞机、军舰、先

进的计算机及有关技术资料等。

② 国内生产所需的原材料、半成品及国内市场供应不足的某些必需品。例如，大多数发达国家对化学品、石油、天然气和药品等实行出口管制。

③ "自动出口限制"协议中规定的产品。为了缓和与进口国在贸易上的摩擦，在进口国的压力下，"自动"控制出口的商品。如《国际纺织品贸易协定》项下的商品以及双边自动限制的商品，如日本出口到美国的汽车、钢铁等。

④ 为了采取经济制裁而对某国或地区限制甚至禁止出口的商品，如美国曾对苏联实行粮食控制出口。

⑤ 出口国垄断的部分商品。目的在于通过国家管制，保持垄断商品的垄断高价。如石油输出国对石油的联合控制，有效地提高了国际市场的石油价格。

⑥ 某些重要的文物、古董、艺术品、贵金属等特殊商品。

（3）出口管制的形式。出口管制主要有两种基本形式，即单方面出口管制和多边出口管制。单方面出口管制是一国根据本国的情况，制定出口管制法令和规定，设立专门的执行机构，对本国某些商品的出口实行管制。多边出口管制，是几个国家政府通过一定的方式建立国际性的多边出口管制机制，通过商讨和编制多边出口管制货单和出口管制国别，规定出口管制的办法等，以协调彼此的出口管制政策和措施，达到共同的政治、军事和经济目的。

3. 经济特区政策

经济特区是指一个国家或地区在其关境以外所划出的一定范围内，建造或扩建码头、仓库、厂房、道路、通信、供电、供水等基本设施，实行免除关税等优惠待遇，吸引外国企业从事贸易与出口加工工业等业务活动的区域。设立经济特区的目的是通过向外商提供便利的条件和优惠的税收待遇，鼓励转口贸易和出口加工贸易，繁荣本地区经济，增加财政收入和外汇收入。经济特区主要有以下几种：

（1）自由贸易港。自由贸易港也称自由口岸，指一国划定的置于海关辖区以外的特定区域，外国船只可以自由进出，全部或绝大部分外国商品可以豁免关税的港口。商品免税进口后，可以在港内自由储存、展览、拆散、改装、重新包装、整理、加工和制造等，以便本地区经济和对外贸易的发展，增加财政收入和外汇收入。

（2）保税区。保税区是指经国务院批准设立在中华人民共和国关境内，实施封闭监管，以保税加工、保税物流和保税服务为基本功能并赋予配套的特定税收、监管政策的特定功能区，是我国开放型经济的重要平台，对发展对外贸易、吸引外商投资、促进产业转型升级发挥着重要作用。保税区、保税物流园区、出口加工区、保税港区等，都属于海关特殊监管区域。国务院在 2012 年就发文要求新设立的特殊监管区域原则上统一命名为"综合保税区"，逐步将现有出口加工区、保税物流园区、跨境工业区、保税港区及符合条件的保税区整合为综合保税区。截至2022年6月，全国31个省（自治区、直辖市）共有海关特殊监管区域168个。其中，保税港区2个、综合保税区155个、保税区9个、出口加工区1个、珠澳跨境工业区（珠海园区）1个。

（3）自由边境区。自由边境区，一般设在本国的一个省或几个省的边境地区，区内使用的生产设备、原材料和消费品可以免税或减税进口，如从区内转运到本国其他地区出售，则需要照章纳税。外国货物可在区内进行储存、展览、混合、包装加工和制造等业务活动，其目的在于利用外国投资开发边境地区的经济。自由边境区与出口加工区的主要区别是，前者的进口商品加工后大多在区内使用，只有少数用于再出口。建立自由边境区的目的是开发边境地区的经济，因此有些国家对优惠待遇规定了期限。当这些边境地区的生产能力发展后，就逐渐取消了某些商品的优惠待遇，直至废除自由边境区。

（4）科学园区。一个国家或地区为了实现产业结构改造和促进高科技产业的发展，而在本国境内划出的、以新兴工业产品的研究和开发、高新技术产业的生产为主要内容的区域。科学园区一般以政府科研机构、高等院校和工业区为依托，多设在交通便利、信息渠道畅通、高等学府和科研机构集中、高科技工业发达的大城市附近。许多发达国家及一些发展中国家都在试办高科技园区。区内一般都提供了相当优惠的条件，以吸引外资、新技术和高科技人才。我国近十年来也在许多大城市设立了高科技园区。这些园区的设立为当地的经济发展起到了积极的作用。

（5）综合型经济特区。综合型经济特区是经济特区中最复杂的一种，是指那些工业、贸易、农牧养殖和第三产业综合发展、功能完备的大中型经济特区。也就是说，它除了具备贸易型特点外，也发展出口加工业，还包括金融业、旅游业、交通通信业和科教文卫，甚至还包括农牧养殖业。综合型经济特区是从贸易型经济特区、工贸型经济特区发展而来的，当然也有一开始就以综合型经济特区为目标进行多功能建设的。综合型经济特区对毗邻地区以至于整个国家的经济发展都会产生广泛影响。

📖 知识窗

上海自由贸易试验区

上海自由贸易试验区（Shanghai Pilot Free Trade Zone），是中国政府设立在上海的区域性自由贸易园区，位于浦东新区。2013年9月29日正式成立，面积28.78平方千米，涵盖上海市外高桥保税区、外高桥保税物流园区、洋山保税港区和上海浦东国际机场综合保税区共4个海关特殊监管区域。2014年12月28日，全国人大常务委员会授权国务院扩展上海自由贸易试验区区域，将面积扩展到 120.72 平方千米。

上海自由贸易试验区建设是国家战略，是先行先试、深化改革、扩大开放的重大举措，意义深远。主要任务是探索中国对外开放的新路径和新模式，推动政府职能转变和行政体制改革，促进转变经济增长方式和优化经济结构，实现以开放促发展、促改革、促创新，形成可复制、可推广的经验，服务全国的发展。建设上海自由贸易试验区有利于培育中国面向全球的竞争新优势，构建与各国合作发展的新平台，拓展经济增长的新空间，打造中国经济"升级版"。上海自由贸易试验区对贸易领域、航运、金融等方面的发展均起到促进作用。免税区和自由港将有利于吸引高端制造业，而贸易区将有利于吸引更多的加工、制造、贸易和仓储物流企业聚集，完善中国的产业升级。因此，自由贸易区对于物流的集聚效应将更加显著。

◈ 知识与技能训练

一、单项选择题

1. 商品倾销是一种（　　）。

    A. 鼓励出口措施　　　　　　　　　　B. 关税措施

    C. 限制进口措施　　　　　　　　　　D. 管制出口措施

2. 进口税率中，（　　）通常为一国税则中最高税率。

    A. 普通税率　　　　　　　　　　　　B. 最惠国税率

    C. 普惠制税率　　　　　　　　　　　D. 特惠税率

3. 进口附加税是一种（　　）。

    A. 特定的临时性措施　　　　　　　　B. 普遍采用的措施

    C. 经常性的措施　　　　　　　　　　D. 非关税措施

4. 中国进口机械手表 300 只，单价 500 美元，每只征收从价税 20%。则征收的税额为（　　）。

    A. 6 000 美元　　　　　　　　　　　B. 10 000 美元

    C. 15 000 美元　　　　　　　　　　D. 30 000 美元

5. 普惠制的三原则是（　　）。

    A. 普遍的、非歧视的、互惠的　　　　B. 最惠的、非歧视的、非互惠的

C. 普遍的、非歧视的、非互惠的   D. 普遍的、对等的、特惠的

二、多项选择题

1. 一国对外贸易政策的构成包括（   ）。

  A. 对外贸易总政策   B. 商品进出口政策

  C. 国家产业政策   D. 国别对外贸易政策

  E. 世界贸易协定

2. 直接限制进口的非关税壁垒措施主要有（   ）。

  A. 进口配额制   B. 进口许可证制

  C. 进口最低限价   D. 进口押金制

  E. "自动"出口限制

3. 下列贸易管制措施中，属于非关税壁垒中的"自动出口配额制"的是（   ）。

  A. 自限协定   B. 有次序销售协定

  C. 启动价格制   D. 美国售价制

  E. 多边出口管制

4. 目前各国在征收关税时采用的征税方法包括（   ）。

  A. 从价税   B. 从量税

  C. 复合税   D. 选择税

  E. 混合税

5. 各国制定对外贸易政策的目的在于（   ）。

  A. 保护本国市场   B. 扩大本国产品的出口市场

  C. 促进本国产业结构的改善 D. 积累资本或资金

  E. 维护本国对外的政治关系

三、判断题

1. 对外贸易总政策就是商品进出口政策。   （ ）

2. 进口关税是由进口商直接向海关交纳的，它是一种直接税。 （ ）

3. 第二次世界大战后，发展中国家广泛设立出口加工区，以扩大制成品出口，增加外汇收入。   （ ）

4. 在进口押金制下，其进口押金比例越大，对该项商品进口的限制作用越大。

                           （ ）

5. 偶然性倾销的主要目的在于对国外竞争对手进行突然性打击，排挤竞争对手，扩大国外市场。（　　）

6. 凡商品的进口价格低于进口国生产的同类产品的国内市场正常价格，即为倾销价格。（　　）

7. 在普惠制下，受惠商品减税幅度大小取决于普通税率和最惠国税率的大小。（　　）

8. 在从价税率不变的情况下，从价税额与商品价格的涨落成正比关系。（　　）

9. 一般来说，最惠国税率是资本主义国家对进口商品所征收的最优惠的关税。（　　）

10. 战后发达国家广泛设立出口加工区，以扩大制成品和半制成品的出口。（　　）

◈ 综合实训

实训项目　海南自由贸易港的建设

1. 实训目的

通过分析整理资料，掌握海南自由贸易港建设的积极意义

2. 实训资料

2020 年 6 月 1 日，《海南自由贸易港建设总体方案》公布，这是党中央着眼于国内国际两个大局、为推动中国特色社会主义创新发展做出的一个重大战略决策，是我国新时代改革开放进程中的一件大事，也是中国特色高水平自由贸易港建设迈出的关键一步。海南是我国最大的经济特区，具有实施全面深化改革和试验最高水平开放政策的独特优势。支持海南逐步探索、稳步推进中国特色自由贸易港建设，分步骤、分阶段建立自由贸易港政策和制度体系，是党中央深入研究、统筹考虑、科学谋划做出的战略决策。当今世界正在经历新一轮大发展、大变革、大调整，保护主义、单边主义抬头，经济全球化遭遇更大的"逆风"和"回头浪"。在海南建设自由贸易港，是推进高水平开放，建立开放型经济新体制的根本要求；是深化市场化改革，打造法治化、国际化、便利化营商环境的迫切需要；是贯彻新发展理念，推动高质量发展，建设现代化经济体系的战略选择；是支持经济全球化，构建人类命运共同体的实际行动。是落实深入贯彻习近平总书记在庆祝海南建省办经济特区 30 周年大会上的重要讲话精神，落实《中共中央、国务院关于支持海南全面深化改革开放的指导

意见》要求的重大举措。

3. 实训要求

根据材料，收集、整理时事新闻，谈谈贸易保护主义与建设海南自由贸易港之间的联系，我国建设海南自由贸易港有哪些积极意义？

商订贸易合同

第 四 章

◆ **素养目标**

- 培育认真谨慎的职业素养和诚实守信的职业精神
- 提高在交易磋商、商订国际贸易合同过程中的抗压耐挫能力

◆ **知识目标**

- 了解交易磋商的形式和程序
- 熟悉《联合国国际货物销售合同公约》对发盘和接受的有关规定
- 掌握贸易合同的结构和内容

◆ **技能目标**

- 能够撰写交易磋商中的询盘函、发盘函、还盘函、接受函
- 能够拟订国际贸易合同

思维导图

```
                                          ┌─ 交易磋商的形式和内容
                      开展进出口交易磋商 ─┤
                                          └─ 交易磋商的一般程序
   商
   订                                      ┌─ 有关国际货物买卖的法律、公约及惯例
   贸                                      ├─ 合同有效成立的条件
   易                                      ├─ 签订书面合同的意义
   合        订立贸易合同 ─────────────────┤
   同                                      ├─ 书面合同的形式
                                          ├─ 书面合同的内容
                                          └─ 合同的修改与终止
```

学习计划

● 素养提升计划

_____

_____

_____

● 知识学习计划

_____

_____

_____

● 技能训练计划

_____

_____

_____

第一节 开展进出口交易磋商

❖ **引例**

案例资料：

　　我国某公司于 2022 年 5 月 16 日收到法国某公司发盘："马口铁 500 吨，单价 545 美元 CFR 中国口岸，8 月份装运，即期 L/C 支付，限 7 月 20 日付到有效。"我方于 17 日复电："若单价 500 美元 CFR 中国口岸可接受，履约中如有争议，在中国仲裁。"该法国公司当日复电："市场坚挺，不能减价，仲裁条件可接受，速复。"此时马口铁价格确实趋涨。我方于 19 日复电："接受你方 16 日发盘，L/C 已由中国银行开出。"结果对方退回 L/C。

　　问题：合同是否成立？

一、交易磋商的形式和内容

　　交易磋商是买卖双方就拟订贸易合同的各项条款，如品名、品质、包装、数量、价格、装运、支付、保险、检验、不可抗力、索赔，以及仲裁等有关内容进行洽谈，以便达成交易的过程。与客户进行交易磋商是达成交易的重要环节，是订立合同的基础。

1. 交易磋商的形式

交易磋商的形式主要有面对面谈判、电话谈判和函电谈判三种。

（1）面对面谈判。面对面谈判是上述三种谈判方式中应用最广泛、最普遍、最经常的一种形式。即使在信息技术较发达的今天，面对面谈判仍因其综合优势全面而在三种谈判方式中居首要位置。这种谈判方式的特点是比较正式、正规，能够使谈判内容深入细致，便于施展谈判策略和技巧，及时了解交易双方的态度和诚意，尤其适用于内容复杂、涉及问题较多的谈判。

（2）电话谈判。电话谈判是随着电话通信的广泛采用和日益普及而产生的，在生活、工作节奏不断加快的当今社会，为现代人所青睐。这种谈判方式的优势是快速方

微课
开展进出口
交易磋商、
询盘与发盘

微课
电话磋商

便，联系广泛；劣势是谈判双方相距较远，只能听到对方的声音，不能看到对方的表情，容易造成交易磋商双方的误解。有些事情很容易被遗漏和删除，注意力难以集中，有时还增加了交易磋商风险。

（3）函电谈判。函电谈判是国际营销和地区营销中进行业务沟通、磋商交易的一种谈判方式。函电谈判方式在各国进出口公司、外贸部门、涉外企业中应用最普遍、最频繁，包括电子邮件、电报、传真等。一方通过函电发盘或还盘，另一方以函电形式表示接受，从而双方达成交易，签订协议或者合同，这种函电来往的过程称为函电谈判。函电谈判具有快速、准确无误、材料齐全、有据可查的优点，特别需要指出的是，函电具有法律效力。

2. 交易磋商的内容

进出口企业在做好进出口交易的前期准备工作之后，即可对外进行交易磋商。交易磋商的内容一般包括两部分：一是带有变动性的主要交易条件，如货物品质、规格、标准、数量、包装、价格、交货、支付等。因货物种类、交易数量及交易时间等因素不同，每笔交易的条件也不尽相同。二是相对固定的交易条件，称为一般交易条件，如商品检验、申诉索赔、仲裁和不可抗力等，它是由进出口商共同拟定的对每笔交易都适用的一套共性的交易条件，大多印在合同的背面或合同正面的下部。主要交易条件与一般交易条件的区分并不是绝对的。在实际业务中，买卖双方在初次接触时，可就一般交易条件进行洽商，经双方共同确认后，将其作为未来交易的基础。在洽商具体交易时，不必逐条重复这些条件，只洽商主要条件即可，这样可以节省往来函电的费用和交易磋商的时间。

二、交易磋商的一般程序

每笔交易磋商的程序不完全相同，但在通常情况下，交易磋商包括询盘、发盘、还盘和接受四个环节。其中，发盘和接受是交易达成和合同成立必不可少的两个环节。

1. 询盘

询盘（enquiry /inquiry），又称询价，也称邀请发盘（invitation to offer），是指交易的一方为了购买或销售商品，向对方询问买卖该商品的有关交易条件。询盘可由卖方提出，也可由买方提出。询盘可只询问价格，也可询问其他一项或几项交易条件，直至要求对方发盘。在实际业务中，买方询盘较多。询盘除了品名外，有时还包括价格、品质、数量、包装、交货期等。询盘可采用口头方式，亦可采用书面方式。书面方式除了包括电子邮件、电报、传真询价外，还通常采用询价单进行询盘。在国际贸易中，询盘虽然对询盘人没有约束力，但是也要慎重。不要随便乱发询盘，以免引起不良后果。

询盘时，可不直接用 enquiry，而用 advise，quote 等表述。例如：

We are now sending you a quotation sheet for your consideration. You will certainly note that our prices are very competitive.

We have much pleasure in enclosing a quotation sheet for our products and trust that their high quality will induce you to place a trial order.

询盘时应注意以下问题：

（1）询盘在通常交易中并非必不可少的环节，询盘的主要作用是笼统地询问对方能否供应或购买某种商品，具体、详尽的交易条件还需在沟通信息之后，根据双方的真实意图进一步磋商。所以询盘仅仅是对一项交易进行询问，是正式进入磋商过程的前提。

（2）询盘对双方均无法律上的约束力，即买方询价后无购买货物的义务。卖方询价后也无出售货物的责任。在实际业务中，为了确保企业的商业信誉，同时也出于相互的尊重，应尽量避免出现只询价不购买或不售货的现象，对有关询盘应及时答复。

（3）询盘的对象应事先有所选择。除了因用货单位订购特定的商品，只能向指定的供应商询盘外，一般可根据以往的业务资料，或从其他方面查询，选择适当的对象进行询盘。询盘对象的多少要根据商品和交易的特点来选择确定，即不宜只局限于个别客户而不货比三家，也不宜在同一地区多头询盘，影响市场价格。如订购数量大而且向中间商发出的询盘，则中间商的数量不宜太多，因为如果几家中间商把同一询盘转到同一个厂商手中，将会造成市场的虚假需求现象，生产厂商将抬高价格，这样不仅达不到货比三家的目的，反而使进口商受到损失。对数量较大的采购任务，应适当安排采购进度，防止同一时期大量集中采购，遭到对方抬价。

（4）询盘要注意策略。一般来说，不能过早地透漏自己需要采购的数量、可接受的价格等意图，以免在磋商时处于不利地位。对于技术含量较高的机械设备，如果厂商自己可以直接签约，最好直接向对方生产厂商询盘，供求方直接见面，以减少中间环节，这样既可以节约费用，又可以加快磋商进程。

交易双方向对方发出询盘时，可采取口头形式，但更多的是采取函电形式。询盘函可分为一般询盘函（general inquiry）与具体询盘函（specific inquiry）。一般询盘函是买方向卖方了解产品的一般情况，内容往往是索取商品目录（catalogue）、价格单（price list）、样品（sample）、报价单（quotation）、形式发票（proforma invoice）等。不少公司使用事先印制好的询价表。具体询盘函则是双方有具体交易意图和要求，包括某项商品的品种、规格、价格、包装、付款条件、交货期等。如条件合适，成交的可能性较大。如双方是首次接触，则称为"首次询盘函"（first inquiry）。

首次询盘函通常要先说明如何得知对方的名称和地址，并对本公司的经营范围和经营状况进行简单介绍，然后再写明写信的目的和要求，如询问某种产品的价格及其他交易条件等。在书写询盘函时，应注意开门见山、简明扼要、具体明了、合理有礼，语言不宜冗长和过分客气，更不可显得自卑。

下面是一则询盘函案例。

例 4-1

TH 食品进出口股份有限公司（TH FOODSTUFFS IMPORT & EXPORT CO. LTD）是经商务部批准的具有进出口经营权的贸易公司，主营各类罐头食品，公司与多家供货厂商有长期的业务往来，货源基础稳定。

古巴客户 SULEIMAN ABDUL RAZZAK CO.（以下简称"S.A.R 公司"）与 TH 公司是合作多年的业务伙伴。2022 年 4 月 15 日，TH 公司收到 S.A.R 公司要求订购西瓜酱罐头的询盘邮件。

SULEIMAN ABDUL RAZZAK CO.
P.O BOX 152 CODE 11438 T-445913，F-4455941 MARIEL

Apr. 15, 2022

Dear Mr. Yang,

At present, we are in the market for canned melon jam, and we have established long-term trade relations.We shall be glad to receive your best quotation for this item, with indications of detailed specifications, package, terms of payment. Please offer CFR MARIEL PORT VIA PANAMA CITY PORT.

We are looking forward to your favorable reply.

Yours Sincerely,
SULEIMAN ABDUL RAZZAK CO.
James Brown

2. 发盘

（1）发盘的含义。发盘（offer, quotation），也称报盘、发价、报价，是指买卖双方的一方（发盘人或发价人，offeror）向对方（受盘人或被发价人，offeree）提出各项交易条件，并愿意按照这些条件与对方达成交易，订立合同的一种肯定的表示。发盘在法律上称为要约，既属于商业行为，又属于法律行为。

微课
口头发盘的效力

（2）发盘的形式。在实际业务中，发盘通常是一方在收到对方的询盘之后提出的，也可以未经过对方询盘而直接向对方发盘。发盘多由卖方发出，称为售货发盘（selling offer）；也可以由买方发出，称为购货发盘（buying offer）或递盘（bid）。

无论是买方发盘，还是卖方发盘，发盘可以口头进行，也可以书面进行。在发盘有效期内，发盘人不得任意撤销或修改其内容。发盘一经对方在有效期内表示无条件接受，发盘人将受其约束，并承担按照发盘条件与对方订立合同的法律责任。

（3）发盘的构成条件。

① 发盘要有特定的受盘人。发盘必须向特定的人提出，只有发盘中特定的人才能作为受盘人对有关发盘表示接受而订立合同。特定的受盘人可以是自然人也可以是法人，可以是多个人也可以是一个人，但不可以泛指公众。例如，有的交易在报纸杂志或其他媒体上所做的商业广告，即使内容完整，由于没有特定的受盘人，也不能构成有效发盘，只等同于邀请发盘。

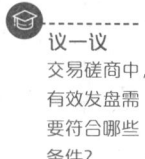

议一议
交易磋商中，有效发盘需要符合哪些条件？

② 发盘的内容必须十分确定。发盘的内容确定是指发盘的条件是完整的、明确的、终局性的。一般来说，一项条件完整的发盘应包括商品的品名、品质、数量、包装、价格、交货和支付等主要条件，但也有例外。例如，交易双方事先订有"一般交易条件"的协议，有些内容已经存在于该协议中；或者发盘中援引以往的函电或合同等。

③ 表明发盘人愿意承受约束的意旨。即发盘人必须表明发盘人愿意按照发盘所列条件同对方签订合同的意思。

④ 送达受盘人。因为受盘人必须在收到发盘时才能决定是否可以接受，所以发盘必须到达受盘人时才能生效。送达受盘人是指将发盘内容通知对方或送交对方本人或其营业地址或通信地址。

实盘与虚盘的区别

实盘是发盘人（offerer）按照其提供的条件以达成交易目的的明确表示。实盘具有法律效力，受盘人（offeree）一旦在有效期内接受实盘上的条件和内容，发盘人就无权拒绝售货。虚盘无须详细内容和具体条件，也不注明有效期，仅表示交易的意向，不具有法律效力。

（4）发盘的有效期。发盘的有效期是指可供受盘人做出接受的期限。凡是发盘都有有效期，一般都明确做出规定。凡是明确规定有效期的发盘，从发盘被送达受盘人时开始生效，到发盘规定的有效期满为止。但也有不明确规定有效期的发盘，是指在合理时间内有效。所谓"合理时间"，国际上并没有明确的规定或解释，一般与买卖货物的特性及发盘采用的方式有关。一些在国际市场上价格波动频繁的商品，采用电信方式发盘的，其合理时间可理解为相对短一些；而对市场价格比较稳定的货物，或者是采用信件方式发盘的，其合理时间可理解为相对长一些。

（5）发盘的撤回与撤销。如果一项发盘尚未送达受盘人，发盘人为了使该项发盘不发生效力，以一种更快捷的通信方式将撤回的通知先于或与发盘同时到达受盘人，取消原发盘，这种行为称作发盘的撤回。如果一项发盘已经到达受盘人，但受盘人在有效期内未表示接受前，发盘人为了使该项已生效的发盘失去效力而通知受盘人，这种行为则被称为发盘的撤销。

关于发盘的撤回，《联合国国际货物销售合同公约》（以下简称《公约》）第十五条第二款规定：一项发价，即使是不可撤销的，得予撤回，如果撤回通知于发价送达被发价人之前或同时，送达被发价人。也就是说，只要发盘还未生效，对发盘人就没有约束力，所以发盘是可以撤回的。

关于发盘的撤销，世界各国的法律规定存在很大的差异。

英美法系国家的法律认为，在发盘被接受之前，发盘人有权撤销发盘或变更发盘的内容，例外的情况是受盘人给予了"对价"（consideration）或者发盘人以签字蜡封的特殊形式发盘。但美国在《统一商法典》中对上述原则做了修改，规定凡是商人以书面形式做成的发盘，在规定的有效期内不得撤销，未规定有效期的发盘在合理时间内不得撤销，但最长时间不得超过三个月。

大陆法系国家的法律认为：发盘在有效期内不得撤销。例如，德国法律认为，发盘原则上对发盘人有约束力，除非他在发盘中已表明不受约束；法国法律虽然允许发盘人在有效期内撤销其发盘，但判例表明，如果撤销不当，则必须承担赔偿责任。

《公约》第十六条对大陆法系国家的法律和英美法系国家的法律对此问题的分歧进行了协调并做出折中的规定：在未订立合同之前，发价得予撤销，如果撤销通知于被发价人发出接受通知之前送达被发价人。但是在下列情况下，发盘不得撤销：① 发盘中写明接受发盘的有效期或以其他方式表明发盘是不可撤销的；② 受盘人有理由信赖该项发盘是不可撤销的，而且受盘人已本着对该发盘的信赖行事。

(6) 发盘的失效。所谓发盘的失效，是指发盘法律效力的消失。发盘失效的原因很多，归纳起来，主要有以下几种情况：

① 在有效期内未被接受而过期。明确规定有效期的发盘，在有效期内如未被受盘人接受即失效；未明确规定有效期的发盘，在合理时间内未被接受也在失效之列。

② 受盘人表示拒绝或还盘。

③ 发盘人对发盘依法撤回或撤销。

④ 发盘人发盘后发生了不可抗力事件。

⑤ 发盘人或受盘人在发盘被接受前丧失行为能力。

发盘一般采用 offer, quote, firm bid 等表述。例如：

At your request we make you an offer as follows...

We take pleasure in making you an offer as required by you some time ago, subject to our final confirmation.

发盘可采用谈判或函电的形式。一封理想的发盘书信，通常应包括以下内容：

对对方的询盘表示感谢；说明欲交易商品的品质、数量、价格、交货、包装、支付条件等；发盘的有效期限；表示希望该发盘能为对方接受。

下面是一则发盘函的案例：

例 4-2

接例 4-1，TH 公司收到 S. A. R 公司要求订购甜瓜酱罐头的询盘函后，立即联系罐头生产厂家，并以工厂报价、国内费用、海洋运费、公司利润等为基础向 S. A. R 公司发盘。

TH FOODSTUFFS IMPORT & EXPORT CO.LTD.

TO: SULEIMAN ABDUL RAZZAK CO. ATTN: Mr. Brown	DATE: Apr.16, 2022 FM: TH FOODSTUFFS IMPORT & EXPORT CO. LTD.

Dear Mr. Brown,

　　We have received your mail of Apr.15, 2022, asking us to offer the CANNED MELON JAM for shipment to CUBA.

　　Comply with your kindly request, we are pleased to offer our best price as follows:

1. Commodity: Canned melon jam
2. Specifications: 24 tins per carton per tin 340 grams net weight
3. Package: Export carton
4. Quantity: Each container stuff with 1700 cartons
5. Price: USD6.50/CARTON CFR MARIEL PORT VIA PANAMA CITY PORT
6. Payment: T/T
7. Shipment: Not later than Jun.1, 2022

　　Please kindly pay attention to the fact that we have not much ready stock on hand. Therefore, it's very important to reply us before Apr.20, 2022.

　　Looking forward to hearing from you as soon as possible.

Best Regards

TH FOODSTUFFS

IMPORT & EXPORT CO.,CTD.

Mr. Yang

3. 还盘

还盘（counter offer）是指受盘人不同意或不完全同意发盘人在发盘中提出的条件，为了进一步协商，对发盘提出修改意见。还盘既是受盘人对发盘的拒绝，也是受盘人以发盘人的地位向原发盘人提出的新发盘。一方的发盘经对方还盘后即失去效力，除非得到原发盘人同意，受盘人不得在还盘后反悔，再接受原发盘。

还盘可以用口头方式或者其他方式表达出来，一般与发盘采用的方式相符。还盘可以针对价格，也可以针对商品的品质、数量、交货时间及地点、支付方式等主要条件提出修改意见。一方发盘，另一方如不同意其内容，可以进行还盘。同样，一方还盘，另一方如不同意其内容，也可以再进行还盘。一笔交易有时不经过还盘即可达成，有时要经过还盘，甚至往返多次还盘才能达成。

包装是否属于发盘或还盘的实质性条件?

2022年2月1日,巴西大豆出口商向我国某外贸公司报出大豆价格,在发盘中除了列出各项必要条件外,还表示"编织袋包装运输"。在发盘有效期内,我方复电表示接受,并称:"用最新编织袋包装运输"。巴西方收到上述复电后即着手备货,并准备在双方约定的7月份装船。然而,3月份大豆价格从每吨420美元暴跌至350美元左右。我方向对方去电称:"我方对包装条件做出变更,你方未确认,合同并未成立。"而巴西出口商则坚持认为合同已经成立,双方为此发生了争执。分析此案应如何处理,简述你的理由。

在进出口业务中,还盘时应注意以下问题:要识别还盘的形式,有的明确使用"还盘"字样,有的不使用;接到还盘后,要与原发盘进行核对,找出还盘中提出的新内容,然后结合市场变化情况和销售意图,认真对待;还盘是对发盘的拒绝,原发盘人可以就此停止磋商。如果原发盘人继续与受盘人进行还盘或再还盘,一旦达成协议,在履约过程中发生争议,所有交易磋商过程中的函电或谈判记录即为解决争议的依据。在表示还盘时,一般只针对原发盘提出不同意或需要修改的部分,已同意的内容在还盘中可以省略。

例 4-3

接例4-2,S.A.R.公司收到TH公司的发盘后,对其报价进行了还盘,内容如下:

SULEIMAN ABDUL RAZZAK CO.
P.O BOX 152 CODE 11438 T-445913, F-4455941 MARIEL

Apr.17, 2022

Dear Mr. Yang,

Your Apr.16, 2022mail received. Thanks for your kind quotation. Since this is our first cooperation and we want to sell your products in our market in large quantity. We will feel honored if you can offer us a special price at USD6.35 per carton. Please note, we would like to raise to 2000 cartons with other conditions unchanged.

We are looking forward to your favorable reply.

Yours Sincerely,

SULEIMAN ABDUL RAZZAK CO.

James Brown

4. 接受

接受（acceptance）在法律上称为"承诺"，是指受盘人接到对方的发盘或还盘后同意对方提出的条件，愿意与对方达成交易，并及时以声明或行为表示出来。

接受同发盘一样，既属于商业行为，也属于法律行为。接受产生的法律效果是双方达成交易，合同成立。在实际业务中，接受一般都是用函电、口头等形式表示的，但在某些情况下，接受也可以用行为表示出来，但该方式的前提必须是发盘规定允许的方式，或者当事人双方已经形成的惯例。

（1）接受构成的条件。

① 接受必须由特定的受盘人做出。发盘是向特定的人做出的。因此，只有特定的人才能对发盘做出接受，而不能是其他人。其他人即使通过某个途径了解了发盘的内容，而向发盘人表示接受，合同也不能成立。这种"接受"只能被认为是其他人向原发盘人发出了一项新发盘。

② 接受必须以某种方式表示出来。接受的方式有两种：一是用声明来表示，即受盘人用口头形式或书面形式向发盘人表示同意发盘内容；二是用行为来表示，即在发盘明确规定的有效期内，或在合理时间内，根据发盘要求或依照当事人之间确定的习惯做法（如卖方备货或发运货物，买方支付价款等）行事。值得注意的是，我国在批准加入《公约》时，对《公约》承认合同可以用书面以外的形式订立的规定声明保留。因此，在实际业务中，意愿上已同意接受对方的发盘，以保持沉默或者用行为表示接受，这对我国不适用。

③ 接受必须在发盘的有效期内传达到发盘人。按照《公约》采用的"到达生效"原则的规定，接受只有在发盘有效期内到达发盘人时才能生效。这种规定在采用面对面谈判或函电谈判进行磋商时，比较切实可行，而在用信件或电报方式进行磋商以及用行动表示接受时，接受的表示没有立即送达发盘人，对此，接受应于何时生效的问题，国际上不同法系国家的规定有较大的分歧。

英美法系的国家采用"投邮生效"的原则。即作为一般规则，接受必须传达到发盘人才生效，但是如果接受是用信件或电报做出时，法律例外地承认：当信件投邮或电报交发，接受即告生效。即使接受的函电在邮递途中延误或遗失，发盘人未能在发盘有效期内收到，也不影响合同的成立。但如果发盘人在发盘中规定接受必须于有效期内传达到发盘人，则接受的函电传达到发盘人时，接受才能生效。

大陆法系的国家采用"到达生效"原则。即接受必须到达发盘人时才能生效。使用信件或电报做出表示也不例外，如果表示接受的函电在邮递过程中延误或遗失，则合同不能成立，其传递延误或遗失的风险由受盘人承担。

《公约》采用"到达生效"的原则，它在第十八条第二款中规定：接受发价于表示同意的通知送达发价人时生效。如果表示同意的通知在发价人所规定的时间内，如未规定时间，在一段合理的时间内，未曾送达发价人，接受就成为无效，但须适当地考虑到交易的情况，包括发价人所使用的通信方法的迅速程度。对口头发价必须立即接受，但情况有别者不在此限。

④ 接受的内容必须与发盘相符。如果要达成交易，成立合同，根据传统的法律规定，受盘人必须无条件地全部同意发盘的条件。即接受必须是绝对的、无保留的，与发盘人的发盘条件完全相符。

根据英美法系的"镜相规则"，接受必须像照镜子一样照出发盘。大陆法系也有类似的原则，要求接受必须"纯净"（pure），并与发盘"完全相符"。但这样严格的规定，难以适应国际贸易实际业务的需要，所以在国际贸易实践中，受盘人在表示接受时，往往对发盘做出某些添加、限制或其他更改，为了不影响合同的成立，尽量促成交易的达成。《公约》将接受中对发盘的条件所做的变更分为两类：实质性变更发盘条件和非实质性变更发盘条件。凡是对货物的价格、付款、质量、数量、交货地点、交货时间、赔偿责任范围或解决争端等的添加、限制或更改，均视为实质性变更发盘条件，发盘人对此不予确认。而接受中含有非实质性变更发盘条件，例如，要求提供重量单、装箱单、检验证书和产地证等单据，或要求分两批装运等。除了发盘人及时向受盘人表示反对其间的差异外，将构成接受，合同得以成立，并且合同的条件以该项发盘的条件以及接受中所做的变更为准。

（2）逾期接受。逾期接受（late acceptance）是指接受通知到达发盘人的时间已经超过了发盘所规定的有效期，或在发盘中未规定有效期时，已超过了合理的时间。逾期接受一般无效，只能认为是新的发盘。但为了有利于双方合同的成立，对逾期接受采取一些灵活的处理方式，使其在符合某些条件的情况下，仍然具有接受效力。据此，《公约》第二十一条规定：① 逾期接受仍有接受的效力，如果发价人毫不迟延地用口头或书面将此种意见通知被发价人。② 如果载有逾期接受的信件或其他书面文件表明，它是在传递正常、能及时送达发价人的情况下寄发的，则该项逾期接受具有接受的效力，除非发价人毫不迟延地用口头或书面通知被发价人：他认为他的发价已经失效。

行业洞察

交易达成了么?

案例背景: 6月27日, 中国甲公司应荷兰乙公司的请求, 报出"枣核200吨, 每吨CIF鹿特丹人民币1950元, 即期装运"的发盘。但乙公司接到甲公司报盘, 未作还盘, 而是一再请求甲公司增加数量, 降低价格, 并延长还盘有效期。甲公司7月17日复电称: 将枣核数量增加至300吨, 每吨CIF鹿特丹减至人民币1900元, 有效期延至7月25日。荷兰乙公司于7月22日来电, 接受该盘, 并提出"不可撤销即期信用证付款, 即期装船, 按装船量计算。除了提供通常装船单据外, 需提供卫生检疫证书、产地证、磅码单及良好适合海洋运输的袋装"。但甲公司接到该电报时, 发现该产品的国际市场价格猛涨, 于是甲公司拒绝成交, 并于7月24日复电称: "由于世界市场的变化, 货物在收到电报前已售出。"可是荷兰乙公司不同意甲公司的说法, 认为他在发盘有效期内接受发盘, 坚持要按照发盘的条件执行合同, 否则要甲公司赔偿差价损失23万元, 接受仲裁裁决。

问题:（1）甲公司6月27日的发盘是实盘是虚盘?

（2）甲公司7月17日的复电是实盘还是虚盘?

（3）乙公司于7月22日来电的内容, 是否可以作为承诺的意思来表示认可? 为什么?

（4）甲公司在接到乙公司7月22日来电后, 于7月24日发出拒绝成交的复电, 是否符合国际贸易规则和惯例, 为什么?

（5）本案应如何解决?

（3）接受的撤回。接受必须在合同生效之前才能撤回。但撤回的通知必须在该项接受到达发盘人之前或和该项接受同时到达发盘人, 接受才可以撤回, 因为此时接受尚未生效。

但是, 按照英美法系的投邮生效原则, 情况则不同, 接受一经投邮立即生效, 合同就此成立, 所以不存在接受的撤回问题。

接受通知一旦到达发盘人即不能撤销。因为接受一经生效, 合同即告成立, 如果允许撤销, 这实际上无异于允许毁约的行为。

接受有效吗?

案例资料:

我国某出口公司向美国A公司发盘出售一批大宗商品,对方在发盘有效期内复电表示接受,同时提出"凡发生争议,双方应通过友好协商解决;如果协商不能解决,则将争议提交中国国际经济贸易仲裁委员会仲裁"。第三天,我方收到A公司通过银行开来的信用证。因获知该商品的国际市场价格已大幅度上涨,我国公司当天将信用证退回,但A公司认为其接受有效,合同应该成立。双方意见不一致,于是提交仲裁机构解决。

问题:如果你是仲裁员,将如何裁决?请说明理由。

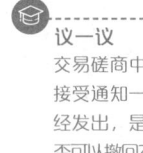

议一议
交易磋商中接受通知一经发出,是否可以撤回?

(4) 注意事项。在实际进出口业务中,表示接受时应注意以下问题:

① 在表示接受时,应该慎重地对磋商的函电或谈判记录进行认真核对,经核对认为对方提出的各项主要交易条件已明确、完整、无保留条件和肯定时,才能表示接受。如果在核对过程中,发现有不清楚之处,应同对方澄清之后,再表示接受。在实际业务中,对一般交易可用简单形式表示接受,即对主要交易条件不再重述,但接受电报、电传或信函中,必须注明对方来电、信函的日期或文件号;对大宗交易或者交易磋商过程较复杂的,为了慎重起见,在表示接受时,应该采用详细叙述主要交易条件的方式。

② 表示接受应在对方报盘规定的有效期限之内进行,并应严格遵守有关时间的规定。

③ 在表示接受之前,应该详细分析对方的报盘,准确识别是发盘还是询盘。如果将对方的询盘误认为发盘而表示接受,可能暴露了我方接受的底价和条件,使我方处于被动地位;如果将对方的发盘误认为询盘,可能会错失成交良机。

⊗ **例 4-4**

接例 4-3,TH公司收到 S.A.R 公司的还盘后,第二天即回复表示接受,并拟写合同请对方公司回签。

TH FOODSTUFFS IMPORT & EXPORT CO.LTD.	
TO: SULEIMAN ABDUL RAZZAK CO. ATTN: Mr. Brown	DATE: Apr.18, 2022 FM: TH FOODSTUFFS IMPORT & EXPORT CO.LTD.

Dear Mr. Brown,

    Thanks for your letter dated Apr.17, 2022. With serious calculation, we would like to take the risk of no profit for the first business between us for sake of a good beginning of our cooperation and accept the price at USD6.35 per carton.

    Looking forward to a further cooperation and please countersign the contract here attached.

Best Regards

TH FOODSTUFFS

IMPORT & EXPORT CO.LTD.

Mr. Yang

⊗ 课堂活动

    活动背景： 我国某食品进出口股份有限公司是一家专业生产罐头的企业，现在新开发了一款荔枝罐头，由于物美价廉，吸引了不少外国客户的关注，请以此为背景进行交易磋商的模拟训练。

    活动组织： 将同学分组，扮演不同角色进行交易磋商。

    考核要点： 通过模拟训练，使学生熟悉交易磋商的步骤，训练遇到意外情况（例如，针对客户对发盘时的一些刁难，如要求降价、交换条件等）时的应变能力。

◈ 国际贸易与中国经济

RCEP 有效扩大了中国与其他成员国的贸易往来

    《区域全面经济伙伴关系协定》（简称"RCEP"）是亚太区域一体化的主要平台与动力源泉，也是中国构建以国内大循环为主体，国内国际双循环相互促进的新发展格局的重要杠杆。自 2022 年 1 月 1 日正式生效以来，RCEP 已陆续对 15 个成员国中的 13 个生效，切实减少了亚太区域内部的经贸壁垒，也进一步刺激和扩大了中国的内外循环。在 RCEP 的有效推动下，亚太区域正逐渐成为中国"双循环"的枢纽。

与其他大多数区域自由贸易协定相比，RCEP 的特点表现为覆盖范围广、经贸规模大和规则水平高等。参与 RCEP 是中国在高水平对外开放上迈出的重要一步，我国不少外贸企业从 RCEP 生效带来的关税优惠、通关简化、贸易投资便利化等红利中充分受益。

中国海关统计数据表明：2022 年 1 月至 6 月，中国与 RCEP 成员国贸易额同比增长 5.6%，其中，对东盟进出口额增长幅度最大，约为 10.6%。全国贸促系统签发的 RCEP 原产地证书达 5.68 万份，签证金额累计达到 27.32 亿美元。

为了推动 RCEP 生效，海关总署出台了一系列措施，包括优化出口原产地证书网上申领、智能审核、自助打印等功能；充分利用 RCEP 原产地联络机制，协调 24 批次 46.9 亿元的出口货物顺利享惠；协调促成 7 个成员国接受中国出口企业自助打印原产地证书，出口企业超过 85% 的 RCEP 原产地证书享受此便利；对于进口企业因外方原因尚未取得原产地证明的货物实行担保放行，企业事后补交证明享惠进口 73 亿元。

根据 RCEP 关于贸易自由化的安排，成员国之间超过 90% 的货物贸易在协定生效后立刻降为零关税或在 10 年内逐步降为零关税。这大大增强了成员国之间进出口贸易的动力。在新冠疫情对运输与生产造成较大阻碍的背景下，中国与 RCEP 成员国的贸易额仍能保持稳定增长，证明了 RCEP 在扩大开放方面具有强大动能。RCEP 助力中国构建以国内大循环为主体，国内国际双循环相互促进的新发展格局，也推动了亚太区域尤其是东盟成为"双循环"的枢纽。

问题：在新冠疫情尚未得到有效缓解的背景下，中国与 RCEP 成员国的贸易额仍能保持稳定增长，说明了什么？

第二节　订立贸易合同

❖ 引例

案例资料：

　　某年，我国某外贸公司出售一批核桃给数家英国客户，采用 CIF 术语，凭不可撤销即期信用证付款。由于核桃的销售季节性很强，到货迟早会直接影响货物的价格，因此，在合同中对到货时间做出以下规定："10 月份自中国装运港装运，卖方保证载货轮船于 12 月 2 日抵达英国目的港。如载货轮船迟于 12 月 2 日抵达目的港，在买方要求下，卖方必须同意取消合同，如货款已经收妥，则必须退还买方。"合同订立后，我国外贸公司于 10 月中旬将货物装船出口，凭信用证规定的装运单据（发票、提单、保险单）向银行收妥货款。不料，轮船在航运途中，主要机件损坏，无法继续航行。为保证如期抵达目的港，我国外贸公司以重金租用大马力拖轮拖带该轮船继续前进。但因途中遇到大风浪，致使该轮船抵达目的港的时间较合同限定的最后日期晚了数小时。恰逢核桃市场价格下跌，除个别客户外，多数客户要求取消合同。我国外贸公司最终因这笔交易遭受重大经济损失。

　　问题：我国外贸公司与英国客户所签订的合同是真正的 CIF 合同吗？

一、有关国际货物买卖的法律、公约及惯例

　　在国际商务交易磋商过程中，一方的发盘被另一方有效接受以后，买卖双方就达成了交易，合同宣告成立。但按照一般的习惯做法，买卖双方达成协议后，通常还要将各自的权利和义务以书面形式确定下来，即签订书面合同。签订书面合同是合同成立的证据，是合同履行的依据，也是合同生效的条件。

1. 各国国内法

　　各国调整国际货物买卖合同的法律法规主要可以分为大陆法系国家的买卖法和英美法系国家的买卖法等，中国迄今尚无商法典。所以，我国国际货物买卖，主要受《中华

人民共和国民法典》（简称《民法典》）的约束，符合《公约》的适用条件，则受到该公约支配。

2. 国际条约与国际贸易惯例

1980 年《公约》是迄今为止有关国际货物买卖合同的一项最为重要的国际条约。它是由联合国国际贸易法委员会主持制定的，于 1980 年在维也纳举行的外交会议上通过。1988 年 1 月 1 日，中国、美国、法国等 11 个国家完成批准参加手续，《公约》正式生效。

（1）《公约》的适用范围。《公约》的第一条第一款规定：本公约适用于营业地在不同国家的当事人之间所订立的货物销售合同：(a) 如果这些国家是缔约国；(b) 如果国际私法规则导致适用某一缔约国的法律。需要注意的是，此条强调营业地位于不同国家，而非国籍，营业地是指固定的、永久的、独立进行营业的场所。代表机构所在地不是公约意义上的"营业地"，而是属于代理关系中的代理人。如果当事人有一个以上的营业地，则选择与合同最紧密的；如果当事人没有营业地，则以当事人惯常居住地为准。

《公约》第二条规定，本公约不适用于以下的销售：购供私人、家人或家庭使用的货物的销售，除非卖方在订立合同前任何时候或订立合同时不知道而且没有理由知道这些货物是购供任何这种使用；经由拍卖的销售；根据法律执行令状或其他令状的销售；公债、股票、投资证券、流通票据或货币的销售；船舶、船只、气垫船或飞机的销售；电力的销售。

《公约》的适用不具有强制性。只要贸易双方在合同中约定不适用《公约》，即可以排除《公约》的适用。如未明确法律适用问题，则《公约》自动适用。此外，贸易双方在合同中还可以部分排除《公约》适用。

（2）《公约》对我国的适用问题。中国对《公约》的适用提出了两项保留。首先，对其中第一条一款 (b) 做出保留，即不同意扩大《公约》适用范围至缔约国与非缔约国之间。其次，对《公约》的第十一条做出保留，规定合同必须采取书面形式。此外，国际货物买卖合同还包括如《Incoterms®2020》等国际贸易惯例。

📖 **知识窗**

国际贸易惯例

国际贸易惯例本身并不是法律。双方当事人有权在合同中达成不同于惯例规定的贸易条件。在下列情况中，国际贸易惯例对当事人有约束力：第一，当事人在合同中明确表示选用某项国际贸易惯例；第二，当事人没有排除对其已知道或应该知道的某项贸易惯例的适用，而该惯例是在国际贸易中为同类合同当事人所广泛知道并经常遵守的，应视为当事人已默许采用该项惯例。

二、合同有效成立的条件

在合同磋商的过程中，一方的发盘经过对方有效接受，合同即告成立，该合同虽已成立但要具有法律效力，还需要具备下列条件：

1. 当事人必须在自愿和真实的基础上达成协议

微课
订立贸易合同

商订合同必须是双方自愿的，不得存在一方把自己的意志强加给对方的行为。任何一方也不得采取欺诈或胁迫手段。根据《民法典》的相关规定，一方以欺诈手段，使对方在违背真实意思的情况下实施的民事法律行为，受欺诈方有权请求人民法院或者仲裁机构予以撤销。一方或者第三人以胁迫手段，使对方在违背真实意思的情况下实施的民事法律行为，受胁迫方有权请求人民法院或者仲裁机构予以撤销。一方利用对方处于危困状态、缺乏判断能力等情形，致使民事法律行为成立时显失公平的，受损害方有权请求人民法院或者仲裁机构予以撤销。基于重大误解实施的民事法律行为，行为人有权请求人民法院或者仲裁机构予以撤销。

2. 当事人应具有相应的行为能力

即双方当事人应具有商订国际货物买卖合同的合法资格，具体的要求是：作为自然人应是成年人并且必须有固定住所；神志不清、未成年人等不具有签订合同的合法资格。作为法人，应是已经依法注册成立的合法组织，有关业务应当属于其合法单位的法定经营范围之内，负责磋商及签约者应当是其法人的法定代表人或合法授权人。

3. 合同的标的和内容必须合法

合同的标的是指交易双方买卖行为的客体。签订合同时，合同的标的和内容必须符合双方国家法律的规定，这才是有效的合同。

4. 必须是互为有偿的

国际货物买卖合同是货币与货物互换的交易。一方提供货物，另一方付款。如果一方不按合同规定提供货物，或另一方违约拒不付款或不按合同规定付款，都要以合同为依据负有赔偿对方损失的责任。

5. 合同的形式必须符合法律规定的要求

《民法典》第四百六十九条规定，当事人订立合同，可以采用书面形式、口头形式或者其他形式。书面形式是合同书、信件、电报、电传、传真等可以有形地表现所载内容的形式。以电子数据交换、电子邮件等方式能够有形地表现所载内容，并可以随时调取查用的数据电文，视为书面形式。

我国法律规定涉外合同必须是书面形式。

三、签订书面合同的意义

在进出口贸易中，当买卖双方就交易条件经过磋商达成协议后，合同即告订立。《民法典》第四百六十五条规定，依法成立的合同，受法律保护。依法成立的合同，仅对当事人具有法律约束力，但是法律另有规定的除外。

合同的书面形式并不局限于某种特定的格式，任何载明双方当事人名称、标的物的质量、数量、价格、交货和支付等交易条件的书面文件，包括买卖双方为达成交易而交换的信件、电报或电传，都足以构成书面合同。但是，在国际贸易实践中，买卖双方通过磋商达成交易后，一般还都需要另行签订一份正式的书面合同，因为它具有以下三个意义：

1. 合同成立的证据

凡是合同必须能够得到证明，提供证据，包括口头证据和书面证据。但一旦发生争议而诉诸法律，法院或仲裁机构都将要求当事人对合同的成立提供书面证据。在用信件、电报或电传磋商时，书面证据自不成问题。但是通过口头谈判成立的合同，如果不用一定的书面形式加以确定，那么，它将由于不能被证明和不具备法律所规定的形式而难以得到法律的保护。因此，通过口头谈判达成的交易，签署一份书面合同是必不可少的。

2. 合同生效的条件

买卖双方为达成交易而交换的信件、电报或电传，也可构成书面合同。但是，在交易磋商时，买卖双方的一方曾声明"合同的成立以双方签订正式合同或确认书为准"，并得到了另一方的同意，那么，即使双方已对交易条件的全部取得一致意见，在正式书面合同或确认书签订之前，还不存在法律上有效的合同。在此情况下，正式书面合同或确认书就成为合同生效不可缺少的条件。此外，凡是必须经政府机构审核批准的合同，也必须是正式的书面合同。

3. 合同履行的依据

在国际贸易中，合同的履行涉及企业内外的许多部门和单位，环节多，过程也很复杂。口头合同如不转变成书面合同，不仅不符合某些国家的法律要求，而且其履行的困难也是不言而喻的。即使通过信件、电报或电传达成的交易，如不将分散于多份信件、电报、电传中的双方协议一致的条件集中归纳到一份书面合同中来，也将难以顺利履行合同，而且容易产生差错。所以，买卖双方不论通过口头磋商还是书面磋商，在达成交易后，将商订的交易条件全面、清楚地一一列明在一个书面文件上，这对进一步明确双方的权利和义务，以及合同的正确履行提供了依据，具有重要意义。

合同是否达成?

案例资料:

我方 A 公司于 2021 年 12 月 1 日对法国 B 公司发电称:"可提供商品甲 3 000 吨,每吨 500 美元,FOB Shanghai,旧麻袋装。12 月 5 日复到我方有效。"法方 B 公司的回电于 12 月 4 日复到我方,内容"接受你方的 12 月 1 日电:若价格降为每吨 480 美元 FOB Shanghai,就再追加 2 000 吨。请用新麻袋装。"

我方未予答复。但过了 10 天后,法方来电要求我方尽快发货,但我方认为合同根本尚未达成,而法方却不这样认为。

问题:请问合同是否达成? 并说明理由。

四、书面合同的形式

根据我国法律规定和进出口贸易的习惯性做法,交易双方通过口头或电信方式磋商达成协议后,还必须签订一定格式的正式书面合同。

国际上对货物买卖合同的书面形式没有特定的限制。从事进出口贸易的买卖双方,可采用正式合同(contract)、确认书(confirmation)、协议书(agreement),也可采用备忘录(memorandum)等形式。此外,还有意向书(letter of intent)、订单(order)和委托订购单(indent)等。其中,采用正式合同和确认书的居多。

1. 正式合同

正式合同的内容比较全面,对双方的权利、义务,以及发生争议后如何处理,均有较详细的规定。大宗商品或成交金额较大的交易,多采用此种形式的合同。

我国在对外贸易中使用的合同,分为销售合同和购买合同,又称出口合同和进口合同。这两种合同的格式和主要内容基本一致,其中包括商品的名称、品质、数量、包装、价格、装运、保险、支付、商检、索赔、仲裁、不可抗力等条款。

合同有正副本之分。在我国的对外贸易业务中,通常由我方缮制合同正本一式两份,经双方签字后,买卖双方各保存一份。合同副本与正本同时制作,无须签字,亦无法律效力,仅供交易双方内部留作参考资料,其份数视双方需要而定。

2. 确认书

确认书是一种简式合同，在格式上与正式合同有所不同，条款比较简单，主要就一般内容做出规定，对双方义务的规定不是很详细。这种形式的合同主要适用于金额不大、批次较多的商品，或者已订立代理、包销等长期协议的交易。

在我国对外贸易中使用的确认书，分为销售确认书和购买确认书。这两种确认书的格式和主要内容基本一致，通常也由我方缮制一式两份，经双方签字后，买卖双方各保存一份，但无正本和副本之分。

议一议
确认书是否具有法律效力？为什么？

3. 协议书

在法律上，协议一般与合同同义。书面文件冠以"协议"或"协议书"的名称，只要其内容对买卖双方的权利和义务都做出明确、具体的规定，它就与合同一样对买卖双方具有法律约束力。但是，如果交易磋商的内容比较繁杂，双方商定了一部分条件，还有一部分条件有待进一步磋商，于是先签订一个"初步协议"，在协议书中也做出协议属初步性质的说明，这种协议就不具有合同的性质，没有法律约束力。

4. 备忘录

备忘录是进行交易磋商时用来记录磋商的内容，以备今后核查的文件。如果双方当事人把磋商的交易条件完备、明确、具体地记入备忘录，并经双方签字，那么这种备忘录的性质和作用就与合同无异。如果双方经磋商后，只是就某些事项达成一致或一定程度的理解，并记入备忘录，甚至冠以"理解备忘录"的名称，则这种备忘录不具有法律约束力。

5. 意向书

在交易磋商尚未达成最后协议前，买卖双方为了就达成的某项交易，将共同争取实现的目标、设想和意愿，有时还包括初步商定的部分交易条件，记录在一份书面文件上，作为今后进一步谈判的参考和依据，这种书面文件可称之为"意向书"。意向书只是双方当事人为了达成某项协议所做出的一种意愿的表示，它不是法律文件，对有关当事人没有约束力。但根据意向书，有关当事人彼此负有道义上的责任；在进一步洽谈中，一般不应与意向书中所做的规定偏离太远。

6. 订单

订单是指进口商或实际买家拟制的货物订货单。在我国进出口业务中，有的客户往往发出订单，要求我方签回。这种经磋商成交后发出的订单，实际上是国外客户的购买合同或购买确认书。

7. 委托订购单

委托订购单是指由代理商或佣金商拟制的代客户购买货物的订购单。在实际业务中，出口企业一般都印制有固定格式的出口合同或销售确认书。若当面成交，则买卖双方共同签署合同或确认书。若双方是通过函电往来成交的，由我方签署合同或确认书后，将正本一式两份寄送国外买方签署，买方收到合同或确认书后，签署寄回一份，以备存查，同时附函说明。

五、书面合同的内容

书面合同的内容一般包括下列三个部分：

1. 约首

约首是指合同的序言部分，其中包括合同的名称和编号，订约双方当事人的名称和地址（要求写明全称）。除此之外，在合同序言部分通常写明双方订立合同的意愿和执行合同的保证。

2. 本文

本文是合同的主体部分，具体列明各项交易的条件或条款，如品名条款、品质条款、数量条款、包装条款、价格条款、装运条款、支付条款、保险条款、检验条款、索赔条款、仲裁条款和不可抗力条款等。这些条款可分为一般条款和基本条款，如图 4-1

图 4-1　合同条款构成

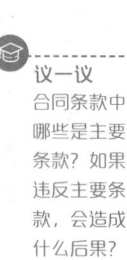

议一议
合同条款中，哪些是主要条款？如果违反主要条款，会造成什么后果？

所示，基本条款是合同的主体内容，因此也被称成为主要条款。

3. 约尾

约尾一般列明合同的份数，使用文字及其效力，订约的时间、地点、生效的时间，以及双方当事人的签字等内容。合同的缔约地点涉及合同准据法的问题，因此要慎重对待。我国出口合同的缔约地点一般都写在我国。

六、合同的修改与终止

合同一经交易双方订立，就成为具有法律效力的文件，对订立的双方均有法律约束力，双方应当按照合同的约定履行自己的义务，任何一方不得擅自变更或者解除合同。

但在实际业务中，合同虽经双方确认并签字，但有时一方或双方当事人发现需要对合同的某些内容加以修改或补充。在此情况下，必须经过双方协商同意才能对合同进行修改。

❀ 例 4-5

接例 4-4，考虑到将来进一步的合作，经过几次磋商，4 月 19 日，双方最终确定以每箱 USD6.35 的报价成交。4 月 20 日，TH 公司制作外销合同并传真给 S.A.R 公司要求其会签。

SALES CONTRACT	
卖方 SELLER:	TH FOODSTUFFS IMPORT & EXPORT CO. LTD.
	128 TI YU CHANG ROAD，HANGZHOU 310003 CHINA.
编号 NO.:	2022EK151
日期 DATE:	Apr. 20, 2022
地点 SIGNED IN:	ZHEJIANG
买方 BUYER:	SULEIMAN ABDUL RAZZAK CO.
	P.O BOX 152 CODE 11438 T-445913, F-4455941 MARIEL.

买卖双方同意就以下条款达成交易：

This contract is made by and agreed between the BUYER and the SELLER, in accordance with the terms and conditions stipulated below.

SALES CONTRACT

1. 品名及规格 Commodity & Specification	2. 数量 Quantity	3. 单价及价格条款 Unit Price & Trade Terms	4. 金额 Amount
		CFR MARIEL PORT VIA PANAMA CITY PORT	
"MAILNG" BRAND CANNED MELON JAM, 24 TINS PER CARTON PER TIN 340 GRAMS NET WEIGHT	2 200CARTONS	USD6. 35	USD 13 970.00
Total:	2 200CARTONS		USD 13 970.00

允许　　5%　　溢短装，由卖方决定
With　　　　　 More or less of shipment allowed at the sellers' option

5. 总值　　USD THIRTEEN THOUSAND NINE HUNDRED AND SEVENTY
Total Value　　ONLY

6. 包装　　EXPORT CARTON
Packing

7. 唛头　　WAZAH/RIYADH
Shipping Marks

8. 装运期及运输方式　　Not Later Than Jun.15, 2022 BY VESSEL
Time of Shipment & means of Transportation

9. 装运港及目的地　　From: XINGANG, P. R. CHINA
Port of Loading & Destination　　To: MARIEL PORT, CUBA
Via: PANAMA CITY PORT, PANAMA

10. 保险　　TO BE COVERED BY THE BUYER.
Insurance

11. 付款方式　　By T/T within 3 working days after the buyer's receipt of copy of
Terms of Payment　　B/L by fax. Full set of documents will be sent to buyer courier service within 5 days after the seller's receipt of full amount from the buyer

12. 备注　　① Transshipment allowed, Partial shipment not allowed.
② Certificate of Original Invoice to be legalized by Chamber of Commerce.

The Buyer SULEIMAN ABDUL RAZZAK CO. （进口商签字和盖章）	The Seller ZHEJIANG TIANHUAN FOODSTUFFS IMPORT & EXPORT CO. LTD. （出口商签字和盖章）

外贸风险防范

案例背景：

2022 年 5 月，浙江某出口公司与中国香港贸易公司签订总金额为 15 万美元的服装出口合同。双方在买卖合同中约定中国香港贸易公司是新加坡一进出口企业的代理商，代表新加坡企业与卖方签订买卖合同。卖方按照合同约定运出货物，到期后却未收到约定的货款，此时联系买方，已经杳无音信。后经调查，新加坡企业从未与浙江该出口公司签订过任何买卖合同，也从未授权任何人与浙江该出口商签订合同。同时提供了商务注册材料、公章复印件等作为证据，证明买方所持《代理授权书》为伪造，以此拒绝承担付款责任。且涉案香港贸易公司曾涉及多起诉讼，且已注销。浙江该出口公司也表示，因为进口商持有新加坡企业的授权书，所以交易往来都与香港贸易公司联系，从未与新加坡企业直接联系，货物交送及签署收货凭证的是香港贸易公司。

本案涉及的是无权代理的合同，因相关代理权人未进行事后追认，所以该合同不对新加坡企业产生法律效力。此时，卖方的损失应由买方承担，但买方明显是一个"皮包公司"，所以卖方得到赔偿的可能性微乎其微。

问题：在国际贸易中，外贸人员在签订合同时，如何加强风险防范？

分析提示：签约时切不可盲目轻信，草率签约，签约主体法律资格的审查必须严肃认真，方可避免吃亏受骗时维权无门。总之，只有在签约人能够代表国外签约企业的情况下，合同才具有合法性和有效性。

❖ 课堂能力训练

拟写发盘函和接受函

1. 实训目的

通过操作技能训练，掌握函电撰写技巧，提高交易磋商能力。

2. 实训资料

杭州纺织品进出口公司主要经营各种纺织品和服装等进出口业务，在欧美、日本等国际市场上有一定的声誉。业务员琳达在互联网上获悉法国 MAGIC 公司（地址：310-224 HOLA STREET MARSEILLE FRANCE; TEL: 12341234; FAX:

12341234）对男式衬衫感兴趣，于是与对方取得联系，并进行贸易磋商。

2022 年 5 月 11 日，MAGIC 公司来函：

"对你方衬衫很感兴趣，请报价 CIF MARSEILLE 的价格。"

2022 年 5 月 12 日向 MAGIC 公司发报价函：

"男式衬衫，Art No.88（BLUE）每件 6.50 美元，Art No.44（BLACK）
每件 7.50 美元，Art No.77（RED）每件 5.5 美元，Art No.66（YELLOW）
每件 7.8 美元，Art No.99（GREEN）每件 7.9 美元，CIF 马赛，不可撤销即
期信用证。每件装入一个塑料袋，20 件装入一个纸箱。交货时间不迟于 2022 年
7 月 31 日。"

2022 年 5 月 13 日 MAGIC 公司来函：

"对 Art No.88（BLUE）、Art No.44（BLACK）衬衫感兴趣，其他条件可
以接受，但价格太贵。如 Art No.44（BLACK）能降价 0.50 美元，各愿意订货
3 000 件。

2022 年 5 月 14 日发接受函：

杭州纺织品进出口公司根据 MAGIC 公司提出的价格，重新核算 Art No.44
（BLACK）衬衫的利润率，表示"同意贵方的价格要求，其他条件不变。"

3. 实训要求

请你以杭州纺织品进出口公司业务员琳达的身份，根据以上资料用英语拟写一
份发盘函和接受函。

◈ 知识与技能训练

一、单项选择题

1. 英国某买方向我国轻工业出口公司来电"拟购美加净牙膏大号 1 000 罗请电告
最低价格最快交货期"，此来电属交易磋商的（　　）环节。

  A. 发盘　　　　　　　　　　　　　B. 询盘

  C. 还盘　　　　　　　　　　　　　D. 接受

2. 根据《公约》的规定，合同成立的时间是（　　）。

  A. 接受生效的时间　　　　　　　　B. 交易双方签订书面合同的时间

  C. 合同获得国家批准的时间　　　　D. 当发盘送达受盘人时

3. 在交易磋商过程中，有条件的接受是（　　）形式。

A. 还盘   B. 接受   C. 询盘   D. 发盘

4. 某项发盘于某月 12 日以电报形式送达受盘人，但在此前的 11 日，发盘人以传真告知受盘人，发盘无效，此行为属于（   ）。

   A. 发盘的撤销   B. 发盘的修改

   C. 一项新发盘   D. 发盘的撤回

5. 卖方发盘限 10 日复到有效，9 日下午收到买方复电要求减价并修改交货期，正研究如何答复时，次日上午又收到买方来电接受发盘，（   ）。

   A. 于是，合同按照卖方条件达成   B. 此时，合同尚未达成

   C. 买方前后自相矛盾，行为无效   D. 无法判断

二、多项选择题

1. 构成一项发盘应具备的条件有（   ）。

   A. 向一个或一个以上的特定人发出   B. 表明发盘人受该发盘的约束

   C. 发盘的内容必须十分确定   D. 发盘必须规定有效期

2.《公约》规定，一项已生效的发盘不能撤销的条件是（   ）。

   A. 发盘规定了有效期

   B. 发盘未规定有效期

   C. 发盘中明确规定该发盘是不可撤销的

   D. 发盘中未表明可否撤销

3. 发盘效力终止的情况包括（   ）。

   A. 过了发盘规定的有效时间或合理时间

   B. 被受盘人拒绝或还盘

   C. 发盘人进行有效的撤销

   D. 发盘人破产

4. 我国某公司 10 日向外商发盘，限 15 日复到有效。外商于 14 日用电报表示接受我方 10 日电，但我方于 16 日才收到对方的接受通知，此时（   ）。

   A. 属逾期接受，合同不成立

   B. 若我方缄默则合同成立

   C. 若我方毫不延迟地表示接受，则合同成立

   D. 合同已成立

5. 签订书面合同是为了（   ）。

   A. 作为合同成立的证据   B. 作为合同生效的条件

C. 作为合同履行的依据　　　　　　D. 符合有关法律的规定

三、判断题

1. 询盘又称询价，即交易一方向交易另一方询问价格。　　　　　　（　　　）

2. 《联合国国际货物销售合同公约》规定发盘生效时间为发盘送达受盘人时。

（　　　）

3. 凡是通过中间商进口的商品，为了发挥"货比三家"的作用，在打算进口这种
   商品之前，最好同时向几家中间商发盘，以资比较，并从中择优选定合适的成
   交对象。　　　　　　（　　　）

4. 英美法系规定，合同只有在有对价时，才是法律上有效的合同。　（　　　）

5. 在国际贸易中，达成一项交易的两个必不可少的环节是发盘和接受。（　　　）

6. 发盘必须明确规定有效期，未规定有效期的发盘无效。　　　　　（　　　）

7. 还盘是对发盘的拒绝，还盘一经作出，原发盘即失去效力，发盘人不再受其
   约束。　　　　　　（　　　）

8. 国际货物买卖交易磋商中的接受，应以声明或行动表示出来。　　（　　　）

9. 一项逾期的接受，只要发盘人确认，该项逾期的接受即为有效接受。（　　　）

10. 按照《联合国国际货物销售合同公约》规定，"接受"必须于到达发盘人时才
    生效。　　　　　　（　　　）

◈ 综合实训

实训项目　缮制销售合同

1. 实训目的

通过操作技能训练，掌握缮制销售合同的技巧。

2. 实训资料

合同号码：2022001

卖方：浙江农产品进出口公司

买方：中东食品进出口公司

商品名称与品质：玉米，2022年产大路货

数量：200吨

单价：CIFC3%迪拜每吨435.5美元

包装：双层麻袋装

保险：由卖方按发票金额的 110% 投保一切险和战争险

装运港：中国上海

唛头：由卖方选定

交货期：2022 年 6 月

支付条件：凭不可撤销的即期信用证

签约地点和日期：2022 年 1 月 12 日于浙江杭州

销 售 合 同

SALES CONTRACT

卖方 Seller:	NO.:
	DATE:
	SIGNED IN:

买方
Buyer:

经买卖双方同意成交下列商品，订立条款如下：

This contract is made by and agreed between the BUYER and SELLER, in accordance with the terms and conditions stipulated below.

唛头 Marks and Numbers	名称及规格 Description of goods	数量 Quantity	单价 Unit Price	金额 Amount

总值 TOTAL:

Transshipment（转运）：

☐　allowed（允许）　　☐　not allowed（不允许）

Partial shipments（分批装运）：

☐　allowed（允许）　　☐　not allowed（不允许）

Shipment date（装运期）：

Insurance（保险）：

由 ____ 按发票金额的 110% 投保 ____ 险，另加保 ____ 险至 ____ 为止。

To be covered by the _____ FOR 110% of the invoice value covering _____ additional ____ from ____ to____.

Terms of payment（付款条件）：

☐ 买方不迟于 _____ 年 ____ 月 ____ 日前将 100% 的货款用即期汇票 / 电汇送抵卖方

The buyers shall pay 100% of the sales proceeds through sight（demand）draft/by T/T remittance to the sellers not later than ____.

☐ 买方必须于 ____ 年 ____ 月 ____ 日前通过 ____ 开出以卖方为受益人的不可撤销 ____ 天期信用证，并注明在上述装运日期后 ____ 天内在中国议付有效，信用证必须注明合同编号。

The buyers shall issue an irrevocable L/C at ____ sight through ____ in favor of the sellers prior ____ to indicating L/C shall be valid in China through negotiation within ____ days after the shipment effected，the L/C must mention the Contract Number.

☐ 付款交单：买方应对卖方开具的以买方为付款人的单据见票后 ____ 天付款跟单汇票，付款时交单。

Documents against payment（D/P）：The buyers shall duly make the payment against documentary draft made out to the buyers at ____ sight by the sellers.

☐ 承兑交单：买方应对卖方开具的以买方为付款人的单据见票后 ____ 天承兑跟单汇票，承兑交单。

Documents against acceptance（D/A）：The buyers shall duly accept the documentary draft made out to the buyers at ____ days by the sellers.

Documents required（单据）：

卖方应将下列单据提交银行议付 / 托收。

The sellers shall present the following documents required for negotiation/collection to the banks.

☐ 整套正本清洁提单。

Full sets of clean on Board Ocean Bills of Lading.

☐ 商业发票一式 ____ 份。

Signed commercial invoice in ____ copies.

☐ 装箱单或重量单一式 ____ 份。

Packing list/weight memo in ____ copies.

☐ 由____签发的质量与数量证明书一式 ____ 份。

Certificate of quantity and quality in ____ copies issued by ____ .

☐ 保险单一式 ____ 份。

Insurance policy in ____ copies.

☐ 由 ____ 签发的产地证一式 ____ 份。

Certificate of origin in ____ copies issued by ____ .

Shipping advice（装运通知）：

一旦装运完毕，卖方应立即电告买方合同号、商品名、已装载数量、发票总金额、毛重、运输工具名称，以及启运日期等。

The sellers shall immediately, upon the completion of the loading of the goods, advise the buyers of the Contract No., names of commodities, loaded quantities, invoice values, gross weight, names of vessel and shipment date by TLX/FAX.

Inspection and Claims（检验与索赔）：

1. 卖方在发货前由 _____ 检验机构对货物的品质、规格和数量进行检验，并出具检验证明书。

The buyers shall have the qualities，specifications，quantities of the goods carefully inspected by the Inspection Authority，which shall issue Inspection Certificate before shipment.

2. 货物到达目的口岸后，买方可委托当地的商品检验机构对货物进行复检。如果发现货物有损坏、残缺或规格、数量与合同规定不符，买方必须于货到目的口岸的 ____ 天内凭 _____ 检验机构出具的检验证明书向卖方索赔。

The buyers have right to have the goods inspected by the local commodity inspection authority after the arrival of the goods at the port of destination if the goods are found damage/shortage/their specifications and quantities not in compliance with that specified in the contract, the buyers shall lodge claims against the sellers based on the Inspection Certificate issued by the Commodity _____ Inspection Authority within ____ days after the goods arrive at the destination.

3. 如买方提出索赔，凡属品质异议必须于货到目的口岸之日起 ____ 天内提出；凡属数量异议必须于货到目的口岸之日起 ____ 天内提出。对所有货物所提任何异议应由保险公司、运输公司或邮递机构负责的，卖方不负任何责任。

The claims, if any regarding to the quality of the goods, shall be lodged within ____ days after arrival of the goods at the destination, if any regarding to the quantities of the goods, shall be lodged within ____ days after arrival of the goods at the destination. The sellers shall not take any responsibility if any claims concerning the shipping goods is up to the responsibility of Insurance Company/ Transportation Company/Post Office.

Force Majeure（不可抗力）：

如因不可抗力的原因造成本合同全部或部分不能履约，卖方概不负责，但卖方应将上述发生的情况及时通知买方。

The sellers shall not take any responsibility for partial or total non-performance of this contract due to Force Majeure. But the sellers advise the buyers on time of such occurrence.

Disputes settlement（争议解决方式）：

凡因执行本合同或有关本合同所发生的一切争执，双方应协商解决。如果协商不能解决，应提交仲裁。仲裁地点在被告方所在国内，或者在双方同意的第三国。仲裁裁决是终局的，对双方都有约束力，仲裁费用由败诉方承担。

All disputes in connection with this contract of the execution thereof shall be amicably settled through negotiation. In case no amicable settlement can be reached between the two parties, the case under dispute shall be submitted to arbitration, which shall be held in the country where the defendant resides, or in third country agreed by both parties. The decision of the arbitration shall be accepted as final and binding upon both parties. The Arbitration Fees shall be paid by the losing party.

Law application（法律适用）：

本合同的签订地，或发生争议时货物所在地在中华人民共和国境内或被诉人为中国法人的，适用中华人民共和国法律，除此规定外，适用《联合国国际货物销售合同公约》。

It will be governed by the law of the People's Republic of China under the circumstances that the contract is signed or the goods while the disputes arising are in the People's Republic of China or the defendant is Chinese legal person, otherwise it is governed by Untied Nations Convention on Contract for the International Sale of Goods.

本合同使用的价格术语系根据国际商会《INCOTERMS® 2020》。

The terms in the contract based on INCOTERMS® 2020 of the International Chamber of Commerce.

Versions（文字）：

本合同中、英两种文字具有同等的法律效力，在文字解释上，若有异议，以中文解释为准。

This contract is made out in both Chinese and English of which version is equally effective. Conflicts between these two languages arising therefrom, if any, shall be subject to Chinese version.

本合同共 ____ 份，自双方代表签字（盖章）之日起生效。

This contract is in ____ copies, effective since being signed/sealed by both parties.

The Buyer   The Seller

3. 实训要求

根据所提供的资料缮制销售合同。

第 五 章

制定贸易合同条款——品质、数量、包装和价格条款

❖ 素养目标

- 培育"精益求精、国际标准、品牌意识"等专业精神、职业精神、工匠精神，提升职业使命感和民族自豪感
- 灵活运用国际贸易合同条款相关知识，学会妥善应对贸易摩擦和各种形式的贸易保护主义

❖ 知识目标

- 掌握制定合同品名和品质条款的要领
- 掌握制定合同数量和包装条款的要领
- 掌握制定合同价格条款的要领

❖ 技能目标

- 能够制定合同品名、品质、数量和包装条款
- 能够制定合同价格条款

思维导图

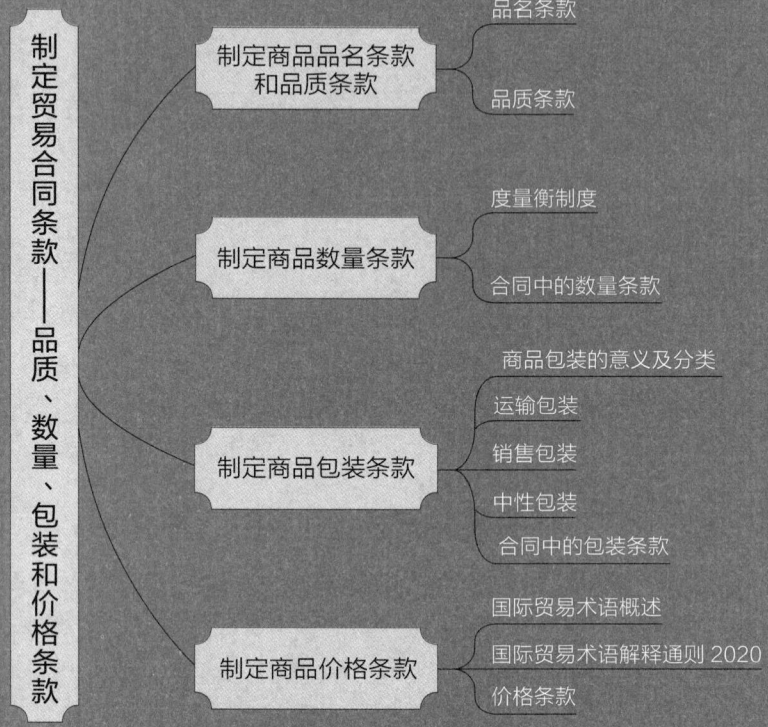

学习计划

- **素养提升计划**

_____

_____

_____

- **知识学习计划**

_____

_____

_____

- **技能训练计划**

_____

_____

_____

案例资料：

外贸公司：	SHANGHAI INTERNATIONAL TRADE CO., LTD 29TH FLOOR KINGSTAR MANSION, 623 JINLIN RD., 200002 SHANGHAI, CHINA
国外客户：	ALL-LEAD TRADING INTERNATIONAL, CANADA
交易商品：	WOOL SCARF 羊毛围巾
成交方式：	CIF VANCOUVER
付款方式：	电汇（T/T）
通知行：	中国银行上海市分行
出口口岸：	上海浦东国际机场
供应厂商：	桐庐温暖围巾厂
货运代理公司：	上海捷达航空代理有限公司
承运航空公司：	中国国际航空公司
备注说明：	在本业务中，进出口双方为经广交会接洽后初次合作，关于本合同所购销商品的品质、数量、包装和价格还有许多细节有待商榷

问题：进出口双方需对商品标的物做出哪些规定？

第一节　制定商品品名条款和品质条款

国际贸易买卖合同的"标的"（subject of matter）一般是指进入国际市场的有形商品（本节不涉及无形商品），即货物。俗话说"一分钱、一分货"，交易货物品质的高低决定商品成交价格的高低。本节将阐述商品的品名条款和品质条款，它们是国际贸易合同中不可缺少的主要交易条件，是进出口双方交接货物的基本依据，关系到买卖双方的权利和义务。在合同中明确相应的条款，不仅具有重要的法律意义，而且具有重要的实践意义。

一、品名条款

商品的名称，或称"品名"，是指能使某种商品区别于其他商品的一种称呼或概念。商品的名称在一定程度上体现了商品的自然属性、用途和主要性能特征。

1. 列明品名的意义

（1）从法律角度看。商品的品名是买卖双方在货物交收方面的一项基本权利和义务，按照有关法律和国际惯例，对商品的具体描述是商品说明的一个主要组成部分，是货物交收的基本依据之一。

（2）从业务角度看。商品品名是交易的物质内容，是交易赖以进行的物质基础和前提。按照一般规范列明品名，可以在很大程度上避免日后纠纷的发生；即使是发生纠纷，明确的品名条款也将有利于纠纷的解决。

2. 命名商品的方法

（1）以其主要用途命名。这种方法在于突出其用途，便于消费者按照其需求购买，如织布机、旅游鞋、防水服和杀虫剂等。

（2）以其所使用的主要原材料命名。这种方法能通过突出所使用的主要原材料反映出商品的质量，如棉布、羊绒衫、玻璃杯和冰糖雪耳等。

（3）以其主要成分命名。以商品所含的主要成分命名，可使消费者了解商品的有效内涵。一般适用于大众所熟知的名贵原材料的商品，如西洋参蜂王浆和人参珍珠霜等。

（4）以其外观造型命名。以商品的外观造型命名，有利于消费者从字义上了解商品的特征，如绿豆、喇叭裤、宝塔菜等。

（5）以其褒义词命名。这种命名方法能突出商品的使用效能和特性，有利于促进消费者的购买欲望，如青春宝、美媛春等。

（6）以人物名字命名。即以著名的历史人物或传说中的人物命名，其目的在于引起消费者的注意和兴趣，如李宁运动服、包公鱼、东坡肉等。

（7）以制作工艺命名。这种命名方法的目的在于提高商品的威望，增强消费者对该商品的信任，如手工编织毛衣、精制油等。

3. 品名条款的内容

国际货物买卖合同中的品名条款并无统一的格式，通常在"商品名称"或"商品品名"（name of commodity）的标题下，列明交易双方成交商品的名称。品名条款的规定取决于成交商品的品种和特点，通常只要列明商品的通用名称即可。但有的商品具有不同的品种、等级和型号，为了明确起见，要对具体品种、等级和型号进行概括性的描述，有的甚至要把商品的品质规格也包括进去，实际上把品名条款与品质条款合并在一起使用。

4. 规定品名条款的注意事项

（1）必须做到内容明确、具体。避免空泛、笼统或含糊的规定，以确切地反映商品的用途、性能和特点。许多商品名称中存在大量炒作成分，诸如"贵妃鸡"等，在用英语说明时要力求朴实无华地准确表述，否则会适得其反。

（2）使用国际通用的名称。若使用地方性的名称，交易双方应事先就其含义取得共识。对于某些新商品的译名，应力求准确、易懂，并符合国际上的习惯称呼。例如，奶油、黄油、白脱油等概念在中国香港、中国台湾地区与中国其他省、直辖市、自治区有所不同，但是英语中的"butter"是指与面包搭配的"黄油"，在表达时要注意。

（3）恰当选择商品的不同名称，以利于降低关税，方便进出口和节省运费。不同的商品名称可能会被归至不同的商品品类，会带来进口税率的较大差异，给进口商带来不必要的费用。例如，把"纽扣"归入"服饰"类商品，其进口关税一般就要比归入"衣着配件"类商品要高。

（4）切实反映商品的实际情况。凡是做不到或不必要的描述性词句，都不应列入品名条款。名称使用上力求简洁、实用，修饰性词汇尽量少用。比如，时尚太阳镜用"fashion sunglasses"，不必为了突出自身的产品非常时尚而在前面加上"top"。

二、品质条款

微课
品质条款

商品的品质（quality of goods）是商品的内在素质和外观形态的综合，是商品适合一定用途，满足用户需求的各种特性。前者包括商品的物理性能、机械性能、生物特征及化学成分等自然属性；后者包括商品的外观、色泽、款式、味觉和嗅觉等外在因素。在国际贸易实务中，买卖双方要考虑商品的实际使用效能，以及使用过程中的技术性指导、零部件供应、售后服务等。可见，对商品品质的要求是综合性的，既要求商品品质的一般质量特征，也要求商品的实际使用价值。一般来说，品质是决定价格的重要因素之一。

1. 约定品质条款的意义

《联合国国际货物销售合同公约》规定：卖方交付的货物必须与合同规定的数量、质量和规格相符，并必须按照合同规定的方式装箱或包装。

商品品质关系到买卖双方的利益，同时还决定商品的价格。

2. 表示商品品质的方法

（1）实物样品表示法。

① 看货买卖。看货买卖是指根据现有商品的实际品质进行买卖。通常由买方或其代理人在商品所在地验看货物，达成交易后，卖方按验看过的商品交付。只要卖方交付的是验看过的商品，买方就不得对商品质量提出异议。看货买卖适用于寄售、拍卖和展卖业务。

② 凭样品买卖（sale by sample）。样品是指从一批商品中抽取出来的或由生产、使用部门设计加工的，足以反映和代表整批商品品质的少量实物。凭样品买卖是指买卖双方按约定的足以代表实际货物的样品作为交货的品质依据的交易。

在国际贸易中，凭样品买卖的种类较多，根据样品提供方的不同，可以分为以下三种：

第一，凭卖方样品买卖（sale by seller's sample）。以卖方提供样品的品质作为双方交货的依据，卖方所交货物必须与样品一致。因此，卖方提供的样品必须具有足够的代表性，能够代表整批货物的平均品质。

第二，凭买方样品买卖（sale by buyer's sample）。以买方提供样品的品质作为双方交货的依据进行的买卖，称凭买方样品买卖。为了减少贸易纠纷，一般应在合同中明确规定，若发生由买方来样引起的工业产权第三方权益问题时，与卖方无关，由买方负责。

第三，凭对等样品买卖。卖方按买方提供的样品，复制出经买方确认的样品，这个样品称"对等样品"（counter sample）、"回样"或"确认样品"（confirmed sample）。

需要指出的是，由于我国目前出口商品大都停留在原始设备制造（Original Equipment Manufacture,OEM）阶段，所以凭对等样品买卖是以上三种样品买卖方式中最常见的一种。许多中国商品是以国外样品 50% 的成本，做到国外样品 80% 的品质，以较高的性价比赢得市场的。

若买/卖方所寄的样品仅仅作为交货品质的参考，而不是交货的依据，则应表明"参考样品"，它不具备法律地位。

❖ **职业判断**

样品的使用

案例资料：

我国某公司向英国某公司出口一批大豆，合同规定："水分最高为 14%，杂质不超过 2.5%。"在成交前，该公司曾向买方寄过样品，订约后该公司又电告买方成交货物与样品相似。当货物运至英国后，买方提出货物与样品不符，并出示了当地检验机构的检验证书，证明货物的品质比样品低7%，但未提出品质不符合合同的品质规定。买方以此要求该公司赔偿其15 000英镑的损失。

问题：该公司是否应该赔偿？本案给我们什么启示？

（2）文字说明表示法。在国际贸易中，除了部分商品的品质不易用文字说明加以描述而采用凭实物样品买卖外，大部分采用的是凭文字说明来表示买卖商品的品质，具体可分为以下几种：

① 凭规格买卖（sale by specifications）。商品的规格是指商品的主要成分、纯度、含量、强度、拉力、重量、大小、尺寸、粗细等用来反映商品品质的某些主要指标。例如，国际可可豆贸易中有个指标称为"百克重颗粒数"，这个指标越小，表示单颗可可豆越大，品质越好。

② 等级买卖（sale by grade）。商品的等级是指将同类货物，按其规格不同，分为不同等级。通常的表示方法有：大、中、小；特级、一级、二级、三级；1等、2等、3等，分别用文字、符号、数字来表示。适用的商品有茶叶、鸡蛋、生丝等，而其等级所表示的品质标准也为业内所广泛认同。

③ 凭标准买卖（sale by standard）。标准是指统一化的规格和等级，一般是由国家机关或有关部门规定并公布实施的标准化品质指标。标准分为生产商标准、团体标准、国家标准、区域标准、国际标准等。在援引标准买卖时，一定要明确标准的版本年份，以免引起争议。

在国际贸易实际业务中，对于某些农副产品，有时还采用良好平均品质（Fair Average Quality,F.A.Q.）。F.A.Q.一般指"大路货"。相对于"精选货"（Selected）而言，其交货品质一般以我国产区当年生产该项农副产品的平均品质为依据而确定。合同中要注明F.A.Q.的字样和年份，需要订立具体规格。F.A.Q.用于大米、棉花、茶叶、小麦等。在交易中，根据商品提供所需样品，通常还约定具体规格作为品质依据。Selected是指当年该项农副产品的上好品质，一般是经过精挑细选、品质较好的大批货物，价格要远高于F.A.Q.。

④ 凭牌号（sale by brand）或商标（sale by trade mark）买卖。凭牌号或商标买卖是指对某些品质比较稳定并且在市场上已经树立良好信誉的商品，买卖双方在交易洽商和签订合同时，可采用商标或牌名来表示品质。例如，云南白药就在国内外具有较好的声誉，该品牌几乎就是高品质的代名词。

⑤ 凭产地名称买卖（sale by name of origin）。有些产品因生产地区的自然条件或传统加工工艺在产品品质上独具特色，在买卖双方签订合同时，就以商品的产地名称成

交，称为凭产地名称买卖。适用于出口信誉卓著、品质良好的农副土特产品，如我国的龙口粉丝、天津鸭梨、涪陵榨菜等。

⑥ 凭说明书和图样买卖（sale by description and illustration）。这种方法适用于结构、用材、性能等较复杂的机械、电子、仪表等技术密集型商品的买卖。例如，某些进口的精密仪器，只有专业人士才能看懂说明书及图样买卖。

❖ 职业判断

"赔了夫人又折兵"

案例资料：

我国某公司向外商出口一批梨。合同及对方开来的信用证上均写明商品等级为二级品，但卖方交货时才发现二级梨库存告罄，于是该出口公司改以一级品交货，并在发票上加注："一级梨仍按二级计价不另外收费"。

问题：卖方这种做法是否妥当？为什么？

3. 合同中的品质条款

（1）品质条款的基本内容。表示商品品质的方法不同，合同中品质条款（quality clause）的内容也不尽相同。一般应详尽列明商品的品名、等级、规格、体积、商标、产地名称等，以求在文字上尽量完善。

（2）品质机动幅度和品质公差。在国际贸易实际业务中，由于产品特性、生产加工条件、运输条件、气候等因素的影响，有时卖方所交商品品质很难达到合同规定的要求，为了避免因交货品质与买卖合同不符造成违约，可以在合同品质条款中做出变通的规定，如品质机动幅度、品质公差等。

① 品质机动幅度。品质机动幅度是指卖方所交商品品质指标可以在一定幅度内机动。其规定方法有规定范围、规定极限、规定上下差异等。适用于初级产品，比如谷物、水果、铁矿砂等难以统一规定品质的商品。比如中国花生仁，含油量45%±1%，即允许含油量在44%~46%，允许上下1%的品质机动幅度。

② 品质公差。品质公差是指由于科学技术水平、生产水平的限制而导致某些工业品在该行业质量上的公认误差。如机器加工的零件尺寸、钟表的走时，实际都存在一定误差。但只要卖方所交货物的品质差异在品质公差范围内，就被认为达到了合同规定的品质要求。

卖方交货品质在机动幅度允许的范围内，货物价格一般按合同计算，不再另做调整。卖方交货品质在品质公差范围内，一般不另行增减价格。

4. 订立商品品质条款的注意事项

（1）根据商品的特性，正确使用表示商品品质的方法。在出口交易中，凡是可用一种方式表示的，就不要采用两种或两种以上的方式表示，以免给自己造成不必要的交货或生产困难。即在上述多种表示品质的方法中选定一种来表示，避免不同表示方法选用带来的重叠和交叉混乱。

（2）要从生产实际出发，实事求是。品质条款要根据国际市场的需求并结合国内生产的实际来订立，不能订得过高，以免造成生产和对外履约的困难，也不能订得过低，以免影响售价和销路。

（3）科学性和灵活性兼顾。品质条款的内容和文字应注意科学性、严密性、准确性。但针对有些货物，特别是品质规格不易做到完全统一的商品，如某些农副产品、轻工业品及矿产品等，要有一定的灵活性，避免使用笼统含糊的字句，如"基本符合市场要求""在合理误差范围内"等；也要避免用词绝对化，如冻鸡"彻底放血"、棉布"绝无疵点"等。

（4）定明品质机动幅度或品质公差的区间。对于有品质机动幅度或品质公差的商品，应定明其幅度的上下限或公差的允许值，避免日后由于各国对于"大约""合理"等词汇的不同理解带来的麻烦。常用的方法是用数字直接确定品质的允许范围，以明确所交货物的品质所属区间。

◈ 职业判断

颜色变了可以吗？

我国某进出口贸易有限公司向美国出口太阳镜 2 400 副。合同和信用证中明确规定为红、黄、蓝、绿、紫、棕六色镜框等比分配，按打包装，共 200 打。但卖方生产时，错将紫色当成棕色生产，即棕色变成了两倍的量而紫色没有生产，而单证中显示与合同一致。卖方正常装船发运后交单议付。请问：卖方这种做法是否妥当？是否可以收到货款？后续应该如何处理？

第二节 制定商品数量条款

所谓商品的数量，是指用一定的度量衡表示的商品的重量、个数、长度、面积、体积、容积等数量。商品的数量条款是国际货物买卖合同中不可缺少的主要条件之一。《联合国国际货物销售合同公约》规定，按约定的数量交付货物是卖方的一项基本义务。

一、度量衡制度

目前，国际贸易中常用的度量衡制度有：公制（The Metric System）、美制（The U.S. System）、英制（The British System）、国际单位制（The International System of Units,SI）。目前，国际单位制正在被越来越多的国家和地区采用。

1. 计量单位

国际贸易中常用的计量单位可以细分为重量单位、数量单位、长度单位、面积单位、体积单位和容积单位等。

（1）重量单位（weight），包括公吨（metric ton, M/T）、长吨（long ton, L/T）、短吨（short ton, S/T）、千克（kilogram, kg）、磅（pound, lb）、盎司（ounce, oz）等，适用于农副产品、矿产品、部分工业制成品、贵重商品等。

（2）数量单位（number），包括件或只（piece, pc）、双（pair, pr）、台或套（set）、箱（bag）、打（dozen, doz）、件（package）、令（ream）等，适用于工业制成品、土特产品等。

（3）长度单位（length），包括米（meter, m）、英尺（foot, ft）、厘米（centimeter, cm）、码（yard, yd）等，适用于布料、绳索、丝绸等。

（4）面积单位（area），包括平方米（square meter）、平方英尺（square foot）、平方英寸（square inch）、平方码（square yard）等，适用于玻璃、地毯、塑料制品、皮革制品等。

（5）体积单位（volume），包括立方米（cubic meter）、立方英尺（cubic foot）、立方英寸（cubic inch）、立方码（cubic yard）等，适用于木材、天然气等。

（6）容积单位（capacity），包括公升（liter, L）、加仑（gallon, gal）、蒲式耳（bushel）等，适用于液体商品的交易。

2. 计算方法

国际贸易中，很多商品采用按重量计量。计算重量的方法有：

（1）按毛重计算。毛重（gross weight）是指商品本身的重量加上包装的重量。有些商品单位价值较低（如谷物等）或以净重计量有困难，用"以毛作净"（俗称"连皮滚"）的方法计算重量，作为计价和交易的依据。例如，某谷物每麻袋毛重 50 kg，净重约 49.8 kg，交易 1 000 袋时，直接以 50 000 kg 计算总价。

（2）按净重计算。净重（net weight）是指商品本身的重量，并不含包装物的重量。按照国际惯例，如果没有在合同中明确规定采用毛重还是净重计价，应以净重计价。例如，国际咖啡贸易，均以每袋咖啡的净重计算总价，交易数量庞大（以公吨来计），否则总价将相差悬殊，不能为买卖双方所接受。在计算净重时，必须先计算包装重量，即皮重（tare weight），因为净重 = 毛重 − 皮重。国际上主要有以下四种计算皮重的方法：

① 按照实际皮重（actual tare 或 real tare）计算。即按照包装的实际重量计算，是指包装逐件衡量后所得的总和。

② 按照平均皮重（average tare）计算。即对包装材料及规格较为一致的整批货物，从中抽取一定的件数，称其皮重，然后求出其平均重量，再乘以该批货物的总件数，即求得该批货物的总皮重。这种做法已日益普及，有人称其为"标准皮重"（standard tare）。

③ 按照习惯皮重（customary tare）计算。即对规格化的包装，按照市场上公认的包装重量计算。计算时，无须对包装逐件过秤，按照习惯上公认的皮重乘以总件数即可。

④ 按照约定皮重（computed tare）计算。即以买卖双方事先约定的包装重量作为计算的基础。

国际上计算皮重的方法很多，采用哪种方法计算皮重，继而求得净重，交易双方必须事先约定并列入合同的重量条款中，以免事后引起争议。

（3）按公量计算。公量（conditioned weight）是用科学方法抽去商品中的水分，再加上标准水分重量所得的重量。有些商品（如羊毛、生丝等）价值较高，含水量不稳定，影响商品的重量。用公量来计算这类商品的重量。

$$公量 = 干量 + 标准含水量$$
$$= 实际重量 \times（1+ 标准回潮率）/（1+ 实际回潮率）$$

（4）按理论重量计算。理论重量（theoretical weight）是指一些商品有固定的规格、尺寸、重量，通过件数计算其重量，如马口铁、钢板等。

二、合同中的数量条款

1. 数量条款的基本内容

数量条款（quantity clause）的基本内容包括买卖双方成交商品的数量、计量单位、计量方法，若用以重量计算的方法，还要表明按毛重或净重等。

2. 正确利用数量机动幅度

在实际履约过程中，由于商品特性、生产条件、运输工具的承载能力，以及包装方式的限制，卖方要做到严格按量交货确实有一定困难。为了避免因卖方实际交货不足或超过合同规定而引起的法律责任，方便合同的履行，对于一些数量较难严格控制的商品，可以在合同中加订一个数量的机动幅度条款，通常称为溢短装条款。例如，某些农副产品，很难规定一个数量上的精确量供卖方执行，必然产生溢短装现象。

3. 机动幅度的选择权

溢短装条款（more or less clause）是指在买卖合同的数量条款中，明确规定卖方允许多装或少装的百分比，其幅度以不超过规定的百分比为限。如 100 公吨，卖方可溢短装 5%（100 M/T,with 5% more or less at seller's option），即卖方交货量可在 95~105 M/T。

在跟单信用证业务中，按照国际商会《跟单信用证统一惯例》第 600 号出版物（简称 UCP600）中第三十条 a 款规定："约"或"大约"用于信用证金额或信用证规定的数量和单价时，应解释为允许有关金额、数量或单价有不超过 10% 的增减幅度。b 款规定：在信用证未以包装单位件数或货物自身件数的方式规定货物数量时，货物数量允许有 5% 的增减幅度，只要总支取金额不超过信用证金额。

4. 溢短装数量的计价方法

目前，对机动幅度范围内超出或低于合同数量的多装或少装部分，一般按合同价格结算。但操作中这一点必须在合同规定中明确，否则不利于日后纠纷的解决。例如，市场价格上升，则多装对买方有利；市场价格下跌，则多装对卖方有利。

第三节　制定商品包装条款

商品的包装是实现商品价值和使用价值的重要手段之一，是商品生产和商品消费之间的桥梁。绝大多数商品只有通过适当的包装，才算完成了商品的生产，才能进入流通领域进行销售，以实现其使用价值和价值。甚至有些商品本身与其包装成为一个不可分割的统一体，如饮料与其盛装的容器等。而且包装的好坏也构成了商品成本的一部分，对价格产生一定的影响，所以包装条款自然要成为合同的一部分。

一、商品包装的意义及分类

国际贸易中，只有少数货物以散装和裸装货的形式直接载入运输工具，大多数货物都需要合理、科学的包装。

1. 商品包装的意义

进出口商品一般都需要经过长距离辗转运输，有时还需要多次装卸、搬运和存储。因此大多数商品都需要适当的包装。包装不仅能起到保护商品、保障运输的作用，而且还能美化、宣传商品，同时包装本身还是货物说明的组成部分。包装在一定程度上反映了一个国家经济、技术和科学文化等方面的综合水平。在国际市场上，包装的好坏关系到商品售价的高低、销路的畅通，也关系到一个国家及其产品的声誉。

商品包装的要求是科学、经济、牢固、美观和适用。有些国家的法律把商品包装作为货物说明的组成部分。在国际贸易中，包装条件是合同的一项主要交易条件，应在合同中明确规定。

2. 商品包装的分类

按照包装程度的不同，商品包装可分为散装、裸装和包装三种。

（1）散装（in bulk）。散装是指不加任何包装物或只附加较少包装物的包装方式。这种方式适用于不易包装或不值得包装的货物，如煤炭、矿砂、粮食，以及油类等液体货物。采用散装方式进行运输，可以节省运输费用，加快装卸速度，从而降低成本，但是散装运输需要必要的运输工具、港口装卸设备和仓库等，否则容易引起货损、货差。

（2）裸装（nude packed）。裸装是指将货物略加捆扎或以商品自身进行捆扎的方式。适用于裸装方式的往往是品质比较稳定，受环境影响不大的商品。这类商品无须包装或很难包装，如钢材、木材、橡胶、车辆等。

（3）包装（packed）。包装是指按照一定的技术方法，采用一定的包装容器、材料及辅助包裹货物的方式。国际贸易中绝大多数商品都是采用这种方式进行包装的。根据在流通过程中所起的作用不同，包装可以分为运输包装（即外包装）和销售包装（即内包装）两种类型。

二、运输包装

运输包装（shipping package），又称外包装、大包装。将货物装入特定容器内，以特定方式成件或成箱包装，可以在长途运输过程中，有效保护商品不被损坏；也便于运输，节省费用；避免因气候条件不好对商品产生不利影响。国际贸易商品采用的运输包装要求严格，应根据商品的特点和运输方式的要求，选择符合交易双方贸易习惯的包装方式，便于货物装运，方便操作。

1. 运输包装的种类

运输包装的分类标准有很多种，按照包装方式不同分类如下：

（1）单件运输包装。指将货物在运输过程中单独作为一个计件单位的包装。按照其包装形状又可细分为如下类别：

① 箱装（case）。分为木箱、纸箱、铁箱、塑料箱等，适用于不能积压的货物，如服装等。

② 袋装（bag）。分为纸袋、塑料袋、布袋、麻袋等，适用于农产品和化学肥料等货物。

③ 桶装（drum）。分为木桶、铁桶、塑料桶等，适用于液体、粉状物等货物的包装。

④ 捆（bundle）或包（bale）形式的包装。将货物用棉布、麻袋包装，在外面加箍铁和塑料袋的包装方式，适用于羊毛、棉花等可压紧的货物。

（2）集合运输包装。指将单件运输包装组成一个大的包装，以便于集合运输的包装。按照其集合运输包装形式，又可细分为集装箱（container）、托盘（pallet）、集装袋或集装包（flexible container）。

① 集装箱，中国港澳台地区称为货柜，指一定规格的金属箱，作为运输货物的容器，见图5-1。最常见的集装箱规格有20英尺、40英尺和40英尺高柜三种。其中20英尺为一个单位，通称"TEU"（twenty-foot equivalent unit），国内称为标准集装箱，简称为"标箱"。按照托运方式分为FCL（Full Container Load）和LCL（Less Container Load），为整箱货和拼箱货，即整箱托运还是不足整箱托运。

② 托盘，指按一定规格制成的单层或双层平板载货工具，见图5-2。它是在平板上集装一定数量的单件货物，捆扎成一个运输单位进行装卸、搬运和堆放。按照其制作材料的不同，托盘可分为木托、金属托、纸托和合成托等。

③ 集装袋或集装包，指一种用合成纤维或材料纺织制成的圆形大口袋或方形大包，适用于装载粉粒状货物，如化肥、矿砂、面粉、食糖、水泥等散装货物，见图5-3。

图5-1 集装箱

图5-2 托盘

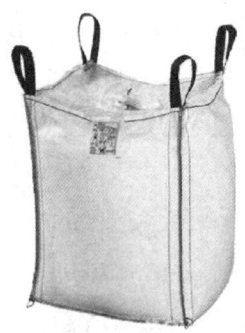
图5-3 集装包

2. 包装材料的选用

一般来讲，在包装材料方面，进口国主要禁止或限制某些原始包装材料，如木材、稻草、竹片、柳条、原麻、泥土和以此为基础的包装制品，如木箱、草袋、竹篓、柳条筐篓、麻袋、布袋等，以及回收复用品的使用。在包装辅料方面，禁止或限制的主要对象是作为填充料的纸屑、木丝，将此作为固定用的衬垫、支撑件等。上述包装材料及辅料一般都要求先进行消毒、除鼠、除虫或其他必要的卫生处理。尤其是对于木质材料包装，许多国家在进口时都要求做熏蒸处理。

3. 运输包装的标志

运输包装的标志是指在商品的外包装上用文字、图形、数字制作的特定记号和说明事项，它是某些运输单证上不可缺少的内容。其主要作用在于：便于识别货物；方便运输装卸、仓储、检验和海关查验；便于收货人核对单证收货，使单证相符，避免错误。运输包装上的标志，按照其用途不同可分为运输标志、指示性标志和警告性标志。

（1）运输标志（shipping mark），习惯上称为"唛头"（Mark），通常由一个简单的几何图形和一些字母、数字和简单的文字组成，便于运输、辨认货物，顺利完成交易等，防止错发错运。

运输标志由三部分组成：

① 收货人（发货人）名称，也可以加上参考号，如合同号码、发票号，可在简单的几何图形中反映。

② 目的地（或目的港）名称，需经过某地（港口）转运的，在目的地（目的港）下面加上转运地（港）名称，以便于运输部门正确装运。

③ 件号，包装货物的总件数和每件货物的顺序号，如"No.X/Y"或"No.1-100"等。

为了便于计算机在运输和单证流转方面的应用，国际标准化组织向各国推荐使用标准化运输标志（如图5-4所示），其基本内容包括收货人或买方的名称字首或简称、参照号码、目的地、件数及箱号。例如：

ABC　　　　　　　　收货人或买方的名称
　　　　　　　　　　首字母或简称
SC-202205　　　　　参考号码
HAMBURG　　　　　目的地（目的港）
NO.X/Y　　　　　　件数及箱号，X表示第
　　　　　　　　　　几件，Y表示总件数

包装上采用的运输标志，按合同规定，如合同和信用证都没有规定具体要求，由卖方决定。

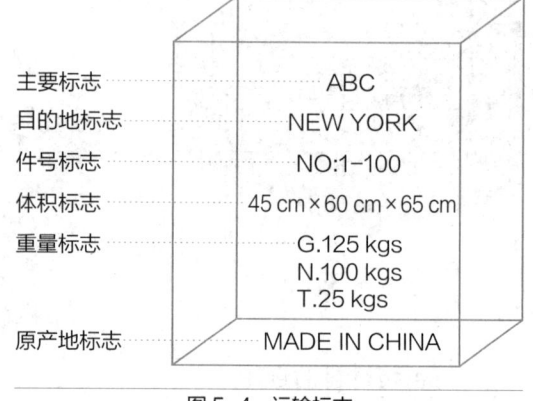

主要标志	ABC
目的地标志	NEW YORK
件号标志	NO:1-100
体积标志	45 cm×60 cm×65 cm
重量标志	G.125 kgs
	N.100 kgs
	T.25 kgs
原产地标志	MADE IN CHINA

图5-4　运输标志

（2）指示性标志（indicative mark），指对一些易碎、易损、易变质的商品，在商品包装上标注醒目的标志，以引起装运人员的注意，便于运输与仓储，保护人员和货物的安全。指示性标志见图5-5。

（3）警告性标志（warning mark），又称危险品标志，是在装有危险品、易燃品、有毒气体、腐蚀性物品和放射性物品等的运输包装上用文字或图形表示各种危险品的标志，提示工作人员警惕，采取安全措施，保护工作人员和货物的安全。

联合国海事协商组织规定，在出口危险品的外包装上要刷写"国际海运危险品标志"。在制作危险品标志时，我国颁布了《包装储运图示标志》和《危险货物包装标志》，警告性标志见图5-6。

THIS WAY UP　　　　KEEP DRY

图5-5　指示性标志

（符号：黑色或白色；底色：正红色）　　　　（符号：黑色；底色：白色）

图5-6　警告性标志

三、销售包装

销售包装（selling packing），又称内包装或小包装，是指在商品进入零售环节和消费者直接见面时的包装。

1. 销售包装的种类

根据商品的特征和形状，销售包装可采用不同的包装材料和不同的造型结构与式样。具体包括如下几种：

（1）堆叠式，如罐、盒类商品。

（2）挂式，如包装上的挂钩、挂孔等。

（3）携带式，如手提袋等。

（4）喷雾式，如液体喷雾器等。

（5）易开式，如易拉罐等。

2. 销售包装的要求

商品的销售包装应适应国际市场的需求，便于陈列展销，便于识别，便于携带和使用，要有艺术吸引力，以吸引顾客，提高售价和扩大销售。注意包装的语言要与进口国的要求一致，还要注意避开地区的禁忌。

四、中性包装

中性包装是指在商品上和内包装、外包装上不注明生产国别的包装。主要为了打破一些进口国和地区的关税和非关税壁垒，扩大商品出口，同时也是为了满足一些中间商转口销售的需要。中性包装分为无牌中性包装和定牌中性包装。无牌中性包装既无生产国别、地名、厂名，也无商标牌号。定牌中性包装不注明商品生产的国别、地名、厂名，但要注明买方指定商标或牌号。无牌中性包装主要是为了降低成本，节省费用，多用于半制成品或低值易耗品。定牌中性包装是为了扩大商标、牌名的知名度，扩大商品的销售市场，用于国外长期、大数额的订货。目前在我国的出口商品中，中性包装占有相当大的比重。

例 5-1

　　上海国际贸易有限公司（SHANGHAI INTERNATIONAL TRADE CO.LTD）主营服饰类产品，围巾、手套、帽子为其主打出口产品。现有一批围巾出口欧洲公司，以下为外方的包装指示。

EUROMODA
Packing Instructions

| Order No.: SS2022-SIT01 | Feb. 25, 2022 |

Packing: One pc of scarf in one pp bag, one dozen of scarves in one big pp bag, 10 dozen of scarves in one carton, totally 100 cartons for 1000 dozen scarves. Each dozen of scarves should be assorted packing, the 6 colors of blue, purple, pink, green, white and black should be 2:2:2:2:2:2 in one dozen in one big pp bag. Each price tag with barcode should be printed according to our request later and attached to each scarf.

Shipping Mark: 　　EUROMODA

　　　　　　　　　BARCELONA

　　　　　　　　　NO.X/100（X=1-100）

Cost: All packing costs are for seller's account.

微课
包装条款

五、合同中的包装条款

1. 考虑商品的特性、形状与运输方式

　　商品的不同特性、形状和使用不同的运输方式，对包装的要求也不相同。因此，在商定包装条件时，必须从商品在储运和销售过程中的实际需要出发，包装科学、经济、牢固美观，并达到安全、适用和适销的要求。

2. 规定要具体明确

　　买卖合同中包装条款的内容一般包括包装材料、包装方式、包装商品的数量或重量。例：

木箱包装，每箱 100 千克净重

In wooden cases of 100 kg net each

3. 订立包装条款的注意事项

（1）规定包装时应明确、具体，不宜采用海运包装（seaworthy packing）、习惯包装（customary packing）等含糊其词的词语。这种词语缺乏统一的解释，容易引起贸易纠纷。

（2）为了履行合同，应考虑世界各国对包装的特殊要求，考虑交易方的风俗习惯、贸易惯例等，避免引发工业产权争议和侵权行为。

（3）在包装条款中明确所用的包装方式和包装材料。

（4）包装条款中应规定所用的运输标志。

（5）包装条款中应明确规定包装费用。

❖ 职业判断

包装不符，买方有权拒收吗？

案例资料：

我国某进出口贸易有限公司出口至俄罗斯黄豆一批，合同的数量条款规定：每袋净重100千克，共1 000袋，合计100公吨。货抵俄罗斯后，经检验，黄豆每袋仅重96千克，1 000袋合计96公吨。适逢黄豆价格下跌，俄罗斯客户以单货不符为由提出降价5%的要求，否则拒收。

问题：买方的要求是否合理，为什么？

第四节　制定商品价格条款

国际贸易所涉及的方面远多于国内贸易，构成其成本的环节很多，价格组成也十分复杂，这是因为国际贸易具有线长、面广、环节多和风险大等特点。在长期贸易实践中形成的国际贸易术语可以较好且清晰地表达价格的成本构成及买卖双方的风险责任划分；商品的档次、运输状况、成交数量及支付条件等都会影响价格的高低。而同时，价格又是关系买卖双方利益的重要内容，也是合同中的核心部分，所以商品价格条款的制定，在贸易合同中的地位显得尤为重要。

一、国际贸易术语概述

1. 国际贸易术语的含义与作用

国际贸易术语（trade terms），又称价格术语（price terms），是进出口商品价格的一个重要组成部分。国际贸易术语是用一个简短的概念或三个英语字母的缩写，来说明交货地点，商品的价格构成，买卖双方有关责任、费用和风险的划分，确定卖方交货和买方接货的应尽义务。

国际贸易术语的作用有两个：第一，确定交货条件，即说明买卖双方在交接货物方面彼此承担责任、费用和风险的划分；第二，表示成交商品的价格构成因素，特别是货价中所包含的从属费用。

不同的国际贸易术语表明买卖双方各自承担不同的责任、费用和风险，而责任、费用和风险的大小会影响成交商品的价格。由于其价格构成因素不同，所以成交价格应有所区别。国际贸易术语具有两重性，一方面表示交货条件，另一方面表示成交价格的构成因素。这两者是紧密相关的。

国际贸易的买卖双方在确定价格条件时使用国际贸易术语，既可以节省交易磋商的时间和费用，又可以简化交易磋商和买卖合同的内容，有利于交易的达成和履约中争议的解决。

2. 有关国际贸易术语的国际贸易惯例

国际贸易术语是在长期贸易实践中形成的习惯做法，经过某些国际组织的编撰和解释，形成国际贸易惯例。目前，在国际上有较大影响的有关国际贸易术语的惯例有以下三个：

（1）《1932 年华沙－牛津规则》（Warsaw-Oxford Rules 1932，简称 W. O. Rules 1932）。该规则由国际法协会制定，共 21 条，主要说明 CIF 买卖合同的性质，并具体规定了买卖双方所承担的责任费用和风险，以及所有权转移的方式。

（2）《1941 年美国对外贸易定义修订本》（Revised American Foreign Trade Definitions 1941）。《1941 年美国对外贸易定义修订本》是由美国九大商业团体制定的，对以下六种术语做了解释：

① EX（point of origin）——产地交货。

② FOB（free on board）——运输工具上交货。FOB 又分为六种，其中第五种为装运港船上交货价，即 FOB vessel（named port of shipment）。

③ FAS（free along side）——在运输工具旁边交货。

④ C&F（cost and freight）——成本加运费。

⑤ CIF（cost, insurance and freight）——成本、保险费加运费。

⑥ Ex Dock（named port of importation）——目的港码头交货。

该惯例在北美国家影响较大，在与采用该惯例的国家进行贸易时，要特别注意与其他惯例的差别，买卖双方应在合同中明确规定贸易术语所依据的惯例。

（3）《国际贸易术语解释通则 2020》（Incoterms®2020）。《国际贸易术语解释通则》（International Rules for the Interpretation of Trade Terms），是国际商会为了统一对各种国际贸易术语进行解释而制定的，经过多次修订。目前通用的是《国际贸易术语解释通则 2020》，简称《2020 年通则》，于 2020 年 1 月 1 日正式生效。

二、国际贸易术语解释通则 2020

该版本的国际贸易术语，适应了当代国际贸易中因集装箱运输和电子数据交换方式所带来的重大变革，具有以下三个特点：

1. 贸易术语分为 11 组

《2020 年通则》共解释了 11 种国际贸易术语，根据国际贸易术语开头字母和卖方义务的不同类型，分为 E、F、C、D 四组，见表 5-1。

微课
贸易术语的
分类

表 5-1 《2020 年通则》国际贸易术语一览表

组别	性质	国际代码	含义		交货地点	运输方式
			英文	中文		
E 组	启运术语	EXW	Ex Works	工厂交货	商品所在地	任何
F 组	主运费未付术语	FCA	Free Carrier	货交承运人	出口国指定地点	任何
		FAS	Free alongside Ship	装运港船边交货	装运港船边	水上
		FOB	Free on Board	装运港船上交货	装运港船上	水上
C 组	主运费已付术语	CFR	Cost and Freight	成本加运费	装运港船上	水上
		CIF	Cost Insurance and Freight	成本、保险费加运费	装运港船上	水上
		CPT	Carriage Paid to	运费付至	出口国指定地点	任何
		CIP	Carriage and Insurance Paid to	运费和保险费付至	出口国指定地点	任何

组别	性质	国际代码	含义		交货地点	运输方式
			英文	中文		
D 组	到达术语	DAP	Delivered at Place	目的地交货	指定目的地	任何
		DPU	Delivered at Place Unloaded	目的地卸货后交货	指定目的地	任何
		DDP	Delivered Duty Paid	完税后交货	指定目的地	任何

《2020 年通则》国际贸易术语及分类如表 5-2 所示。

表 5-2 《2020 年通则》贸易术语及分类

	适用于任一或多种运输方式的规则 Rules for any Mode or Modes of Transport	第二类	适用于海运和内河水运的规则 Rules for Sea and Inland Waterway Transport
第一类			
EXW	Ex works 工厂交货（填入指定交货地点）	FAS	Free alongside Ship 装运港船边交货（填入指定装运港）
FCA	Free Carrier 货交承运人（填入指定交货地点）	FOB	Free on Board 船上交货（填入指定装运港）
CPT	Carriage Paid to 运费付至（填入指定目的地）	CFR	Cost and Freight 成本加运费（填入指定目的港）
CIP	Carriage and Insurance Paid to 运费和保险费付至（填入指定目的地）	CIF	Cost Insurance and Freight 成本、保险费加运费（填入指定目的港）
DAP	Delivered at Place 目的地交货（填入指定目的地）		
DPU	Delivered at Place Unloaded 目的地卸货后交货（填入指定目的地）		
DDP	Delivered Duty Paid 完税后交货（填入指定目的地）		

2. 对买卖双方义务进行重新划分

《2020 年通则》对买卖双方的义务各列了 10 项，在编排上将卖方义务和买方义务逐项间隔排列，上下对照。在 10 项义务之首分别加注"A 卖方义务　B 买方义务"，在每条具体义务前，则分别加注"卖方必须……"和"买方必须……"。

（1）《2020 年通则》中六种主要的国际贸易术语

在进出口贸易中，FOB、CFR、CIF 和 FCA、CPT、CIP 是六种常见的国际贸易术语。因此，熟练掌握这六种主要的国际贸易术语中买卖双方的权利和义务，以及在使用中应注意的事项尤为重要，尤其是在国际贸易实务中使用频率最高的前三种贸易术语。在国际贸易实务操作中，至少有 80% 以上的交易是采用这三种国际贸易术语完成的。原因是：第一，这三种国际贸易术语属于象征性交货（即交货于运输工具上，并不实际交付收货人），卖方比较容易控制交货；第二，这三种国际贸易术语对于双方的责任和风险划分比较均衡，较之其他国际贸易术语更容易被买卖双方接受。

① FOB, free on board（···named port of shipment）——装运港船上交货（······指定装运港），是指当货物在指定装运港口被装上船时，卖方即完成交货。

按照《2020 年通则》的解释，在 FOB 术语下，买卖双方的主要义务如下：

A. 卖方的主要义务。卖方必须提供符合销售合同约定的货物和商业发票，以及合同可能要求的其他与合同相符的证据；卖方提供的任何单据，根据双方约定可以是纸质或电子形式，如果没有约定，则按照惯常做法提供；卖方必须在买方指定的装运港内的装货点（如有），以将货物置于买方指定的船上、或以取得已经如此交付的货物的方式交货；除根据 B3 的灭失或损坏情况外，卖方承担按照 A2 完成交货前货物灭失或损坏的一切风险；卖方必须自付费用向买方提供已按照 A2 交货的通常证明；出口清关，协助进口清关；卖方必须支付为了按照 A2 交货所需要进行的查验费用（如查验品质、丈量、计重、点数的费用）；卖方必须就其已按照 A2 完成交货或船舶未在约定时间内提货，给予买方充分通知。

B. 买方的主要义务。买方必须按照销售合同约定支付货物价款；买方提供的任何单据，根据双方约定可以是纸质或电子形式，如果没有约定，则按照惯常做法提供；当卖方按照 A2 完成交货时，买方必须提取货物；买方承担按照 A2 交货时起货物灭失或损坏的一切风险；除非卖方按照 A4 的规定订立了运输合同，否则，买方必须自付费用订立自指定装运港起的货物运输合同；买方对卖方没有订立保险合同的义务；买方必须接受按照 A6 提供的交货证明；协助出口清关，进口清关；买方必须支付按照 A2 完成交货之时起与货物相关的所有费用，按照 A9 应由卖方支付的费用除外；买方必须就任何运输相关的安全要求、船舶的名称、装货点以及约定期限内所选择的交货时间（如有）给予卖方充分通知。

FOB 术语下买卖双方的风险责任划分如图 5-7 所示。

使用 FOB 国际贸易术语应注意船货衔接问题。在买卖合同中，卖方的基本义务是交付符合合同的货物。以 FOB 国际贸易术语成交的合同属于装运合同，卖方应按照合

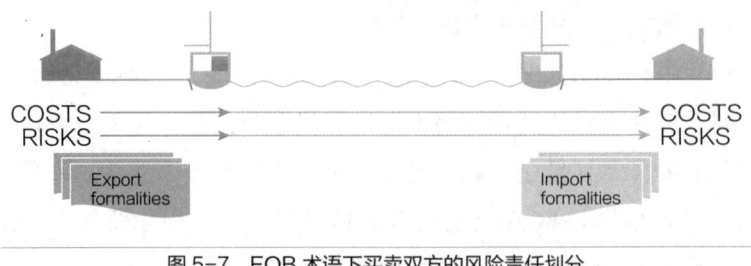

图 5-7　FOB 术语下买卖双方的风险责任划分

同规定的装船期和装运港，将货物装上船。但这一术语中订立运输合同，安排船只是买方的义务，买方应租船订舱，将船名、装船时间等及时通告卖方，以便卖方备货装船。这就存在船货衔接的问题，如果处理不好这一问题，发生货等船或船等货的现象，就会影响合同的履行。

按照有关法律和惯例对买卖双方义务的规定，如果买方按期派船到装运港并给予了卖方充分的通知，而卖方因货未备妥未能及时装运，则卖方应承担未按合同履约的后果，包括承担空舱费（Dead Freight）或滞期费（Demurrage）；如果买方延迟派船导致卖方不能按合同规定的时间装船交货，则买方承担由此产生的损失和费用。

② CFR, cost and freight（…named port of destination）——成本加运费（……指定目的港）。

按照《2020 年通则》的解释，在 CFR 术语下，买卖双方的主要义务如下：

A. 卖方的主要义务。卖方必须提供符合销售合同约定的货物和商业发票，以及合同可能要求的其他与合同相符的证据；卖方提供的任何单据，根据双方约定可以是纸质或电子形式，如果没有约定，则按照惯常做法提供；卖方必须以将货物装上船，或者以取得已经如此交付的货物的方式交货；在这两种情况下，卖方均必须在约定日期或期限内，按照该港口的习惯方式交货；除按照 B3 的灭失或损坏情况外，卖方承担按照 A2 完成交货前货物灭失或损坏的一切风险；卖方必须签订或取得运输合同，将货物自交货地内的约定交货点（如有），运送至指定目的港，或位于该港内的任何交货点（如已约定）；卖方必须承担费用，向买方提供运至约定目的港的通常运输单据；出口清关，协助进口清关；卖方必须向买方发出已按照 A2 完成交货的通知；卖方必须向买方发出买方收取货物任何所需通知以便买方收取货物。

B. 买方的主要义务。买方必须按照销售合同约定支付货物价款；买方提供的任何单据，根据双方约定可以是纸质或电子形式，如果没有约定，则按照惯常做法提供；当卖方按照 A2 交货时，买方必须提取货物，并在指定目的港自承运人处收取货物；买方承担按照 A2 交货时起货物灭失或损坏的一切风险；协助出口清关，进口清关；

微课
CFR、CIF

如果运输单据与合同相符，买方必须接受按照 A6 提供的运输单据；无论何时根据约定，买方有权决定运输时间及 / 或指定目的港的收货点，买方必须给予卖方充分通知。

CFR 术语与 FOB 术语的不同之处在于：其一，由卖方负责租船订舱并支付费用。按照《2020 年通则》的解释，卖方只需按照通常条件租船订舱，经习惯航线运送货物；其二，关于运输单据，CFR 术语规定，应由卖方自行承担费用，除非另有约定，卖方应提交可以转让的海运提单或者可以使买方得以通知承运人的方式出售在途货物；而 FOB 则无此要求，可以提交海运提单，也可以提交不可转让的海运提单。

CFR 在货物装船、风险转移、办理进出口手续和接单付款方面，买卖双方的义务和 FOB 是相同的。

CFR 术语下买卖双方的风险责任划分如图 5-8 所示。

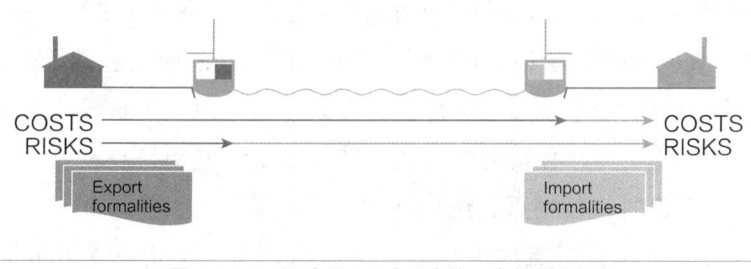

图 5-8　CFR 术语下买卖双方的风险责任划分

🔷 职业判断

案例背景：2020 年 3 月，新冠疫情在全球暴发，中国 A 公司以 CFR 贸易术语与意大利 B 公司签订了一份医用口罩出口合同，合同规定装运时间为 3 月 15 日前，该公司已备妥货物，并于 3 月 8 日完成装货。由于星期日休息，该公司业务员未及时向买方发出装运通知，导致买方未能及时办理投保手续，而货物在 3 月 8 日晚发生火灾，部分货物损毁。由于 B 公司急需医用口罩为本国疫情所用，A 公司高层领导十分重视，考虑到与 B 公司的长期友好贸易合作关系，专门召开会议研究，决定按照合同数量规定立即紧急采购调拨货物并按时发货。

问题：（1）货物损毁责任由哪一方承担？为什么？

　　　（2）A 公司的做法是否妥当？为什么？

③ CIF, cost, insurance and freight（…named port of destination）——成本加保险费加运费（……指定目的港）。

按照《2020 年通则》的解释，在 CIF 术语下，买卖双方的主要义务如下：

A. 卖方的主要义务。卖方必须提供符合销售合同约定的货物和商业发票，以及合同可能要求的其他与合同相符的证据；卖方提供的任何单据，根据双方约定可以是纸质或电子形式，如果没有约定，则按照惯常做法提供；卖方必须以将货物装上船，或者以取得已经如此交付的货物的方式交货；卖方必须签订或取得运输合同，将货物自交货地内的约定交货点（如有），运送至指定目的港，或位于该港内的任何交货点（如已约定）；卖方必须遵守运送至目的地过程中任何与运输有关的安全要求；除非另有约定或特定贸易中的习惯做法，卖家须自付费用取得货物保险；卖方必须承担费用，向买方提供运至约定目的港的惯常运输单据；出口清关，协助进口清关；卖方必须向买方发出已按照 A2 完成交货的通知；卖方必须向买方发出买方收取货物任何所需的通知以便使买方收取货物。

B. 买方的主要义务。买方必须按照销售合同约定支付货物价款；买方提供的任何单据，根据双方约定可以是纸质或电子形式，如果没有约定，则按照惯常做法提供；当卖方按照 A2 交货时，买方必须提取货物，并在指定目的港自承运人处收取货物；买方承担按照 A2 交货时起货物灭失或损坏的一切风险；如买方未按照 B10 发出通知，则买方承担自约定交货日期或约定交货期限届满之时起的货物灭失或损坏的一切风险，但以该货物已清楚地确定为合同项下货物为前提条件；如果运输单据与合同相符，买方必须接受按照 A6 提供的运输单据；协助出口清关，进口清关；无论何时根据约定，买方有权决定运输时间及／或指定目的港的收货点，买方必须给予卖方充分通知。

CIF 与 CFR 的不同之处在于：以 CIF 方式成交，卖方还承担为货物办理运输保险并支付保险费的义务。在 FOB 和 CFR 中，由于买方是为自己所承担的运输风险而办理保险，因而不构成一种义务。按照《2020 年通则》的解释，卖方应在不迟于货物装上船时，办理货运保险。在合同无明示时，卖方可按保险条款中最低责任的险别投保，保险金额一般为 CIF 价格的 110%。

CIF 术语下买卖双方的风险责任划分如图 5-9 所示。

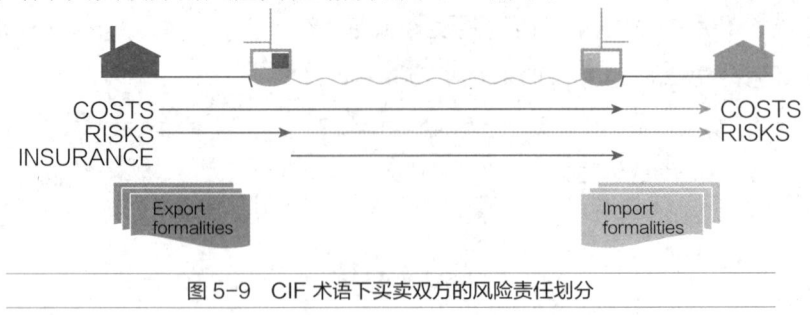

图 5-9　CIF 术语下买卖双方的风险责任划分

FOB、CFR、CIF 贸易术语的相同点：

一是适用的运输方式，三种术语都只适用于海运或内河运输；二是交货地点，三种术语都在装运港船上完成交货；三是风险划分界限，三种术语都以货物交到船上划分风险。

FOB、CFR、CIF 贸易术语的不同点：一是责任，FOB 术语下，卖方只负责将货物交至指定装运港船上；CFR 术语下，卖方不仅负责将货物交至指定装运港船上，而且负责办理出口货物运输；CIF 术语下，卖方不仅负责将货物交至指定装运港船上，而且负责办理出口货物运输和保险。二是费用，FOB 术语下，卖方不承担出口运费、保险费；CFR 术语下，卖方承担出口运费；CIF 术语下，卖方承担出口运费、保险费。三是价格构成，FOB 术语下，价格为成本价；CFR 术语下，价格为成本加运费；CIF 术语下，价格为成本、保险费加运费。

④ FCA, free carrier（…named place）——货交承运人（……指定地点），指卖方在指定地点将经出口清关的货物交给买方指定的承运人，即完成了交货义务。

微课
FCA、CPT

《2020 年通则》对 FCA 术语卖方如何完成其交货义务归纳为两种不同的情况：

第一，卖方必须在指定地或指定点（如有），向买方指定的承运人（或其他人）交付货物，或以取得已经如此交付货物的方式交货。

第二，如果买方未在指定交货地内的特定交货点，且有数个交货点可用，则卖方可以选择最符合其目的的交货点。

按照《2020 年通则》的解释，在 FCA 术语下，买卖双方的主要义务如下：

A. 卖方的主要义务。卖方必须提供符合销售合同约定的货物和商业发票，以及合同可能要求的其他与合同相符的证据；卖方提供的任何单据，根据双方约定可以是纸质或电子形式，如果没有约定，则按照惯常做法提供；卖方必须在指定地或指定点（如有），向买方指定的承运人（或其他人）交付货物，或以取得已经如此交付货物的方式交货；卖方必须自付费用向买方提供已按照 A2 交货的通常证明；出口清关，协助进口清关；卖方必须支付为了按照 A2 交货所需要进行的查验费用；卖方必须就其已按照 A2 完成交货或买方指定的承运人或其他人未在约定期限内提货的情况给予买方充分通知。

B. 买方的主要义务。买方必须按照销售合同约定支付货物价款；买方提供的任何单据，根据双方约定可以是纸质或电子形式，如果没有约定，则按照惯常做法提供；当卖方已按照 A2 完成交货时，买方必须提取货物；买方承担按照 A2 交货时起货物灭失或损坏的一切风险；除非卖方根据 A4 订立运输合同，否则，买方必须自付费用订立运输合同或安排从指定交货地开始的货物运输；买方必须接受已按照 A2 完成交货的证据；协助出口清关，进口清关。

FCA 术语下买卖双方的风险责任划分如图 5-10 所示。

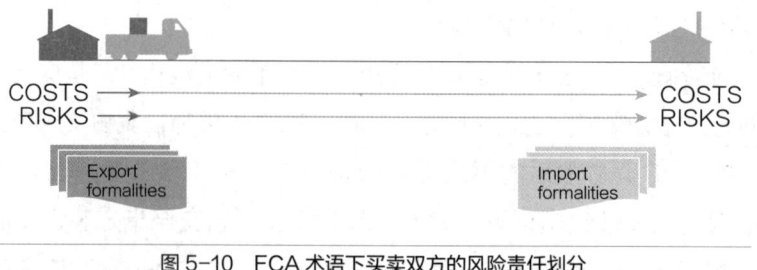

图 5-10　FCA 术语下买卖双方的风险责任划分

⑤ CPT, carriage paid to（…named place of destination）——运费付至（……指定目的地），指当货物已被交给由卖方指定的承运人时，卖方即完成了交货义务。但卖方还必须支付将货物运至指定目的地所需的运费。

按照《2020 年通则》的解释，在 CPT 术语下，买卖双方的主要义务如下：

A. 卖方的主要义务。卖方必须提供符合销售合同约定的货物和商业发票，以及合同可能要求的其他与合同相符的证据；卖方提供的任何单据，根据双方约定可以是纸质或电子形式，如果没有约定，则按照惯常做法提供；卖方必须以将货物交给按照 A4 订立合同的承运人或以取得已经如此交付的货物的方式交货；卖方必须签订或取得运输合同，将货物自交货地内的约定交货点（如有），运送至指定目的地，或位于该目的地的任何交货点（如已约定）；卖方必须遵守运至目的地过程中任何与运输有关的安全要求；依惯例或应买方要求，卖方必须承担费用，向买方提供其按照 A4 订立的运输合同项下的通常运输单据；出口清关，协助进口清关；卖方必须向买方发出已按照 A2 完成交货的通知；卖方必须向买方发出任何所需通知以便买方收取货物。

B. 买方的主要义务。买方必须按照销售合同约定支付货物价款；买方提供的任何单据，根据双方约定可以是纸质或电子形式，如果没有约定，则按照惯常做法提供；当卖方按照 A2 交货时，买方必须提取货物，并在指定目的地或在该地方内约定地点自承运人处收取货物；买方承担按照 A2 交货时起货物灭失或损坏的一切风险；如果运输单据与合同相符，买方必须接受按照 A6 提供的运输单据；协助出口清关，进口清关；无论何时根据约定，当买方有权决定发货时间及 / 或指定目的地的收货点时，买方必须给予卖方充分通知。

CPT 术语下买卖双方的风险责任划分如图 5-11 所示。

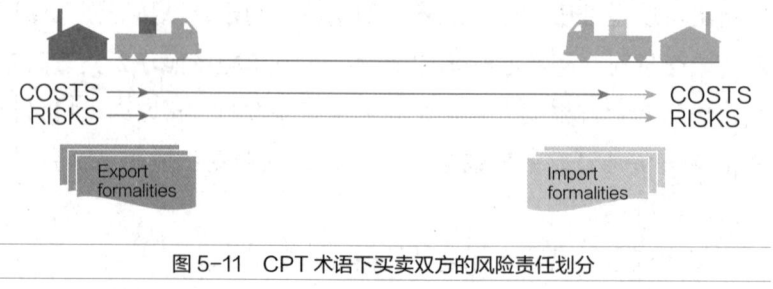

图 5-11　CPT 术语下买卖双方的风险责任划分

⑥ CIP, carriage and insurance paid to（…named place of destination）——运费和保险费付至（……指定目的地），指卖方除了必须承担在 CPT 术语下同样的义务外，还必须负责办理货物运输保险，并支付保险费。

按照《2020 年通则》的解释，在 CIP 术语下，买卖双方的主要义务如下：

A. 卖方的主要义务。卖方必须提供符合销售合同约定的货物和商业发票，以及合同可能要求的其他与合同相符的证据；卖方提供的任何单据，根据双方约定可以是纸质或电子形式，如果没有约定，则按照惯常做法提供；卖方必须以将货物交给按照 A4 订立合同的承运人或以取得已经如此交付的货物的方式交货；除 B3 的灭失或损坏情况外，卖方承担按照 A2 完成交货前货物灭失或损坏的一切风险；卖方必须签订或取得运输合同，将货物自交货地内的约定交货点（如有）运送至指定目的地，或位于该目的地的任何交货点（如已约定）；除非另有约定或在特定贸易中的习惯做法，卖家须自付费用取得货物保险；依惯例或应买方要求，卖方必须承担费用，向买方提供其按照 A4 订立的运输合同项下的通常运输单据；出口清关，协助进口清关；卖方必须向买方发出已按 A2 完成交货的通知；卖方必须向买方发出任何所需通知以便买方收取货物。

B. 买方的主要义务。买方必须按照销售合同约定支付货物价款；买方提供的任何单据，根据双方约定可以是纸质或电子形式，如果没有约定，则按照惯常做法提供；当卖方按照 A2 交货时，买方必须提取货物，并在指定目的地或在该地方内约定地点自承运人处收取货物；买方承担按照 A2 交货时起货物灭失或损坏的一切风险；如果运输单据与合同相符，买方必须接受按照 A6 提供的运输单据；协助出口清关，进口清关；无论何时根据约定，买方有权决定发货时间及／或指定目的地的收货点时，买方必须给予卖方充分通知。

CIP 术语下买卖双方的风险责任划分如图 5-12 所示。

FCA、CPT、CIP 贸易术语的相同点：一是适用的运输方式，三种术语都适用于任何运输方式，包括多式联运。二是风险划分界限，三种术语都是货交承运人。

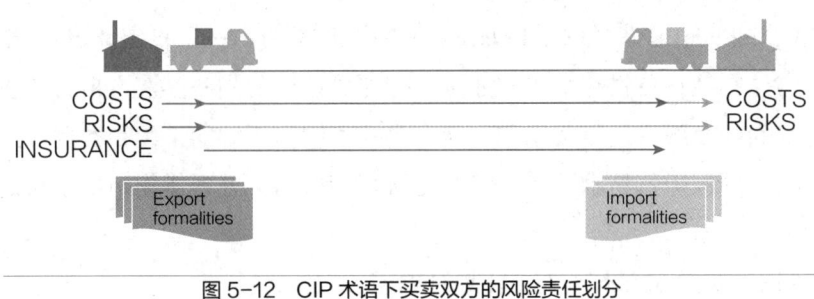

图 5-12　CIP 术语下买卖双方的风险责任划分

FCA、CPT、CIP 贸易术语的不同点主要是责任、费用承担及价格构成不同。FCA 术语下，卖方不负责办理货物运输保险，不承担相应费用，价格中不包含出口运费和保险费。CPT 术语下，卖方办理货物运输并支付运费，价格中包含运费，CIP 术语下，卖方办理运输保险并支付运费、保险费，价格中包含运费、保险费。

后三种国际贸易术语不仅适用于海运和内河运输，而且适用于航空运输、铁路运输、公路运输及其多式联运；买卖双方的交货地点是出口国某一指定地点；风险划分以货交承运人为界；进出口手续类似于 FOB、CFR 和 CIF，它们均属于装运合同。

FCA、CPT、CIP 与传统的 FOB、CFR、CIF 相比较，有以下三个共同点：

第一，它们都是象征性交货。相应的买卖合同均为装运合同。

第二，它们都由出口方负责出口报关，进口方负责进口报关。

第三，买卖双方所承担的运输、保险责任相互对应。即 FCA 和 FOB 一样，由买方办理运输；CPT 和 CFR 一样，由卖方办理运输；而 CIP 和 CIF 一样，由卖方承担办理运输和保险的责任并支付费用。

这两类贸易术语的主要不同点在于：

第一，适合的运输方式不同。FCA、CPT、CIP 适用于各种运输方式，而 FOB、CFR、CIF 只适用于海运和内河运输方式。

第二，交货地点和风险划分界限不同。FCA、CPT、CIP 术语下，交货地点由于运输方式的不同而不同；买卖双方的责任、费用和风险划分以"货交承运人"为界。而传统的国际贸易术语，其交货地点都在装运港船上；风险划分则以"货物在装运港被装上船时"为界。

第三，装卸费用负担不同。FCA、CPT、CIP 术语本身已经明确说明，因而不存在需要使用国际贸易术语变形的问题，而传统的国际贸易术语却有国际贸易术语的变形。

第四，运输单据性质不同。海运提单具有物权凭证的性质，可以转让；而公路运单、航空运单和铁路运单等不具有这一性质。CFR 和 CIF 术语强调了所提交运输单据应为可转让海运提单，而 CPT 和 CIP 则无此要求（即使在海运方式中）。

(2)《2020 年通则》中其他五种贸易术语

① EXW, ex works（…named place）——工厂交货（……指定地点），指卖方在其商品的产地或储存地将货物交由买方处置，即完成了交货义务。买方自行负责将货物装运，并承担其间的全部责任、费用和风险，包括货物出入境的手续和费用。此术语是卖方承担义务最少的国际贸易术语，当买方无法直接或间接办理货物出境手续时，则不宜采用这一术语。

EXW 术语下买卖双方的风险责任划分如图 5-13 所示。

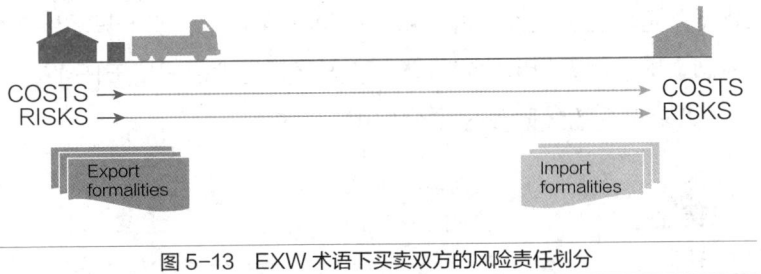

图 5-13　EXW 术语下买卖双方的风险责任划分

② FAS, free alongside ship（…named port of shipment）——船边交货（……指定装运港），指卖方负责将货物交至装运港买方指定的船边。若买方所派船只不能靠岸，卖方应负责用驳船把货物运至船边，卖方在船边完成交货义务，风险责任同时转移。由买方负责装船手续和费用，由卖方办理出口报关手续，卖方的交单义务与 FOB 相同。

FAS 术语下买卖双方的风险责任划分如图 5-14 所示。

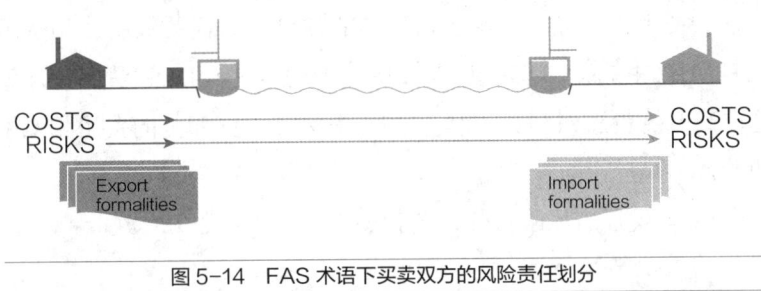

图 5-14　FAS 术语下买卖双方的风险责任划分

③ DAP, delivered at place (...named place of destination)——目的地交货（……在指定目的地），是指卖方在指定的目的地交货，本术语下卖方只需做好卸货准备，无须卸货即完成交货。卖方承担将货物运至指定目的地的运输风险和费用。该国际贸易术语适用于任何运输方式。

DAP 术语下买卖双方的风险责任划分如图 5-15 所示。

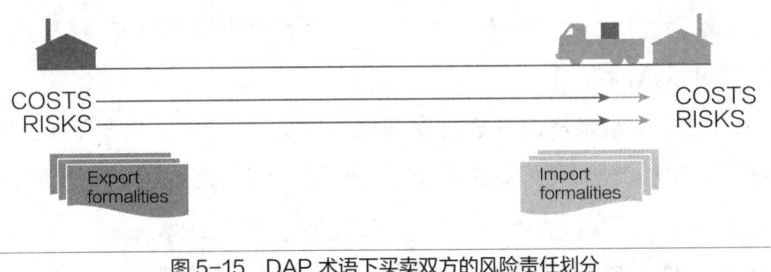

图 5-15　DAP 术语下买卖双方的风险责任划分

④ DPU, delivered at place unloaded——目的地卸货后交货（……任何具有卸货能力目的地或目的港的集散站），是指卖方在指定的目的地卸货后完成交货。卖方承担将货物运至指定目的地的运输风险和费用。DPU 与 DAP 的主要差异是：在 DPU 条件下，卖方需要承

担把货物由卸货地从运输工具上卸下的费用；在 DAP 条件下，卖方只需要在指定目的地把货物处于买方控制之下，而无须承担卸货费。该国际贸易术语适用于任何运输方式。

DPU 术语下买卖双方的风险责任划分如图 5-16 所示。

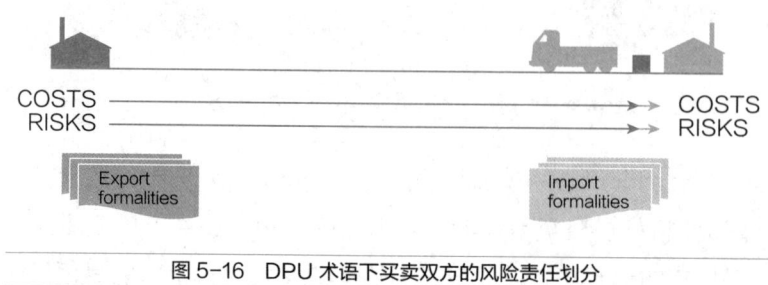

图 5-16　DPU 术语下买卖双方的风险责任划分

⑤ DDP，delivered duty paid (...named place of destination)——完税后交货 (⋯⋯指定目的地)，是指卖方将货物运至进口国的指定地点，交由买方处置。卖方还应承担交货前的一切责任、费用和风险，其中包括可能的货物进口报关的手续和费用，以及支付的进口关税和其他应纳税款。DDP 和 DPU 的主要差异是：DDP 是出口方负责进口清关手续，DPU 是进口方负责进口清关手续；DDP 是买方负责卸货的费用和风险，DPU 是卖方负责卸货的费用和风险。

DDP 术语下买卖双方的风险责任划分如图 5-17 所示。

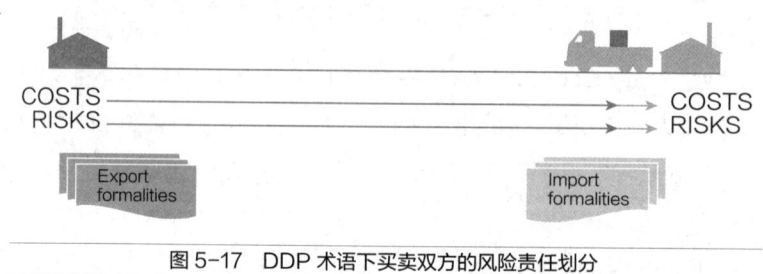

图 5-17　DDP 术语下买卖双方的风险责任划分

该国际贸易术语适用于各种运输方式，实际业务中货物均以集装箱方式装载。

（3）国际贸易术语的选用

① 考虑货源情况。如果货源地靠近沿海地区，则可考虑选用适合水上运输（注：水上运输包括海上运输）的国际贸易术语成交。例如，山东是我国汽车轮胎出口大省，经常采用 FOB QINGDAO 术语。

② 考虑运输条件。国际贸易主要采用水运、空运、陆运等运输方式，其中，以水运中的海运为最主要的运输方式。但是我国某些内陆省份的出口则无法采用水运方式，亦无法采用适合水上运输的国际贸易术语成交。

③ 考虑运输风险。国际贸易货物运输距离远、时间长、风险大。正是由于上述原因，

所以 FOB、CFR 和 CIF 才成为双方责任和义务中较为折中、行业广泛接受的国际贸易术语。若采用其他国际贸易术语，要么卖方责任过大，要么买方责任过大，难以被广泛接受。

④ 理解优先原则。值得一提的是，术语不是法律，不具有强制性，它们是以当事人的"意思自治"为原则的。在实际操作中，法律优先于合同，合同优先于术语，即若有冲突，术语服从于合同，合同服从于法律。

3. 与《国际贸易术语解释通则 2010》相比的主要变化

相对于《2010 年通则》，《2020 年通则》充分考虑到近十年贸易领域出现的新变化，内容更清晰简洁，操作性和指导性进一步加强，更符合当前贸易实务的需要。《2020 年通则》的主要变化有以下几点：

微课
《国际贸易术语解释通则 2020》变化内容

（1）增加 FCA 术语下关于"已装船"提单的附加选项。如货物以 FCA 术语销售经由海运方式运输，卖方或买方可能需要已装船批注提单。FCA 术语下的交货在货物装船之前已经完成，无法确定卖方是否能够从承运人处获取已装船提单。根据运输合同，只有在货物实际装船后，承运人才可能有义务并有权签发已装船提单。《2020 年通则》FCA 中的 A6/B6 现在提供了一个附加选项。买方和卖方可以约定，买方将指示其承运人在货物装船后向卖方签发已装船提单，然后卖方有义务，通常通过银行，向买方提交该提单。卖方对买方也不承担运输合同条款的义务。如果卖方希望或需要已装船批注提单，FCA 术语 A6/B6 中的新的附加选项对该种单据做出了规定。

（2）费用划分条款的调整。在《2020 年通则》条款的新排序中，费用现显示在每条规则的 A9/B9 中。但是，除此重新排序外，Incoterms® 规则中不同术语中各条款划分的各种费用传统上出现在 Incoterms® 规则中每个术语的不同部分。《2020 年通则》中，相当于 A6/B6 的条款，即 A9/B9 现在列出了由 Incoterms® 规则每一特定术语划分的所有费用。《2020 年通则》中的 A9/B9 比《2010 年通则》中的 A6/B6 篇幅更长。

（3）在 CIP 和 CIF 术语下，设置不同层级的保险险别。《2010 年通则》的 CIF 和 CIP 的 A3 条款均强制规定卖方有义务"自付费用取得货物保险，该保险需至少符合《协会货物保险条款》（Institute Cargo Clauses, LMA/IUA，劳合社市场协会 / 伦敦国际承保人协会）条款（C）或类似的最低险别的条款"。《协会货物保险条款》条款（C）承保分项除外责任之外列明的风险；而《协会货物保险条款》（A）款则承保"一切险"，但同样排除分项除外责任。《2020 年通则》在 CIF Incoterms® 规则和 CIP Incoterms® 规则中规定不同的最低险别。CIF 术语更可能用于海运大宗商品贸易，但维持《协会货物保险条款》条款（C）作为默示立场的现状，当然双方当事人仍可以自由商定较高的保险险别。CIP Incoterms® 术语，卖方现在必须取得符合《协会货物保险条款》条款（A）的保险险别，尽管双方当事人当然仍可以自由商定较低的保险险别。

（4）在 FCA、DAP、DPU、DDP 中使用卖方或买方自己的运输工具安排运输。《2010年通则》始终设定，在货物由卖方运往买方的情况下，货物将依据具体使用的规则，由卖方或买方为此目的而雇佣的第三方承运人运输。《2020年通则》不仅明确允许订立运输合同，而且也允许仅安排必要的运输。

（5）将 DAT 三个首字母缩写改为 DPU。在《2010年通则》中，DAT 与 DAP 之间的区别在于，在 DAT 术语下，当货物从到达的运输工具卸载到"运输终端"时，卖方即完成交货；而在 DAP 术语下，当到达的运输工具上可供卸载的货物交由买方处置时，卖方即完成交货。国际商会决定对 DAT 和 DAP 做出两项修改。首先，这两个规则呈现的顺序被颠倒过来，交货发生在卸载之前的 DAP 现在出现在 DAT 之前；其次，DAT 规则的名称已被改为 DPU（Delivered at Place Unloaded），强调目的地可以是任何地方，而不仅仅是"运输终端"的现实。但是，如果该地点不在运输终端，卖方应确保其打算交付货物的地点是能够卸货的地点。

（6）在运输义务和费用中加入与安全有关的要求。由于与运输要求相关，与安全相关的义务的明确划分现已添加到每个 Incoterms ® 规则的 A4 和 A7 中。这些要求产生的费用现在在费用条款中，即 A9/B9，也占有更为突出的地位。

《2020年通则》与《2010年通则》基本义务对照如表 5-3 所示。

表 5-3 《2020年通则》与《2010年通则》基本义务对照表

基本义务	《2020年通则》	《2010年通则》
A1/B1	A1 General obligations （一般义务） B1 General obligations （一般义务）	A1 General obligations of the seller （卖方的一般义务） B1 General obligations of the buyer （买方的一般义务）
A2/B2	A2 Delivery （交货） B2 Taking delivery （提货）	A2 Licences, authorizations, security clearances and other formalities （许可证、批准、安全通关及其他手续） B2 Licences, authorizations, security clearances and other formalities （许可证、批准、安全通关及其他手续）
A3/B3	A3 Transfer of risks （风险转移） B3 Transfer of risks （风险转移）	A3 Contracts of carriage and insurance （运输合同与保险合同） B3 Contracts of carriage and insurance （运输合同和保险合同）
A4/B4	A4 Carriage （运输） B4 Carriage （运输）	A4 Delivery （交货） B4 Taking delivery （受领货物（接收货物））

基本义务	《2020 年通则》	《2010 年通则》
A5/B5	A5 Insurance （保险） B5 Insurance （保险）	A5 Transfer of risks （风险转移） B5 Transfer of risks （风险转移）
A6/B6	A6 Delivery/transport document （交货 / 运输单据） B6 Delivery/transport document （交货 / 运输单据）	A6 Allocation of costs （费用划分） B6 Allocation of costs （费用划分）
A7/B7	A7 Export/import clearance （出口 / 进口清关） B7 Export/import clearance （出口 / 进口清关）	A7 Notices to the buyer （通知买方） B7 Notices to the seller （通知卖方）
A8/B8	A8 Checking/packaging marking （查验 / 包装 / 标记） B8 Checking/packaging marking （查验 / 包装 / 标记）	A8 Delivery document （交货凭证） B8 Proof of delivery （交货证明）
A9/B9	A9 Allocation of costs （费用划分） B9 Allocation of costs （费用划分）	A9 Checking‐packaging‐marking （检查、包装、标志） B9 Inspection of goods （货物检验）
A10/B10	A10 Notices （通知） B10 Notices （通知）	A10 Assistance with information and related costs （信息帮助和相关费用） B10 Assistance with information and related costs （信息帮助和相关费用）

三、价格条款

1. 作价原则

我国进出口商品的作价原则是：在遵循平等互利的原则下，根据国际市场价格水平，结合国别和地区政策，并考虑购销意图来确定适当的进出口价格。

商品的国际市场价格是商品国际价值的表现，是在国际市场竞争中形成的。它是容

微课
价格条款

易被买卖双方接受的价格，也是确定进出口商品价格的根本依据。当然，国际贸易企业对于一些潜在的大客户可以采用长期策略来定价，而不是着眼于眼前的单纯一笔交易。

---

2. 影响成交价格的因素

（1）商品的质量和档次。商品质量和档次的高低对于成交价格有一定的影响。通常是质量好、档次高，则价格也高，即"一分钱、一分货"。例如，目前超市里开始普及的商品智能标签可以显示所包装商品的品质，如果商品变质，则标签的颜色就会发生变化，提醒消费者不要购买。这种标签的价格自然要高于传统的标签。

（2）运输状况。在一些交通便利的国家和地区，其进出口商品的价格自然比交通不便利的国家和地区要高些。因为运输成本终究将计算在进口商品的价格之内，即"羊毛出在羊身上"。例如，我国出口至捷克布拉格的商品大多经过德国汉堡港，所以 CIF Prague 自然要比 CIF Hamburg 的价格高。

（3）成交数量。一般的贸易习惯是成交数量越大，单价越低，即所谓批量折扣。任何卖家都希望单笔交易的数量较大，这样可以节省许多费用，例如开模费、制版费等可以摊薄。阿联酋迪拜的商人大多采用批量折扣进货，然后将货物化整为零地销售到周边地区市场。

（4）国际贸易术语。买卖双方所选用的国际贸易术语不同，价格自然不同。《2020 年通则》下国际贸易术语变现为价格时，从上至下逐步加大，即 EXW 价格最低而 DDP 价格最高。因为 EXW 卖方责任义务最小，相当于国内贸易中的买方上门提货；而 DDP 卖方责任义务最大，相当于国内贸易中的卖方送货上门。

（5）季节性需求的变化。在国际市场上，许多商品的销售季节是相对集中的。如果这类商品不能在销售季之前到货，那么其价值就会一落千丈。因此，在实务操作中要具有十分强烈的时间意识，避免季节性需求的变化所带来的损失。

（6）支付条件。在国际贸易中，买卖双方一般远隔千山万水，难以见面交易。"款到发货"是卖方最喜欢的付款条件，而"货到付款"是买方最青睐的付款方式。很显然，先收款的卖方将免除许多风险和费用，价格自然要比"货到付款"优惠许多，甚至可以达到 5% 左右的优惠。

3. 计价货币的选择

目前世界上有数百种货币，但是可以作为国际贸易计价货币的只有数十种，被我国银行普遍接受结汇的主要货币见表 5-4。只有当某种货币的发行国家或地区具备了相当的经济实力和国际影响力，该货币才可以作为国际贸易的计价货币并被广泛接受。

表 5-4　我国银行普遍接受的 9 种货币一览表

汉语名称	英语名称	符号及代码
人民币	RMB	￥
美元	United States Dollar	$,USD
欧元	European Dollar	€,EUR
日元	Japanese Yen	￥,JPY
英镑	Great British Pound	£,GBP
瑞士法郎	Confederation Helvetica Franc	CHF
加元	Canadian Dollar	CAN $,CAD
澳元	Australian Dollar	AU $,AUD
港元（港币）	Hong Kong Dollar	HK $,HKD

4. 价格术语的换算

（1）FOB、CFR 及 CIF 三种最常见国际贸易术语的价格构成。

FOB= 实际采购成本（或生产费用）+ 国内费用 + 净利润

CFR= 实际采购成本（或生产费用）+ 国内费用 + 国外运费 + 净利润

CIF= 实际采购成本（或生产费用）+ 国内费用 + 国外运费 + 国外保险费 + 净利润

（2）FOB、CFR 及 CIF 三种最常见国际贸易术语间的价格换算公式。

① FOB 价格换算成为其他价格。

$$CFR=FOB+ 运费$$

$$CIF= \frac{FOB+ 运费}{1- 投保加成[①] × 保险费费率}$$

微课
商品价格
核算与成
本核算

[①] 注：投保加成 =1+ 投保加成率

161

② CFR 价格换算成为其他价格。

$$FOB=CFR-运费$$

$$CIF=\frac{CFR}{1-投保加成×保险费费率}$$

③ CIF 价格换算成为其他价格。

$$FOB=CIF×（1-投保加成×保险费费率）-运费$$

$$CFR=CIF×（1-投保加成×保险费费率）$$

在国际保险市场上，按照惯例做法，国际货物运输保险的投保金额通常是按照 CIF 或 CIP 价格的 110% 来计算，即在 CIF 或 CIP 价格上再加一成（即 110%）投保，这 10% 就被称为"投保加成率"，主要作为买方的预期利润。而上述公式中所谓的"投保加成"就是 110%。

✖ 例 5-2

上海国际贸易有限公司与美国某公司以 FOB 价格达成皮鞋出口合同，请换算成 CFR 和 CIF 价格。

FOB NINGBO 2.5 美元 / 双，共 1 000 打皮鞋装一个 40 英尺的集装箱运往纽约，运费为 1 200 美元。保险加成一成投保一切险，保险费费率为 0.5%。（注：1 000 打为 12 000 双，单位运费为每双 0.1 美元）

$$CFR=FOB+运费=2.5+1\ 200/12\ 000=2.5+0.1=2.6（美元）$$

$$CIF=（FOB+运费）/（1-投保加成×保险费费率）$$

$$=CFR/（1-投保加成×保险费费率）$$

$$=2.6/（1-110\%×0.5\%）=2.6/0.994\ 5≈2.61（美元）$$

5. 佣金与折扣

（1）佣金（commission），又称手续费（brokerage），是买方（由买方委托中间商采购）或卖方（由卖方委托中间商推销）付给中间商的报酬。佣金的高低直接影响中间商的工作热情，也直接影响商品的销售价格，一般的佣金率在 3%~8%。

① 佣金的种类。按照公开程度，佣金分为明佣和暗佣两种。在价格中体现佣金的为明佣；在价格中看不出含佣，但实际上含佣的为暗佣；两者通称含佣价。暗佣表面上与净价没有区别，为了明确起见，一般在净价的国际贸易术语后加"Net"字样，一般贸易中以暗佣较为常见。

微课
佣金与折扣

按照收取对象，佣金分为卖方佣金、买方佣金和双头佣金三种，即中间商分别向卖方、买方和双方收取佣金。

② 佣金的表示方法。

用百分数表示，如：

每箱 25 美元 CFR 鹿特丹包括 2% 佣金。

USD25 per case CFR Rotterdam including 2% commission.

用字母"C"加数字（佣金率）表示，如：

每箱 25 美元 CFR 鹿特丹包括 2% 佣金。

USD25 per case CFRC　2 Rotterdam.

用绝对数表示，如：

每箱支付 0.5 美元佣金。

The commission is USD0.50 per case.

③ 佣金的计算。在实际业务中，一般把成交额作为计算佣金的基数，用公式表示为：

$$佣金额 = 含佣价 \times 佣金率$$

$$含佣价 = 净价 + 佣金额$$

或者：

$$含佣价 = \frac{净价}{1 - 佣金率}$$

✖ 例 5–3

我国某公司出口阿联酋迪拜一批手机，已报 CIF DUBAI 价格为每部 47.5 美元，现中间商要求改报 CIFC5。

CIF=47.5（美元）

CIFC5=CIF 净价 /（1- 佣金率）= 47.5/（1-5%）= 47.5/0.95 = 50（美元）

注：在 FOB、CFR 和 CIF 三种最常见的国际贸易术语成交的合同中，中间商最喜欢用 CIF 术语成交，并以此为基数计算佣金。因为以 CIF 术语为基数计算时，严格地讲，连运费和保险费都要向中间商支付佣金。

---

④ 佣金的支付。佣金的支付有以下三种方式：

第一，卖方收清货款后支付佣金。这种支付方式中间商收取佣金的前提是促成双方交易达成并完成货款支付，可以最大限度调动中间商的积极性。因此这是在佣金支付中最常见的方式，具体支付形式又分成月付、季付等。

第二，中间商在支付货款时直接扣除佣金。有些买方的货款支付是委托中间商完成的。在这种情况下，中间商为了掌握主动权，一般都直接在货款中扣除佣金，而卖方也可以免除收到货款后再支付佣金给中间商的手续，所以也乐于接受这种佣金支付方式，需要注意的是，避免佣金的重复支付。

第三，合同签订后即支付佣金。有些中间商，在促成双方交易达成时（合同签订后、货款支付前）即要求收取佣金。这种佣金支付方式是需要尽量避免的，因为一旦遇见合同违约不能执行时，已经支付出去的佣金很难追回。

按照惯例，在某些地区独家代理的情况下，如委托人同约定地区的其他客户达成交易，即使独家代理未经手，也需按照约定比例向其支付佣金。

❖ 职业判断

未约定佣金支付方式引发纠纷

我国某进出口贸易有限公司拟出口化妆品到欧洲某国。正好该国某中间商来函与该出口公司联系，表示愿意为推销化妆品提供服务，并要求每笔交易的成交金额给予佣金 5%。不久，经该中间商介绍，出口公司与当地进口商达成 CIFC5%、总金额 50 000 美元的交易，装运期为订约后 2 个月内从中国港口装运，并签订了销售合同。销售合同签订后，该中间商即来电要求我国该出口公司立即支付佣金 2 500 美元。我国该出口公司复电称：佣金需货物装运并收到全部货款后才能支付。于是双方发生了争议。

（2）折扣（discount）。指卖方按原价给予买方一定百分比的减让，即在价格上给予适当的优惠，一般由买方在付款时直接扣除。国际贸易中常用的折扣有品质折扣、数量折扣、季节折扣、现金折扣、特别折扣等。在国际贸易实务中，折扣主要是为了照顾广大老客户和大客户，稳定销售渠道，扩大销售数量等，需要针对不同客户，灵活运用各种折扣。

① 折扣的种类。折扣按其在价格条款中规定与否分为明扣和暗扣两种。在价格条款中明确规定的折扣称为明扣；在交易磋商中已达成，未在价格条款中规定的折扣称为暗扣。折扣直接影响价格，折扣率越高，价格越低。

② 折扣的表示方法。

用百分数表示，如：

每公吨 200 美元 CIF 汉堡包括 3% 折扣。

USD200 per M/T CIF Hamburg including（或用 less）3% discount.

用字母 D 或 R 加数字（折扣率）表示，如：

每公吨 200 美元 CIF 汉堡包括 3% 折扣。

USD200 per M/T CIFD3（或用 CIFR3）Hamburg.

用绝对数表示，如：

每公吨折扣 10 美元。

USD10.00 per M/T for discount.

③ 折扣的计算。折扣的表示方法及计算方式有很多种，最常用的计算方法是：

$$折扣 = 成交金额 \times 折扣率$$
$$折实售价 = 原价 \times （1 - 折扣率）$$

注意：一般折扣的计算基数是 FOB 价格，不是 CFR 或 CIF 价格，因为要求出口商就保险费和运费给予折扣是不合理的，这一点一般需要在价格条款中明确。但在实际操作中，也有在 CFR 或 CIF 价格基础上计算折扣的做法。

⊗ 例 5-4

我国某公司出口比利时一批汽车轮胎（1 个 40 英尺高柜），已报 FOB QINGDAO 价格为每条 55 美元，现外商可以加大采购量至原先的 3 倍（3 个 40 英尺高柜），要求报 FOBD2 价格。（注：厂家数量折扣原则为一次性采购增加 1 个 40 英尺高柜，提供 1% 折扣）。

FOB = 55（美元）

FOBD2 = FOB ×（1 - 折扣率）= 55 ×（1 - 2%）= 55 × 0.98 = 53.90（美元）

注：许多卖家都向买家提供一次性采购数量折扣，如订单金额超过 1 万美元（FOB 价值），提供 1% 的折扣；订单金额超过 2 万美元（FOB 价值），则提供 2% 的折扣；以此类推至上限。

---

④ 折扣的支付。折扣一般都是由买方直接从货款中扣除获得，少数情况下是卖方在收清全款后支付给买方。有些更为先进的做法是卖方在次年将上一年度应该给予买方的折扣以货款减免的形式发货给买方，相当于买方在次年获得了货款的直接减免。例如，上一年度卖方应给予买方的折扣累计是 2 000 美元，则卖方在次年第一个月的采购金额中直接给予买方 2 000 美元的货款减免。

6. 价格的表示及构成

(1) 价格的表示。价格可用单价和总值两种形式来表示。总值是单价和数量的乘积；单价由计价的数量单位、金额、计价货币和国际贸易术语四个部分组成。如 USD2.0/PC FOB SHANGHAI 就包含了以上四个部分，构成了一个完整的价格表示。

(2) 价格的构成。出口商品价格的构成包括成本、费用和利润三大要素。

① 成本。在实施出口退税制度的情况下，出口商在核算价格时，应将含税的采购成本中的税收部分根据退税率予以扣除，从而得出实际成本。

$$实际采购成本 = 含税进货成本 - 出口退税$$

$$出口退税 = \frac{含税进货成本}{1 + 增值税税率} \times 退税率$$

$$实际采购成本 = 含税进货成本 \times (1 + 增值税税率 - 退税率) / (1 + 增值税税率)$$

② 费用。费用包括国内费用和国外费用：

a. 国内费用，包括国内运费、认证费、仓储费、港杂费、商检费、贷款利息、业务费用、银行费用、报关费用等。

b. 国外费用，包括国外运费、保险费、佣金。

$$总费用 = 总国内费用 + 总国外费用$$

$$保险费 = CIF 报价 \times (1 + 保险加成率) \times 保险费费率$$

$$佣金 = 含佣价 \times 佣金率$$

③ 利润。

$$利润 = 出口总成本 \times 利润率$$

$$或 \quad 利润 = 报价 \times 利润率$$

✳ 例 5-5

我国某外贸公司购入 10 000 件衬衫用于出口，购入含税单价为 11.7 元人民币，增值税税率为 13%，出口退税率为 13%，国内费用合计为 2 000 元人民币。出口单价为 CIF Sydney USD2.20/PC，国外保险费为 110 美元，国外运费为 440 美元。问：本次贸易的总利润为多少？（1.00 美元 = 6.7 元人民币，计算结果用人民币表示。）

总收入 = 2.20 × 6.7 × 10 000 = 147 400（元）

总实际采购成本 = 11.7 × (1 + 13% - 13%) × 10 000 / (1 + 13%) = 103 539.82（元）

总费用 = 总国内费用 + 总国外费用 = 2 000 + 550 × 6.7 = 2 000 + 3 685 = 5 685（元）

总利润 = 总收入 - 总实际采购成本 - 总费用 = 147 400 - 103 540 - 5 685 = 38 175.18（元）

7. 价格条款的内容与注意事项

价格条款的内容一般由计价货币、单位价格金额、计量单位和国际贸易术语四部分组成。此外，单价中还可以包括佣金或折扣等，总值则是单价和数量的乘积。

❖ 例 5-6

上海国际贸易有限公司与德国某公司以 CIF Hamburg 价格达成 500 打围巾的出口贸易合同，价格条款如下。

Unit Price: At USD36.00 Per DOZ CIF HAMBURG

Total Amount: USD18000.00（Say US Dollars Eighteen Thousand Only）

规定价格条款时，应注意的问题包括：

（1）合理确定商品的单价，防止偏高或偏低。

（2）尽量使用可以自由兑换、汇率比较稳定的货币，而且出口时争取使用汇率向上浮动的货币，即"硬币"；进口时争取使用汇率呈下浮动的货币，即"软币"。在必要时加订汇率保值条款。

（3）在考虑有利于本国经济发展及企业经营意图的情况下，选用适当的国际贸易术语。一般情况下，出口尽量使用 CIF（或 CIP）价，进口尽量使用 FOB（或 FCA）价。

（4）单价中涉及的计价数量单位、计价货币、装卸地名称等必须书写正确、清楚，以利于合同的履行。

（5）参照国际贸易的习惯做法，注意佣金和折扣的运用。

（6）如果货物品质和数量约定有一定的机动幅度，则对机动部分的作价也应一并规定。

（7）如果包装材料和包装费用另行计算，对其计价方法也应做出具体规定。

（8）灵活运用各种不同的作价方法，避免价格变动的风险。

❖ 职业判断

出口新加坡大蒜遭退

案例资料：

2021 年 11 月，新加坡政府通过招标进口越南大蒜 2 200 吨，并约定从当年 12 月中旬向新加坡政府下属单位新加坡农水产食品流通公司供货。其中，一位越南蒜农组织供货 600 吨，另外两位越南蒜农分别供货 600 吨和 1 000 吨，每吨价格为 1 165 美元。

2021 年 11 月 27 日，越南蒜农收到新加坡农水产食品流通公司开具的信用证。收到信用证后，越南蒜农便按照标书的要求进行备货，2021 年 12 月 7 日和 2021 年 12 月 14 日分两批装船发运。在发货前，新加坡农水产食品流通公司派专人进行了检验、监装，还在货物合格的情况下，亲自打上公司的铅封后放入集装箱进行运输。

其中一位越南蒜商知道新加坡检验严格，他们在对方提出的"大蒜直径 5.5 厘米"的要求上继续提高质量等级，按照 6 厘米的直径收购备货，为此，一吨大蒜就要多花 200 多美元。之后，他们还按照对方的要求，使用其指定的船运公司，每个集装箱为此也比未指定公司多花出 3 000 美元。

2021 年 12 月 15 日，蒜农和蒜商的第一批货物到达新加坡港口交单，先后通过了新加坡国家食品安全厅的食品安全检验检疫、新加坡农林部的植物病虫检验检疫；但在农管所的规模检验中却"不合格"，要求返送货物。蒜农表示非常不解，大蒜在发货前，新加坡农水产食品流通公司质检结果合格，但到达新加坡港口后又被新加坡农管所认定为不合格，这一前一后的不一致，令蒜农无法接受。于是，12 月 19 日，蒜农递交了复检申请书，但新加坡方面一直拖到 2022 年 1 月份才进行复检。"当时，在越南国内已经支付了 15 天的箱使费用和制冷费用，新加坡商家故意拖延验货时间，如果超过 15 天，30 个货柜每天的费用将近 6 000 美元，造成巨大的损失。"

问题：作为外贸从业者，你从中得到哪些启发？

◈ 国际贸易新视界

云南咖啡的出口品牌培育

我国咖啡种植面积和产量不到全球的 2%，主要种植区域集中在云南和海南。其中，云南为主产区，咖啡面积、产量和产值占据全国的 98% 以上，在全国的咖啡出口贸易中，云南咖啡出口占据 99% 的比重。海关总署统计数据显示，2021 年，中国咖啡及制品累计出口 1.57 亿美元，绝大部分咖啡由云南出口到国外。"一带一路"倡议的提出，为云南在更大范围、更广泛领域和更高层次参与国际贸易合作与竞争提供了战略机遇。

云南省利用区位优势和资源优势搭乘"一带一路"倡议的"飞行器"，在发展方向上，依托云南西与缅甸接壤，南与老挝、越南毗邻，连四方接三国的特殊地缘区位优势，通过咖啡贸易，构筑以"云南—老挝—越南"为基础，辐射柬埔寨、泰国、马来西亚、印度尼西亚、菲律宾等国的东南亚咖啡产业圈，逐步开展老挝、越南咖啡原料种植基地和初加工基地建设，解决云南咖啡产业发展规模受种植面积瓶颈制约的问题。在区域布局上，打破现有咖啡种植和生产企业"四纵五列"的态势，以资本为纽带，优质咖啡企业共同开展合作，共同打造"云南咖啡"的整体品牌形象，为云南乃至亚洲争取环球咖啡定价权和话语权。

在新的战略背景下，作为中国咖啡出口主要地区的云南省，以打造"一带一路"中的"桥梁"和面向南亚与东南亚开放的辐射中心为契机，大力发展咖啡出口贸易，对于提升云南咖啡国际知名度、促进咖农增收具有重要意义。中欧班列的运行使双边咖啡贸易合作进入快车道。随着新媒体的发展，电商平台销售是一大潜力股。借助抖音、快手直播带货、拼多多助农活动、微信公众号等媒介引入现实流量，带动"一带一路"沿线国家熟知云南咖啡，通过跨境电子商务平台在世界各地开展云南咖啡交易，以此带动咖农收入的增长，提高云南咖啡的国际认可度和知名度。

问题：从自主出口品牌角度来分析如何提升云南咖啡的国际竞争力。

分析提示：政府积极引导发展咖啡产品深加工和精加工，培育云南咖啡自主出口品牌，提升企业的市场竞争力。依托"一带一路"倡议主动加强与国际巨头的联系与合作，抓住机遇实现咖啡"走出去"，打造国际知名品牌。通过加强与"一带一路"沿线国家的贸易往来，拓宽云南咖啡的贸易渠道，寻求新的市场，增加云南咖啡出口量，提高咖啡农户的收入，突破经济增长点。鼓励企业通过"走出去"的同时也要"引进来"，建立良好的国际销售网络，逐步打开国际市场。

❀ 课堂能力训练

拟写发盘函和接受函

1. 实训目的

通过操作技能训练，掌握有关价格的计算技巧，提高报价能力。

2. 实训资料

浙江国际贸易有限公司（ZHEJIANG INTERNATIONAL TRADE CO.LTD）

与美国某公司以 FOB 价格达成童鞋出口合同，客户要求改报 CFR 和 CIF 价格，请计算我方应该分别报价多少？

FOB NINGBO 5.5 美元 / 双，共 1 000 打童鞋，装一个 40 英尺集装箱运往纽约，运费为 1 200 美元。保险加成一成，投保一切险，保险费费率为 0.5%。（注：1 000 打为 12 000 双，单位运费为每双 0.1 美元）

3. 实训要求

请你以业务员的身份，根据以上资料计算 CFR 和 CIF 价格。

◈ 知识与技能训练

一、单项选择题

1. 珠宝、首饰等商品具有独特性质，在出口确定其品质时（　　）。

    A. 最好用样品

    B. 最好看货洽谈成交

    C. 最好用文字说明

    D. 最好凭商标成交

2. 出口羊毛计算重量，通常采用的计量方式是（　　）。

    A. 毛重　　　　　　B. 净重　　　　　　C. 理论重量　　　　　　D. 公量

3. 国外来证规定，交货数量为 10 000 吨散装货，未表明可否溢短装，不准分批装运，根据 UCP600 规定，卖方发货的（　　）。

    A. 数量和总金额均可增减 10%

    B. 数量和总金额均可增减 5%

    C. 数量可增减 5%，总金额不得超过信用证规定的金额

    D. 数量应严格按合同规定的数量发货

4. 某外商欲购我"乘风"电扇，但要求改用"凉风"商标，并不能注明产地，外商这一要求的实质是（　　）。

    A. 无牌中性包装　　　　　　　　　　B. 定牌中性包装

    C. 运输包装　　　　　　　　　　　　D. 销售包装

5. 按照《2020 年通则》，CIF 贸易术语的风险转移界限是（　　）。

    A. 装运港岸上　　　　　　　　　　　B. 装运港船舷

    C. 目的港岸上　　　　　　　　　　　D. 装运港口被装上船时

二、多项选择题

1. 四川宜宾五粮液白酒是凭（　　　　　）说明品名。

    A. 产地　　　　　　B. 品牌　　　　　　C. 原料　　　　　　D. 工艺

2. 重型机械设备一般是凭（　　　　　）表述品质。

    A. 产地　　　　　　B. 商标　　　　　　C. 图样　　　　　　D. 说明书

3. 以下同属重量单位且易混淆的是（　　　　　）。

    A. 长吨　　　　　　B. 吨　　　　　　　C. 短吨　　　　　　D. 千克

4. 以下需在装运港船上交货的贸易术语是（　　　　　）。

    A. FAS　　　　　　B. FOB　　　　　　C. CFR　　　　　　D. CIF

5. 目前国际结算中最主要的欧洲货币有（　　　　　）。

    A. USD　　　　　　B. GBP　　　　　　C. CHF　　　　　　D. EUR

三、判断题

1. 在出口贸易中，表达品质的方法多种多样，为了明确责任，最好采用既凭样品又凭规格买卖的方法。　　　　　　　　　　　　　　　　　　　　　（　　　）

2. 在出口凭样品成交业务中，为了争取国外客户，便于达成交易，出口企业应尽量选择质量最好的样品请对方确认并签订合同。　　　　　　　　　　（　　　）

3. 某外商来电要我方提供大豆，按含油量 18%、含水量 14%，不完善粒 7%，杂质 1% 的规格订立合同。对此，在一般条件下，我方可以接受。　　　（　　　）

4. 中国 A 公司向《公约》缔约国 B 公司出口大米，合同规定数量为 50 000 吨，允许卖方可溢短装 10%。A 公司在装船时共装了 58 000 吨，遭到买方拒收。按照《公约》的规定，买方有权这样做。　　　　　　　　　　　　　　（　　　）

5. 进口马口铁、钢板等规格和重量一致、尺寸大小一致的商品，计算重量的方法一般采用公量。　　　　　　　　　　　　　　　　　　　　　　　　（　　　）

6. 销售包装上的标签规定应以进口商的要求为准。　　　　　　　　　　（　　　）

7. 按照《1941 年美国对外贸易定义修订本》的解释，"FOB 纽约"是指"纽约港船上交货"。　　　　　　　　　　　　　　　　　　　　　　　　　　　（　　　）

8. 在保证出口商收入不变的前提下，含佣价一定会比净价高。　　　　　（　　　）

9. 折扣是出口商为了扩大销售被迫做出的促销办法。　　　　　　　　　（　　　）

10.《国际贸易术语解释通则 2020》下国际贸易术语变现为价格时，EXW 价格最低而 DDP 价格最高。　　　　　　　　　　　　　　　　　　　　　　（　　　）

实训项目一　拟定品质条款

1. 实训目的

通过操作技能训练，掌握品质条款的表达技巧，提高制定合同的能力。

2. 实训资料

大连长丰粮油进出口公司主要经营粮油类产品的进出口业务，主要出口欧美、日本等发达国家市场。业务员小张正与英国某大豆进口商洽谈大豆的出口贸易，正谈及品质条款。

品质条款的中文大意如下：

合同规定大豆水分最高为 14%，杂质不超过 2.5%，当年产新豆。品质公差为 ±1%，数量为 500 吨，溢短装 ±5%，由卖方决定。

3. 实训要求

请你以大连长丰粮油进出口公司业务员小张的身份，根据以下资料，用英语拟定合同的品质条款。

实训项目二　价格换算核算

1. 实训目的

通过操作技能训练，掌握最常用贸易术语的价格换算和成本利润核算。

2. 实训资料

某公司以 CIF Helsinki USD20.00 价格出口羽绒服 2 000 件，从工厂采购的成本为每件 117 元（含增值税税率 13%），其出口退税率为 13%。收汇时银行牌价为 1 美元：6.71 元人民币，国外海运费为 1 000 美元，保险费为 220 美元，国内费用为 3 000 人民币。问：CFR 及 FOB 价格各是多少？国外成本为多少元人民币？总成本、总收入和总利润各是多少元人民币？退税总额为多少元人民币？实际采购成本是多少元人民币？

3. 实训要求

根据下列所提供的资料换算价格，核算利润。

第六章

制定贸易合同条款——货物运输与保险条款

素养目标

- 在"一带一路"高质量发展过程中,加强国际货物运输领域的合作,实现互联互通,降低物流成本,提高国际货运效率
- 增强文化自信和民族自豪感,培养诚信意识和遵纪守法意识,提高风险防范意识,提升成本控制能力

知识目标

- 掌握国际贸易合同装运条款的含义及起草要点
- 掌握国际贸易合同保险条款的含义及起草要点

技能目标

- 能够拟订合同运输条款
- 能够拟订合同保险条款

思维导图

```
                                        ┌─ 运输方式
                                        │
                                        ├─ 运输单据
                                        │
                          ┌─ 制定货物运输 ─┼─ 装运时间
                          │   条款        │
制定贸易合同条款──         │              ├─ 装运港与目的港
货物运输与保险条款 ─┤               │              ├─ 分批装运和转运
                          │              │
                          │              └─ 装运通知
                          │
                          │              ┌─ 海上风险与损失
                          │              │
                          │              ├─ 我国海运货物保险条款及险别
                          │              │
                          └─ 制定货物运输 ─┼─ 英国伦敦保险协会制定的《协会货物条款》
                              保险条款     │
                                        ├─ 其他运输方式下的货物保险
                                        │
                                        └─ 合同中的保险条款
```

学习计划

- **素养提升计划**

_____

_____

_____

- **知识学习计划**

_____

_____

_____

- **技能训练计划**

_____

_____

_____

案例资料：

2021年12月3日，中老铁路迎来了正式通车。该铁路联通中国昆明与老挝万象，全线1 035千米，使得老挝境内不到4千米铁路的历史改写为400多千米。这条高质量铁路的顺利通车是共建"一带一路"高质量发展的一个标志性工程，将对区域互联互通和发展合作产生积极带动效应。2023年4月13日，中老铁路从昆明南站、万象站双向对开国际旅客列车，自此，昆明至万象间可实现乘火车当日通达。

从国际贸易发展角度来看，老挝境内山地与高原广布，没有出海口，是一个典型的"陆锁国"。中老铁路的开通运营将帮助老挝变"陆锁国"为"陆联国"，大大促进了中国与东南亚国家的政治、经济、文化往来，有利于推动实现中国的进一步对外开放，届时将会形成以云南为主要带动点，辐射中国其他省市，促进陆海交流的全新交通格局。把老挝当地优质的农产品引入，把中国国内的产品资源和产业经验运出，良性互动、互联互通，以更加开放的姿态，拓宽中国高质量发展的"快车道"，提升人民群众的幸福感和获得感。中老铁路跨越山河，为沿线地区及辐射区域带来无限机遇。这种机遇，体现在为区域产业链供应链不断延长、多方经贸合作不断深化、外向型经济渠道不断拓宽，等等。繁忙货运和客运，在区域间形成一条充满活力的"大动脉"，助推了大贸易、激活了大产业、赋能了大开放。近年来，中国以高标准、可持续、惠民生为目标，不断提升共建"一带一路"高质量发展水平，实现了共建国家的互利共赢，为世界经济发展开辟了新空间。

中老铁路，互利两国，与世界同频共振。新时代新征程，搭乘"复兴号""澜沧号"动车组，在这条发展路、幸福路、友谊路上往来流动，经贸互通、发展互助、文化互鉴的活力必定越来越充沛，沿线群众的生活必定会越来越美好。

问题：作为"一带一路"高质量发展、中老友谊标志性工程的中老铁路，其开通运营有什么重大意义？

第一节　制定货物运输条款

国际货物运输条款应严格分清运输费用以及其他权利和义务，详细订立运输条款有利于义务的划分和合同的执行。

一、运输方式

党的二十大报告指出：建成世界最大的高速铁路网、高速公路网，机场港口、水利、能源、信息等基础设施建设取得重大成就。在国际货物运输中，涉及的运输方式很多，其中包括海洋运输、铁路运输、航空运输、公路运输、内河运输、邮包运输、管道运输、集装箱运输和国际多式联运。

1. 海洋运输

海洋运输是指利用海洋通道，使用船舶在国内外港口之间，通过一定航区和航线运送货物的一种运输方式，简称海运。由于海洋运输具有运载量大、通行能力强、运费低廉等优点，所以许多国家特别是沿海国家和地区都采用海洋运输。当前世界上国际贸易货物有2/3以上是通过海洋运输来完成的，海洋运输已成为目前国际贸易中最重要的运输方式。

按照船舶经营方式的不同，海洋运输可分为班轮运输和租船运输。

（1）班轮运输。班轮运输（liner shipping），也称定期运输，是指轮船公司将船舶按照事先制定的船期表，在特定海上航线的若干个固定挂靠港口之间，经常性地为非特定的众多货主提供货物运输服务，并按事先公布费率或协议费率收取运费的一种船舶营运方式。班轮运输是当今国际货物运输中的主要运输方式。

① 班轮运输的特点。班轮运输具有"四固定、一负责"的特点。

"四固定"是指班轮公司有固定的船期表（Sailing Schedule）和航线，每个航线有固定的停靠港口，按照相对固定的运费率收取运费。这是班轮运输的基本特点。

"一负责"是指在班轮运输中，由船方负责货物的配载装卸，相关的装卸费包含在运费中，货方不用在运费之外再支付装卸费。船货双方不约定装卸时间，因而也不计算滞期费和速遣费。

船、货双方的权利、义务与责任豁免的规定，以船方签发的提单条款为依据。

班轮承运货物的品种、数量比较灵活，货运质量较有保证，且一般采取在码头仓库交接货物的方式，货物交接比较便利。

② 班轮运输的方式。班轮运输包括杂货班轮运输和集装箱班轮运输两种方式。

杂货班轮运输是最早的班轮运输。这种班轮运输的特点是运输的货物以件杂货为主，也可以是一些散货、重大件货物等。采用杂货班轮运输货物时，货主和货运代理都能根据船期表预知货物发运时间和到达时间，不论货物批量的大小，货主或货代都能够随时向班轮公司托运。因此，杂货班轮运输可以节省货物装船前在仓库集中期间的费用，能保证货物的供需要求。杂货班轮运输特别适合小批量零星件杂货的海洋运输。

20世纪60年代以后，随着集装箱运输的发展，班轮运输中出现了以集装箱为运输单元的集装箱班轮运输方式。由于集装箱运输具有货运质量高、运送速度快、装卸方便、机械化程度高、作业效率高、便于开展联运业务、能够降低货运成本等优点，到 20 世纪 90 年代后期，集装箱班轮运输已逐渐取代了传统的杂货班轮运输。

③ 班轮运费的计算。

a. 运价、运费和运价本。运价（freight rate）是承运人承运单位货物要收取的运输服务费用，即运输单位产品的价格。运费（freight）是指承运人承运某一批货物时要收取的总费用。班轮运费通常是按照班轮运价本（freight tariff）的规定计收的。一般船公司会定期公布自己的运价本。运价本也称费率表或运价表，是船公司承运货物（提供运输服务）时向托运人据以收取运费的运价汇总表。运价表的性质与旅客运输业务中的汽车票价表、火车票价表等是一样的。运价表不仅包括在不同航线上运输不同货种的单位费率，而且包括计算运费的规则和规定，如运价的使用范围，货物的分类和分级、计费标准、计费币种，以及各种附加费的计算和费率等。

按照运价制定形式的不同，运价表可分为等级费率表和列名费率表两种。

等级费率表中的运价是按商品的等级来确定的，运价表附有"商品分级表"（scale of commodity classification）。商品分级表将商品分为 20 个等级，不同的等级计算运费的标准是不同的。使用这种运价表时，要先根据商品名称从商品分级表中确定商品的等级，再从等级费率表中找到相应的该商品的运费率，见表 6-1。

表 6-1　部分货物等级费率表

货名 COMMODITIES	费率等级 CLASS	计费标准 BASIS
童车	9	M
轮胎	7	M
丝织品	17	M
搪瓷器皿	9	W/M
医疗设备	10	W/M
地砖	7	W
千斤顶	10	W

列名费率表中的运价是根据商品的名称来确定的，对各种货物在不同航线上逐一确定运费率。使用这种运价表时，根据某个商品名称和某个航线即可直接查出该货物在该航线上的运价。上海至部分国家和地区列名费率表见表 6-2。

表 6-2 上海至部分国家和地区列名费率表　　　　　　　　　　　　　　　　单位：USD/FT

货物等级 CLASS	运费率 HongKong	运费率 Japan	运费率 Singapore	运费率 Malaysia
1	19.00	45.50	28.00	29.00
2	19.50	46.00	29.00	30.00
3	20.00	47.00	30.00	31.00
...	...	...	...	...
8	22.50	50.50	34.00	37.00
9	23.00	51.00	35.00	38.00
10	24.00	52.00	36.00	39.00
...	...	...	...	...
19	33.50	59.00	44.00	49.00
20	34.50	60.00	45.00	50.00

b. 计费标准。班轮运费的计费标准，根据不同商品，通常采用下列几种方式：

第一，按货物的实际毛重计收运费，称为重量吨（weight ton），运价表内用"W"表示。

第二，按货物的体积 / 容积计收运费，称尺码吨（measurement ton），运价表中以"M"表示。

第三，按重量或体积计收运费，由船公司选择其中收费较高的作为计费吨，运价表中以"W/M"表示。注意：重量吨和尺码吨统称运费吨 freight ton（简称：FT）。

第四，按商品价格计收运费，亦称为从价运费，运价表内用"A,V"或"Ad,Val"表示。从价运费一般按货物 FOB 价格的百分之几收取。另外，在班轮运价表中还有下列标志"W/M or and val."及"W/M plus A.V."。前者表示运费按照货物重量、体积或价值三者中较高的一种计收；后者表示先按货物重量或体积计收，然后另加一定百分比的从价运费。

第五，按货物的件数计收运费，一般只对包装固定，包装内的数量、重量、体积也固定不变的货物，才按每箱、每捆或每件等特定的运费额计收。

第六，由货主和船公司临时议定运费，这种方法通常是在承运粮食、豆类、矿石、煤炭等运量较大、货价较低、装卸容易、装卸速度较快的农副产品和矿产品时采用。在运价表中，以"Open"表示。

c. 杂货班轮运费的计算。班轮运费包括基本运费和附加费两部分。前者是指货物从装运港运到卸货港所应收取的基本运费，它是构成全程运费的主要部分；后者是指对一些需要特殊处理的货物，或者由于突发事件或客观原因而需另外加收的费用。

国际海运的附加费

附加费名目繁多，通常有下列几种：

① 燃油附加费。它是由于燃油价格上涨，使船舶的燃油费用支出超过原核定的运输成本中的燃油费用，承运人在不调整运价的前提下增加的附加费用。

② 货币贬值附加费。它是由于国际外汇市场汇率发生较大变化，计收运费的货币贬值，使承运人的实际收入减少，为了弥补这种损失而加收的附加费用。

③ 港口拥挤附加费。由于港口拥挤，船舶抵港后需要长时间停泊而产生的额外费用。为补偿船期延误损失而增加的临时附加费用，称为港口拥挤附加费。

④ 超重附加费。它是指由于货物单件重量超过一定限度而加收的一种附加费。

⑤ 超长附加费。它是指由于货物单件长度超过一定限度而加收的一种附加费。

⑥ 选卸附加费。对于选择卸货港口的货物需要在积载方面给予特殊的安排，这就会增加一定的手续和费用，由于上述原因而追加的费用，称为选卸附加费。

⑦ 直航附加费。如一批货物达到规定的数量，托运人要求将其直接抵达非基本港口卸货，船公司为此加收的费用，称为直航附加费。

⑧ 转船附加费。如果货物需要转船运输的话，船公司必须在转船港口办理换装和转船手续，由于上述作业所增加的费用，称为转船附加费。

除了上述各种附加费外，船公司有时还根据各种不同情况临时决定增收某种费用，例如码头作业费、绕航附加费等。

班轮运费的基本计算公式为：

$$运费 = 运输吨 \times 等级运费率 \times (1+ 附加费率)$$

✳ **例 6-1**

我国某公司出口 1 000 箱货物至科威特，每箱 USD50.00CFR 科威特。该货物每箱尺码为 42 cm×28 cm×25 cm，总毛重为 20 000 kg。海运运费按 W/M（11级）。查到出口地至科威特 11 级货物的基本运费为 USD 70.00，港口附加费为运费的 20%。试求该批货物的海运运费是多少？

解：因为尺码吨 =1 000 × 0.42 × 0.28 × 0.25=29.4 m³，而重量吨为 20 t。因为尺码吨大于重量吨，所以应按尺码吨计算运费。

$$运费 = 尺码吨 × 等级运费率 × （1+ 附加费率）$$
$$=29.4 × 70 × （1+20%）=USD2 469.6$$

答：海运运费为 USD2 469.6。

d. 集装箱班轮运费的计算。集装箱班轮运费与杂货班轮运费一样，也由基本运费和附加费组成。基本运费的计算有两种方法。

第一种是采用与普通杂货班轮运输基本运费相同的方法，对具体的航线按货物的等级和不同的计费标准来计算基本运费。

第二种是采用包箱费率。这种费率不考虑货物的等级和种类，只根据集装箱的尺寸和类型来收取运费。对相同航线的所有普通货物，每承运一个集装箱货物的运费是相同的，因此这种"包箱费率"称为均一费率（freight all kinds, FAK）。

此外，要注意的是，为了保证营运收入不低于成本，经营集装箱运输的船公司通常还会有最低运费的规定。所谓最低运费，即起码运费，指一份提单最少要收取的运费。承运人为维护自身最基本的利益，对小批量货物收取起码运费，用以补偿其最基本的装卸、整理、运输等操作过程中的成本支出。不同的承运人使用的起码运费标准不同。件杂货和拼箱货一般以 1 个运费吨为起码运费标准，最高不超过 5 个运费吨。例如，上海港至部分港口集装箱运输货物海运运费表见表 6-3。

表 6-3　上海港至部分港口集装箱运输货物海运运费表

目的港	运费等级	拼箱费率 1 LCL（M）	拼箱费率 2 LCL（W）	包箱费率 1 FCL 20′	包箱费率 2 FCL 40′
SINGAPORE	FAK	65		1 100	2 035
BARCELONA	1-7	103	139	2 100	4 130
MARSEILLES	8-10	109	147	2 250	4 330
GENOA	11-15	115	156	2 400	4 730
NAPLES	16-20	121	165	2 550	5 030
ADELAIDE	11-15	103	139	2 100	3 960
MONTREAL	8-13	130		3 150	4 350
AUCKLAND	1-7	123		2 090	3 955
WELINGTON	8-13	133		2 290	4 335

（2）租船运输。租船运输（charter transport）又称不定期船运输（tramp shipping），是指租船人向船东租赁船舶用以运输货物的一种运输方式。租船有租赁整船和租赁部分舱位两种方式。在实际业务中以租赁整船为主。

① 租船运输的特点。

第一，租船运输属于不定期船（tramp）运输，无固定的航线、挂靠港和船期，一切由租船双方在装运前协商确定。

第二，运价不固定，受市场供求的约束，随租船市场行情的变化而变化。

第三，租船运输中的港口使用费、装卸费及船期延误等责任费用的划分由双方议定。

第四，租船运输主要适用于大宗货物的运输，如粮食、矿砂、石油、木材等。

第五，租船人和出租人双方之间的权利、义务和责任以签订的租船合同为准。

② 租船运输的方式。

第一，定程租船（Voyage Charter），又称航次租船，简称程租船。它是由船舶所有人负责提供船舶，在指定港口之间进行一个航次或数个航次，承运指定货物的租船运输。货轮从装运港口驶往指定目的港口的一个航行过程，称为一个航次。

第二，定期租船（Time Charter），又称期租船，它是船舶所有人将特定的船舶，按照租船合同约定的方式，在约定的期间，供租船人使用一定时期的租船运输方式。承租人（租船人）在承租期间，也可将租来的船舶充作班轮或出租船舶给他人使用。

📖 **知识窗**

定程租船与定期租船的比较

定程租船与定期租船有许多不同之处，主要表现在下列几方面：

第一，定程租船是按航程租用船舶，而定期租船则是按期限租用船舶。

第二，定程租船的船方直接负责船舶的经营管理，他除了负责船舶航行、驾驶和管理外，还应对货物运输负责。但定期租船的船方，仅对船舶的维护、修理、机器正常运转和船员工资负责，而船舶调度、货物运输、船舶在租期内营运管理的日常开支，如船用燃料费、港口费、税捐以及货物装卸、搬运、理舱、平舱等费用，均由租船人负责。

第三，定程租船的租金或运费，一般按装运货物的数量计算，也有按航次包租总金额计算的。定期租船的租金一般是按租期每月每吨若干金额计算。同时，采用定程租船时要规定装卸期限和装卸率，凭以计算滞期费和速遣费；而采用定期租船时，则船舶负责人、租船人双方不规定装卸率和滞期速遣费。

　　　　　　　　　　　第一节　制定货物运输条款

第三，光船租船（bare boat charter）是船舶所有人将船舶出租给承租人使用一个时期，但船舶所有人所提供的船舶是一艘空船，既无船长，又未配备船员，承租人自己要任命船长、配备船员、负责船员的给养和船舶营运管理所需的一切费用。船舶所有人除了在租期内收到租金外，对船舶本身和船舶营运均不负责。这种光船租船，实际上属于单纯的财产租赁，与上述定期租船有所不同。

第四，包运租船（contract of affreightment，COA）是指船东向承租人提供一定吨位的运力，在确定的港口之间，按事先约定的时间、航次周期和每航次较为均等的运量，完成合同规定的全部货运量的租船方式。以包运租船方式签订的合同称为"运量合同"。

这种租船方式是在连续单航次租船营运方式的基础上发展而来的，与连续单航次租船相比，包运租船一方面不要求一艘固定的船舶完成运输，另一方面也不要求船舶一个接一个航次地完成运输，而是规定一个较长的时间，只要满足包运合同对航次的要求，在这个时间内，船东可以灵活地安排运输，对于两个航次之间的时间，船东可以自由安排一些其他的运输。

第五，航次期租（time charter on trip basis，TCT）是当前国际上经常使用的一种介于航次租船和定期租船之间的租船方式，又称日租租船（daily charter）。其特点是没有明确的租期期限，而确定了特定的航次。这种方式以完成航次运输为目的，按照实际租用天数和约定的日租金率计算租金，费用和风险则按期租方式处理。

③ 租船运输费用。租船运输费用包括以下三种：

一是基本运费。租船基本运费是指从装运港到目的港的海上运费。其计算方式有两种：一种是按运费率计算。但要注意明确是按装船重量，还是按卸船重量计算。另一种是整船包价，即对于特定载货重量和容积的船舶，规定一个包船价格，不管租方实际装货多少，一律按包价支付。

二是装卸费。在租船运输中，关于货物的装卸费用，在租船合同中应有明确规定。

三是滞期费和速遣费。在租船运输中，由于装卸货时间的长短影响到船舶的使用周期和在港费用，这直接影响到船方的经营效益。因而为节省船期，在租船合同中一般都规定了租船人在一定时间内完成装卸作业的条款，即装卸时间条款或称装卸期限条款。如果在约定的允许装卸时间内未能将货物装卸完，致使船舶在港内停泊时间延长，给船方造成经济损失，则延迟期间的损失，应按约定的每天若干金额补偿给船方，这项补偿金称为滞期费。反之，如果提前完成装卸任务，使船方节省了船舶在港的费用开支，船方将其获取利益的一部分给租船人作为奖励，称为速遣费。按照惯例，速遣费一般为滞期费的一半。

国际贸易与中国经济

航运业高质量发展新图景

　　航运业是全球经济的生命线，承担着全球85%以上的货物运输任务。据统计，2022年，全球港口货物吞吐量和集装箱吞吐量排名前10名的港口中，我国港口分别占8席和7席；我国班轮联通指数多年稳居世界首位。截至2022年年底，我国内河航道通航里程12.8万千米，居世界第一位。港口吞吐量156.8亿吨，集装箱吞吐量超过3亿标准集装箱。2020～2022年受到新冠疫情冲击，在全球经济下滑的背景下，海运承担了我国绝大部分的外贸货物运输量，为我国实现货物贸易进出口总值增长做出较大贡献。随着内陆水网条件的不断改善，航海技术的日趋进步，水路运输将成为推动未来几年全球经济复苏的重要支撑，也是推动构建以国内大循环为主体、国内国际双循环相互促进的新发展格局的重要抓手。

　　面对当前复杂多变的国际形势，我国航运业接下来的发展重点是以现代科技特别是新一代信息科技为支撑，以智慧港口、智能航运为代表的航运"新基建"，这将逐渐成为推动我国航运业高质量发展的新引擎。

　　问题：我国航运业的高质量发展对国际贸易产生哪些积极影响？

2. 铁路运输

　　在国际货物运输中，铁路运输（rail transport）是一种仅次于海洋运输的主要运输方式。铁路运输有许多优点，如一般不受气候条件的影响，可保障全年的正常运输，而且运量较大，速度较快，有高度的连续性，运转过程中可能遭受的风险也较小。办理铁路货运手续比海洋运输简单，而且发货人和收货人可以在就近的始发站（装运站）和目的站办理托运手续和提货手续。

　　铁路运输可分为国际铁路货物联运和国内铁路货物运输两种。

　　（1）国际铁路货物联运。国际铁路货物联运是指两个或两个以上的国家，按照协定，利用各自的铁路，联合起来完成一票货物的全程运输方式。它使用一份统一的国际联运票据，由一国铁路向另一国铁路移交货物时，无须发货人和收货人参加，铁路当局对全程运输负连带责任。

　　① 相关的国际条约。国际铁路货物联运的有关当事国事先必须要有书面约定才能协作进行货物的联运工作。相关的国际条约主要有两个：其一是《国际铁路货物运输公约》（简称《国际货约》），它是欧洲各国政府批准的有关国际铁路货物联运的规定、制度和组织机构的公约。其二是《国际铁路货物联运协定》（简称《国际货协》），它是苏

联、保加利亚、匈牙利、罗马尼亚、波兰、捷克和德国于 1951 年签订的。1954 年，中国、朝鲜、蒙古参加了该协定，越南于 1956 年也参加了该协定。

② 联运的范围和办理机构。国际铁路货物联运既适用于原《国际货协》或《国际货约》国家之间的运输，也适用于《国际货协》至《国际货约》国家之间的顺向或反向的货物运输。我国各铁路货运车站均可办理国际铁路货物联运。目前，我国负责国际铁路货物联运进出口集装箱货物总承运人和总代理的是中国对外贸易运输总公司。1992 年，东起我国连云港、途经陇海、兰新、北疆铁路进入俄罗斯、乌克兰等国家，直达荷兰鹿特丹的第二条亚欧大陆桥运输的正式营运，更进一步加快了货运速度，节省了运杂费用，将进一步促进我国对外贸易的发展。

(2) 国内铁路货物运输。国内铁路货物运输是指仅在本国范围内按照《铁路货物运输规程》的规定办理的货物运输。我国出口货物经铁路运至港口装船及进口货物卸船后经铁路运往各地，均属国内铁路货物运输的范畴。

供应中国香港和中国澳门地区的物资经铁路运往中国香港（包括九龙在内）和中国澳门地区，也属于国内铁路货物运输的范围。不过，这种运输同一般经铁路运到港口装船出口有所区别，它由内地铁路段运输和港段运输两段组成，由中国对外贸易运输公司（简称"中外运"）在各地的分支机构和香港中国旅行社联合组织。具体做法如下：首先，发货人要把货物从始发站托运到深圳北站，交由设在深圳北站的中外运分公司接货（不卸车），并由其作为各外贸企业的代理，分别向铁路局和海关办理运输业务和报关业务手续，将货物转至中国香港段铁路九龙站后，由香港中国旅行社卸交给中国香港收货人（买方）。出口到中国澳门地区的货物，先将货物运至广州站再转船运至中国澳门。

◈ 国际贸易与中国经济

"一带一路"下的"中欧班列"为经济提振加速

中欧班列是由中国国家铁路集团有限公司组织，按照固定车次、线路等条件开行，往来于中国与欧洲及"一带一路"沿线各国的集装箱国际铁路联运班列。中欧班列运行线包括西、中、东 3 条通道：西部通道由我国中西部经阿拉山口（霍尔果斯）出境，中部通道由我国华北地区经二连浩特出境，东部通道由我国东北地区经满洲里（绥芬河）出境。

近年来，中欧班列开行数量正持续增长，从 2013 年开行之初的 80 列快速发展到 2022 年的 1.6 万列。十年间，累计开行 6.5 万列、运送货物 604 万标箱。中欧班列已成为推动"一带一路"高质量发展的重要载体，打造了亚欧大陆运输的新格局，成为沿线国家互利共赢的桥梁与纽带，更是在新冠疫情持续蔓延的当下，为助力各国抗击疫情做出贡献。

铁路是典型的绿色交通工具，具有大运力、全天候等优势，其单位货物周转内能消耗较其他运输方式有天然优势。因此，中欧班列承接了近两年国际市场对亚欧货运的替代性运输需求。2022 年，中欧班列开行 1.6 列，运送货物 160 万标准箱。中欧班列对于稳固国际贸易、提振区域经济发挥着不可替代的作用，为世界经济复苏持续输送中国力量。

中欧班列在推动"一带一路"沿线经济复苏的同时，也在支援沿线各国与地区的防疫工作。中欧班列义乌平台还根据客户需求，开通了防疫物资专列。中欧班列"及时雨"般持续为沿线国家和地区运送防疫物资，宛如一艘游弋于亚欧大陆的"生命之舟"，深化了"一带一路"合作共识，展示了中国构建人类命运共同体的大国担当。

问题：中欧班列的开通对国际贸易的发展有哪些重要的意义？

3. 航空运输

航空运输（air transport）是一种现代化的运输方式，它与海洋运输、铁路运输相比，具有运输速度快、货运质量高、不受地面条件限制等优点。因此，它最适宜运送急需物资、鲜活商品、精密仪器和贵重物品。近年来，随着国际贸易的迅速发展以及国际货物运输技术的不断现代化，采用空运方式也日趋普遍。

（1）航空运输方式的种类。目前，我国的进出口商品中，进口商品采用空运的有计算机、成套设备中的精密部件、电子产品等；出口商品中主要有丝绸、纺织品、海产品、水果和蔬菜等。这些进出口商品，按不同需求，主要采用下列几种运输方式：

① 班机运输（airliner transport）。班机是指在固定时间、固定航线、固定始发站和目的站运输的飞机，通常班机是使用客货混合型飞机。一些规模较大的航空公司也开辟了定期全货机航班。班机因有定时、定航线、定站等特点，因此适用于运送急需物品、鲜活商品，以及时令性商品。

② 包机运输（chartered carrier transport）。包机是指包租整架飞机或由几个发货人（或航空货运代理公司）联合包租一架飞机。因此，包机又分为整机包机和部分包机两种形式，前者适用于运送数量较大的商品，后者适用于多个发货人，但货物到达站又是同一地点的货物运输。

③ 集中托运（consolidation transport）。集中托运是指航空货运公司把若干单独发运的货物（每一货主货物要出具一份航空运单）组成一整批货物，用一份总运单（附分

运单）整批发运到预定目的地，由航空货运公司在那里的代理人收货、报关、分拨后交给实际收货人。集中托运的运价比国际空运协会公布的班机运价低7%~10%。因此，发货人比较愿意将货物交给航空货运公司安排。

④ 航空快递（air courier service）。航空快递是指具有独立法人资格的企业将进出口货物由发件人（consignor）所在地通过自身或代理运送到收件人（consignee）的一种快速航空运输方式。著名的国际快递公司有DHL、Fedex、UPS、顺丰等。

（2）航空运价和运费。航空运价（Rate），又称费率，是指航空公司收取的每一重量单位（千克或磅①）货物从启运机场运至目的机场的航空费用，不包括其他额外费用（如提货费、仓储费等）。航空运价一般采取重量递减原则，即托运的货物越重，运价越低。空运货物是按照普通货物、指定货物和等级货物分类规定运价标准的。

航空运费（weight charge）是航空公司收取的某一批货物从启运机场运至目的地机场的航空运输费用。航空运费一般是按实际重量（kg）或体积重量（6 000 cm³ 折合1 kg）乘以运价而计算出来的，以两者中较高者为准。

4. 公路运输、内河运输、邮包运输和管道运输

（1）公路运输（road transportation）是一种现代化的运输方式，是车站、港口和机场集散进出口货物的重要手段。公路运输具有机动灵活、速度快和方便等特点，尤其在实现"门到门"运输中，更离不开公路运输。但公路运输也有不足之处，如载货量有限，运输成本高，造成货损事故的概率相对较高。

公路运输在我国对外贸易运输中占有重要地位。我国同许多周边国家有公路相通，我国同这些国家的进出口货物可以经由国境公路运输。此外，我国内地同中国香港和中国澳门地区的部分进出口货物，也是通过公路运输的。随着我国公路建设的扩展，特别是高速公路的修建，公路运输在对外贸易中将发挥更重要的作用。

🏵 国际贸易与中国经济

国际公路运输推进中国 – 东盟自由贸易区合作

公路货运可以承载大型集装箱运输，是中国与东盟市场的主要运输方式之一。在我国西南边陲，有三条国际公路运输路线直通东南亚、南亚各国，包括中越公路、中老泰公路、中缅公路。三条国际公路运输干线，对于推进中国 – 东盟自由贸易区的合作起到重要作用，促进区域农业和物流业的发展，帮助迅速建立一个国际

---

① 1磅 =0.453 6千克

186

化的农产品物流贸易中心。同时，也给位于中国－东盟自由贸易区咽喉要道的云南省以及广西壮族自治区的经济发展带来了前所未有的机遇。

问题：国际公路运输对国际贸易发展的作用是什么？

（2）内河运输（inland water transportation）是水上运输的重要组成部分，它是连接内陆腹地与沿海地区的纽带，在运输和集散进出口货物中起到重要的作用。

我国拥有四通八达的内河航运网，我国长江、珠江等主要河流中的一些港口已对外开放，我国同一些邻国还有国际河流相连通，这就为我国进出口货物通过河流运输和集散提供了十分便利的条件。

（3）邮包运输（parcel post transport）是一种较简便的运输方式。各国邮政部门之间订有协定和公约，通过这些协定和公约，各国的邮件包裹可以互相传递，从而形成国际邮包运输网。由于国际邮包运输具有国际多式联运和"门到门"运输的性质，加之手续简便，费用也不高，故其成为国际贸易中普遍采用的运输方式之一。

邮包运输包括普通邮包和航空邮包两种。国际邮包运输业务对邮包的重量和体积均有限制，如每包裹重量不得超过 20 kg，长度不得超过 1 m。因此，邮包运输只适用于重量轻、体积小的货物，如精密仪器、机器零部件、药品、金银首饰、样品和其他零星物品。

（4）管道运输（pipeline transport）比较特殊，它是货物在管道内借助高压气泵和压力输往目的地的一种运输方式，主要适用于运送液体货物和气体货物。

5. 集装箱运输

（1）集装箱的含义。集装箱（container）也称"货柜""货箱"，原意是一种容器，指具有一定强度和刚度的专供周转使用并且便于机械操作和运输的大型货物容器；因其外形像一只箱子，又可集中装载成组的货物，故称其为集装箱。

微课
集装箱运输

集装箱有多种类型。根据国际标准化组织的规定，集装箱的规格有三个系列 13 种之多。在国际货运上使用的主要为 20 英尺[①]和 40 英尺两种，即 1C 型 8′×8′×20′和 1A 型 8′×8′×40′。在集装箱运输中，通常以 20′集装箱作为标准箱，它同时也是港口计算吞吐量和船舶大小的一个重要的度量单位，一般以 TEU（twenty foot equivalent unit）表示，意即"相当于 20 英尺箱单位"。在统计不同型号的集装箱时，应按集装箱的长度换算成 20′标准箱加以计算。

（2）集装箱运输的含义。集装箱运输（container transport）是指以集装箱作为运输单位进行货物运输的一种现代化的先进运输方式，它可适用于海洋运输、铁路运输及国

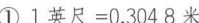

① 1 英尺 =0.304 8 米

际多式联运等，适用于"门到门"交货的成组运输，是成组运输的高级形式，也是国际贸易运输高度发展的必然产物。目前，它已经成为国际上普遍采用的一种重要的运输方式。

（3）集装箱的装箱方式。采用集装箱运输货物时，集装箱的装箱方式有整箱货（full container load，FCL）和拼箱货（less than container load，LCL）之分。凡是装货量达到每个集装箱容积 75% 的或达到每个集装箱负荷量 95% 的即为 FCL，由货主或货代自行在工厂装箱后，以箱为单位向承运人进行托运。凡是装货量达不到上述整箱标准的，则要拼箱托运，即由货主或货代将货物从工厂送交集装箱货运站（CFS）后，运输部门按货物的性质、目的地分类整理，然后将运往同一目的地的货物拼装成整箱后再发运。

（4）集装箱的交接方式。整箱货和拼箱货的交接方式也是不同的，主要的交接方式有 CY TO CY 和 CFS TO CFS。

整箱货由货方在工厂或仓库进行装箱，货物装箱后直接运交集装箱堆场（container yard，CY）等待装运。货到目的港（地）后，收货人可以直接从目的港（地）的集装箱堆场提货，而不用到码头去提货，此即"场到场"（CY TO CY）的方式。

拼箱货由于货量不足一整箱，所以需要由承运人在集装箱货运站（container freight station）负责将不同发货人运往同一目的港的货物拼装在一个集装箱内，货到目的港（地）后，再由承运人在货运站拆箱分拨给各个不同的收货人，即"站到站"（CFS TO CFS）的方式。

需要说明的是，集装箱上都事先印有固定的编号，装箱后用来封闭箱门的钢绳铅封上印有号码。集装箱号码和封印号码可以取代运输标志，显示在主要出口单据上，成为运输中的识别标志和货物特定化的记号。

📖 **知识窗**

集装箱运输的优势及我国集装箱业的发展现状

集装箱运输的优势主要包括以下几个方面：

（1）简化包装，有利于节省包装费用。使用集装箱可以简化包装，有的甚至无须包装，实现件杂货无包装运输，可大大节约包装费用。

（2）减少货损货差，提高货运质量。集装箱是一个坚固的箱体，在货物装箱铅封后，途中无须拆箱倒载，即使经过长途运输或多次搬运，也不易损坏箱内货物。大件货物运输途中还可减少因被盗、潮湿、污损等引起货损和货差，因此具有很大的社会效益。

（3）减少营运费用，降低运输成本。由于集装箱的装卸基本上不受恶劣气候的影响，船舶非生产性停泊时间缩短，又由于装卸效率高，装卸时间短，对船公司而言，可提高航行率，降低船舶运输成本；对港口而言，可以提高泊位通过能力，从而提高吞吐量，增加收入。

（4）运输量大。事先把需要运输的零散货物装在箱子里，便于机械化装卸，大大缩短了船只在港口停泊的时间，在同容积船上可装运更多货物，由此增加了运输量。

（5）适用于组织多式联运。由于集装箱运输在不同运输方式之间换装时，不需要搬运箱内货物而只需要换装集装箱，这样就提高了换装作业效率，适用于不同运输方式之间的联合运输。在换装转运时，海关及有关监管单位只需要加封或验封转关放行，从而提高运输效率。

我国集装箱业经过30多年的发展，创造了三个"世界第一"，即集装箱生产能力世界第一，集装箱种类规格世界第一，集装箱产销量世界第一。我国成为全球唯一能够提供集装箱三大系列产品以及其他物流装备的设计、制造、维护等"一站式"服务的国家。

我国集装箱相关企业自2017年起年度注册量增速均保持20%以上，于2021年达到顶峰，新增注册近7.8万家相关企业，较2020年同比增长61%。

6. 国际多式联运

（1）国际多式联运的含义。国际多式联运（international multimodal transport 或 international combined transport）是在集装箱的基础上产生和发展起来的一种综合性的连贯运输方式，它一般是以集装箱为媒介，把海、陆、空各种传统的单一运输方式有机地结合起来，组成一种国际间的连贯运输。如常见的西伯利亚大陆桥、北美大陆桥、亚欧第二大陆桥等陆桥运输。《联合国国际货物多式联运公约》对国际多式联运所下的定义是：国际多式联运是指按照多式联运合同，以至少两种不同的运输方式，由多式联运经营人把货物从一国境内接运货物的地点运至另一国境内指定交付货物的地点。

（2）国际多式联运的特点。根据上述定义，国际多式联运具备下列特点：

① 有一个多式联运合同，合同中明确规定多式联运经营人和托运人之间的权利、义务、责任和豁免。

② 使用两种或两种以上不同的运输方式。

③ 使用一份包括全程的多式联运单据，并由多式联运经营人对全程运输负总体责任。

④ 全程使用单一运费费率，其中包括全程各段运费的总和、经营管理费用和合理利润。

开展国际多式联运是实现"门到门"运输的有效途径，它简化了手续，减少了中间环节，加快了货运速度，降低了运输成本，并提高了货运质量。

二、运输单据

1. 海运提单

（1）海运提单的含义及当事人。海运提单（bill of lading, B/L），简称提单。《中华人民共和国海商法》（简称《海商法》）第七十一条规定：提单，是指用以证明海上货物运输合同和货物已经由承运人接收或者装船，以及承运人保证据以交付货物的单证。提单中载明的向记名人交付货物，或者按照指示人的指示交付货物，或者向提单持有人交付货物的条款，构成承运人据以交付货物的保证。提单所涉及的当事人主要有承运人、托运人、收货人等。其中，承运人通常是与托运人签订运输合同、承担运输任务的航运公司，托运人是送交所运送货物的人，收货人是有权提货的人。

（2）海运提单的性质和作用。

① 提单是承运人出具的货物收据（receipt for goods）。提单的签发，意味着承运人已按提单上所列内容收到托运的货物。提单上通常记载着货物的品名、标志、包数、件数、重量，以及运输危险货物时对危险性质的说明，构成承运人按此接收货物的初步证据，即收货人在目的港若发现货物与提单所描述的货物状况不同，承运人就要承担相应的赔偿责任。

② 提单是物权凭证（document of title）。承运人或其代理人在目的港必须向提单持有人交付货物。收货人在目的港提取货物时，必须提交正本提单。即便是真正的收货人，如果不能提交正本提单，承运人也可以拒绝向其交货。因此，提单是一批货物所有权的凭证，货物的所有权随着提单的转移而转移。

③ 提单是海上运输合同的证明（evidence of the contract）。提单只是运输合同存在的证明，其本身并不是运输合同。因为构成运输合同的主要项目，如船名、航期、航线，以及其他有关货运条件都是事先公布的，也是众所周知的；运价和运输条件也是承运人预先规定的；提单条款仅仅是承运人单方面制定的，在提单上也只有承运人单方面的签字。因此，它不具备合同成立的基本条件。另外，提单的签发在合同成立之后，只是在履行合同过程中出现的一种证据，而合同实际上在托运人向承运人或其代理人租船订舱、办理托运手续时就已成立。

（3）海运提单的种类。海运提单可以从各种不同角度予以分类，主要有以下几种：

① 根据货物是否已装船，分为已装船提单和备运提单。已装船提单（on board B/L, shipped B/L）是指轮船公司已将货物装上指定船舶后所签发的提单。其特点是提单上必须以文字表明货物已经装在某船上，并载有装船日期，同时还应由船长或其代理人签

字。备运提单（received for shipment B/L），又称收妥待运提单，是指船公司已收到托运货物等待装运期间所签发的提单。

② 根据提单上有无对货物外表状况的不良批注，分为清洁提单和不清洁提单。清洁提单（clean B/L）是指货物在装船时表面状况良好，船公司在提单上未加注任何有关货物受损或包装不良等批注的提单。不清洁提单（unclean B/L）是指轮船公司在提单上对货物表面状况或包装不良或存在缺陷等批注的提单。例如，提单上批注"×× 件损坏"（Packages in damaged condition）"铁条松散"（Ironstrap loose or missing）等。

③ 根据提单收货人抬头的不同，可分为记名提单、不记名提单和指示提单。记名提单（straight B/L）是指提单上的收货人栏内填明特定收货人名称，只能由该特定收货人提货，由于这种提单不能通过背书方式转让给第三方，它不能流通，故其在国际贸易中很少使用。不记名提单（bearer B/L）是指提单收货人栏内没有指明任何收货人，谁持有提单，谁就可以提货。承运人交货，只凭单，不凭人，采用这种提单风险大，故其在国际贸易中很少使用。指示提单（order B/L）是指提单上的收货人栏填写"凭指定"（to order）或"凭某人指定"（to order of）字样。这种提单可经过背书转让，故其在国际贸易中广泛使用。目前在实际业务中，使用最多的是"凭指定"并经空白背书的提单，习惯上称其为"空白抬头、空白背书提单"。

④ 按运输方式分类，可分为直达提单、转船提单和联运提单。直达提单（direct B/L）是指轮船中途不经过换船而直接驶往目的港卸货所签发的提单。凡是合同和信用证规定不准转船者，必须使用这种直达提单。转船提单（transhipment B/L）是指从装运港出发的轮船，不直接驶往目的港，而需在中途港换装另外船舶所签发的提单。在这种提单上要注明"转船"或"在 ×× 港转船"字样。

联运提单（through B/L）是指经过海运和其他运输方式联合运输时，由第一程承运人所签发的包括全程运输的提单。它如同转船提单一样，货物在中途转换运输工具和进行交接，由第一程承运人或其代理人向下一程承运人办理。应当指出，联运提单虽然包括全程运输，但是签发联运提单的承运人一般都在提单中规定，只承担他负责运输的一段航程内的货损责任。

⑤ 根据船舶营运方式的不同，可分为班轮提单和租船提单。班轮提单（liner B/L）是指由班轮公司承运货物后所签发给托运人的提单。租船提单（charter Party B/L）是指承运人根据租船合同而签发的提单。在这种提单上注明"一切条件、条款和免责事项按照某年某月某日的租船合同"或批注"根据 ×× 租船合同出立"字样。这种提单受租船合同条款的约束。银行或买方在接受这种提单时，通常要求卖方提供租船合同的副本。

⑥ 集装箱提单（container B/L），是指以集装箱装运货物所签发的提单。集装箱提

单有两种形式：一种是在普通的海运提单上加注"用集装箱装运"（containerized）字样；另一种是使用多式联运提单（combined transport B/L），这种提单的内容增加了集装箱号码（container number）和封号（seal number）。使用多式联运提单，应在信用证上注明多式联运提单可以接受（combined transport B/L acceptable）或类似的条款。

⑦ 根据提单内容的繁简，可分为全式提单和略式提单。

全式提单（long form B//L）是提单背面列有承运人和托运人权利、义务的详细条款的提单。

略式提单（short form B/L）是指提单背面无条款，而只列出提单正面必须记载的事项。这种提单一般都列有"本提单货物的收受、保管、运输和运费等项，均按本公司全式提单上的条款办理"字样。此外，租船合同项下所签发的提单，通常也是略式提单，在这种略式提单上应注明：所有条件根据×年×月×日签订的租船合同。

⑧ 按提单使用的有效成分，可分为正本提单和副本提单。

正本提单（original B/L）是指提单上有承运人、船长或其代理人签发盖章并注明签发日期的提单。这种提单在法律上和商业上都是公认有效的单证。提单上必须要有标明"正本"（original）字样，以示与副本提单有别。

副本提单（copy B/L）是指提单上没有承运人、船长或其代理人签字盖章，而仅供工作上参考之用的提单。在副本提单上一般都有"copy"或"non negotiable"（不做流通转让）字样，以示与正本提单有别。

⑨ 其他种类提单。其他种类提单包括如下四种。

第一，舱面提单（on Deck B/L）是指承运货物装在船舶甲板上所签发的提单，故又称甲板货提单。由于货物装在甲板上风险较大，故托运人一般都向保险公司加保甲板险。

第二，过期提单（stale B/L）是指卖方超过提单签发日期后21天才交到银行议付的提单。按照惯例，如信用证无特殊规定，银行将拒绝接受这种过期提单。

第三，倒签提单（anti-dated B/L），是指承运人应托运人要求，使提单签发日期早于实际装船日期的提单。这主要是为了使提单符合信用证对装运日期的规定，以顺利结汇。

第四，预借提单（advanced B/L），是指在信用证规定的装运日期和议付日期已到，而货物却未及时装船情况下，托运人出具保函，让承运人签发已装船提单，这就属于预借提单。

需要注意的是，倒签提单和预借提单的取得均须托运人提供担保函才能获得，它们的提单日期都不是实际的装船日期，应尽量减少或杜绝使用。英美法等国家对保函不承认，亚欧一些国家认为只要未损害第三者利益，便不属于违法，但应严加控制。

2. 铁路运单

铁路运单（railway bill）是铁路承运人收到货物后所签发的铁路运输单据。我国对外贸易铁路运输按照营运方式不同，分为国际铁路联运和国内铁路运输两种方式。前者使用国际货协运单，后者使用承运货物收据。通过铁路对中国香港和中国澳门地区出口的货物，使用承运货物收据这种特定性质和格式的单据。

（1）国际货协运单（international cargo agreement transportation）使用正副本方式。国际货协运单正本随同货物从始发站到终点站交给收货人，作为铁路向收货人交付货物的凭证。国际货协运单副本在发货站加盖承运期戳记，成为货物已被承运的证明，发货人凭此向银行要求结汇。国际货协运单不能转让。

（2）承运货物收据（cargo receipt）是在特定运输方式下所使用的一种运输单据，它既是承运人出具的货物收据，也是承运人与托运人签订的运输契约。我国内地通过铁路运往中国香港和中国澳门地区的出口货物，一般多委托中国对外贸易运输公司承办。当出口货物装车发运后，中国对外贸易运输公司即签发一份承运货物收据给托运人，以作为对外办理结汇的凭证。

3. 航空运单

航空运单（air waybill）是承运人与托运人之间签订的运输契约，也是承运人或其代理人签发的货物收据。航空运单还可作为承运人核收运费的依据和海关查验放行的基本单据。但航空运单不是代表货物所有权的凭证，也不能通过背书转让。收货人提货不是凭航空运单，而是凭航空公司的提货通知单。在航空运单的收货人栏内，必须详细填写收货人的全称和地址，而不能做成指示性抬头。

航空运单的份数共有正本一式三份：第一份正本注明"original-for the shipper"应交托运人；第二份正本注明"original-for the issuing carrier"，由航空公司留存；第三份正本注明"original-for the consignee"，由航空公司随机代交收货人；其余副本则分别注明"for airport of destination""delivery receipt""for second carrier""extra copy"等，由航空公司按规定和需要进行分发。

每份航空运单有三份正本和至少六份以上的副本。正本的背面印有承运条款，其用途即为航空运单的主要作用：第一份交给发货人，是承运人或其代理收到货物后出具的收据；第二份是由承运人留存作为记账凭证；第三份是随货同行，交给收货人作为核收货物的依据。

4. 邮包收据

邮包收据（parcel post receipt）是邮包运输的主要单据，它既是邮局收到寄件人的邮包后所签发的凭证，也是收件人凭以提取邮件的凭证，当邮包发生损坏或丢失时，它还可凭此向邮政局作为索赔和理赔的依据。但邮包收据不是物权凭证。

5. 多式联运单据

微课
国际多式
联运与运
输单据

多式联运单据（multimodal transportation documents）是指多式联运经营人在收到货物后签发给托运人的单据。按照国际商会《联合运输单证统一规则》的规定，多式联运经营人负责货物的全程运输。

多式联运单据与联运提单在形式上有相同之处，但在性质上不同：

第一，提单的签发人不同。多式联运单据由多式联运经营人签发，而且可以是完全不掌握运输工具的"无船承运人"，全程运输均安排各分承运人负责。联运提单由承运人或其代理人签发。

第二，签发人的责任不同。多式联运单据的签发人对全程运输负责。而联运提单的签发人仅对第一程运输负责。

第三，运输方式不同。多式联运提单的运输既可用于海运与其他方式的联运，也可用于不包括海运的其他运输方式的联运。联运提单的运输限于海运与其他运输方式的联合运输。

第四，已装船证明不同。多式联运提单可以不表明货物已装船，也无须载明具体的运输工具。联运提单必须是已装船提单。

三、装运时间

微课
运输条款

装运时间，又称装运期限（time of shipment），是卖方完成货物装运的期限。装运期限和交货期限（time of delivery）在象征性交货条件下意思是一致的；但在实际交货价格条件（如目的港船上交货价 DES、目的港码头交货价 DEQ 等）条件下，两者的含义就不一样了，这时的装运期是指货物装出的时间，而交货期是指货物到目的港交货的时间，它们之间相差一个运输航程。

1. 规定在某月或跨月装运

即装运时间限于某一段确定时间（a period of time）。

例：shipmen during March 2022（2022 年 3 月装运）

则卖方可在 2022 年 3 月 1 日至 3 月 31 日任何时间装运出口。

shipment during April /May 2022（2022 年 4/5 月份装）

则卖方可在 2022 年 4 月 1 日至 5 月 31 日的任何时间装运出口。

2. 规定在某月底或某日前装运

即在合同中规定一个最迟装运日期，在该日期前装运有效。

例：shipmen at or before the end of August 2022（在 2022 年 8 月底或以前装运）

则卖方最迟不能超过 8 月 31 日装运。

shipment not later than June 15th，2022。

则自合同订立之日起，最迟不能迟于 2022 年 6 月 15 日装运。

3. 规定在收到信用证后一定期限内装运

在对买方资信了解不够或防止买方可能因某些原因不按时履行合同的情况下，可采用此方法规定装运时间，以保障卖方利益。

例：shipment within 30 days after receipt of L/C

即：收到信用证后 30 天内装运。

另外，为防止买方拖延或拒绝开证而造成卖方不能及时安排生产及装运进程的被动局面，合同中一般还同时订立一个限制性条款，即规定信用证的开立或送达期限。

例如：the buyers must open the relative L/C to reach the sellers not later than August 18th。

买方必须不迟于 8 月 18 日将信用证开到卖方。

4. 近期装运术语

此类术语主要有"立即装运"（immediate shipment）"迅速装运"（prompt shipment）"尽快装运"（shipment as soon as possible）等。这些近期装运术语在国际上并无统一的解释，因而为避免误解引起纠纷，除买卖双方有一致理解外，应尽量避免使用。

❖ 职业判断

误定装运时间致损案

我国某进出口贸易有限公司（卖方）曾在广交会上与法国某商人（买方）按 CIF 伦敦条件签订一项出口文具的合同。由于卖方货源充沛，急于出售，当月成交时，便约定当月交货。后因卖方临时租不到船，未能按期交货，致使双方产生争议，买方遂提请在中国仲裁。结果，卖方败诉。

问题：作为一名外贸从业人员，你认为卖方为何败诉？

四、装运港与目的港

装运港（port of shipment）是指货物起始装运的港口。目的港（port of destination）是指最终卸货的港口。在买卖合同中，装运港和目的港的规定方法有以下三种：

第一，在一般情况下，装运港和目的港分别规定为一个。

第二，有时按实际业务的需要，也可分别规定两个或两个以上。

第三，在磋商交易时，如明确规定装运港或目的港有困难，可以采用选择港（optional ports）办法。规定选择港有两种方式：一种是在两个或两个以上港口中选择一个，如 CIF 伦敦／汉堡／鹿特丹；另一种是笼统规定某一航区为装运港或目的港，如"地中海主要港口""西欧主要港口"等。

五、分批装运和转运

动画
分批装运

分批装运（partial shipment）是指一个合同项下的货物先后分若干批装运。在货量较大、资金限制或市场需要等情况下，可在合同中规定分批装运条款。

转运（transhipment）是指货物自装运港运至目的港的过程中，从一种运输工具转移到另一运输工具上，或是由一种运输方式转为另一种运输方式的行为。一般来说，允许分批装运和转运，对卖方来说比较主动。关于分批装运和转运，《跟单信用证统一惯例》（UCP600）第四十条规定：

a. 除非信用证另有规定，允许分批支款及／或分批装运。

b. 运输单据上表面注明货物系使用同一运输工具并经同一路线运输的，即使每套运输单据注明的装运日期不同及／或装货港、接受监管地、发运地不同，只要运输单据注明的目的地相同，也不视为分批装运。

c. 货物经邮寄或专递发运，如邮政收据或投邮证明或专递收据或发运通知，是在信用证规定的发货地加盖戳记或签署或以其他方式证实并且日期相同，则不视为分批装运。

六、装运通知

装运通知（shipping advice）是装运条款中不可缺少的一项重要内容。不论按哪种国际贸易术语成交，交易双方都要承担相互通知的义务。规定装运通知的目的在于明确买卖双方的责任，促使双方互相配合，共同安排好车、船、货的衔接，有利于贸易的顺利进行。

按照国际贸易的一般做法，在按 FOB 条件成交时，卖方应在约定的装运期开始以前向买方发出货物备妥通知，以便买方及时派船接货。买方接到卖方发出的备货通知后，应按约定的时间，将船名、船舶到港受载日期等通知卖方，以便卖方及时安排货物出运和准备装船。

在按 CFR 或 CPT 条件成交时，卖方应在约定时间，将合同，货物的品名、件数、重量，发票金额，船名及装船日期等项内容，电告买方，以便买方办理保险并做好接卸货物的准备，及时办理进口报关手续。

◈ **职业判断**

交货是否符合要求？

我国某公司向国外买方出售 5 000 吨花生仁，双方约定：从中国港口运至伦敦，分 5 个月装运，其中，3 月份装运 800 吨，4 月份装运 1 200 吨，5 月份装运 1 400 吨，6 月份装运 1 100 吨，7 月份装运 500 吨，每月不许分批装运。卖方按信用证规定，先后于 3 月份及 4 月份于青岛分别装运了 800 吨与 1 200 吨，均顺利收回货款。卖方于 5 月 20 及 5 月 28 日分别将约定品质、规格的花生仁在青岛装运 705 吨，在烟台装运 641 吨，共计为 1 346 吨。卖方将这两套装运单据寄给开证行时，开证行认为卖方违反每月不许分批装运条款，且交货数量少 54 吨，以单证不符为由拒绝付款。

问题：你认为卖方的交货是否符合要求？

第二节　制定货物运输保险条款

货物运输过程中要遭遇各种导致货物灭失的可能情况，将给货物的相关当事人带来很大损失。在国际货物运输中，由于运输距离远，因此各种风险发生的可能性更大，一些愿意承担风险的保险公司研究出各个险种，供货物运输相关当事人规避风险。

一、海上风险与损失

微课
海洋运输货
物保险

1. 海上风险

（1）海上风险（perils of the sea），又称为海难，是指船舶或货物在海上运输过程中所遇到的自然灾害和意外事故。在现代海上保险业务中，保险人所承担的海上风险是有特定范围的，一方面，它并不包括一切在海上发生的风险；另一方面，它又不局限于航海中所发生的风险。海上风险具体可以分为自然灾害和意外事故两种。

① 自然灾害（natural calamities）。自然灾害是指不以人的意志为转移的自然界的力量所引起的灾害。它是客观存在的，人力不可抗拒的灾害事故，是承保人承保的主要风险。但在海运保险业中并不是泛指一切由于自然力量造成的灾害，而是仅指以下人力不可抗拒的自然力量造成的灾害：

● 恶劣气候（heavy weather），又称暴风雨（wing storm），是指海上发生的飓风、大浪引起船只颠覆和倾斜造成船体机械设备的损坏或者因此引起的船上所载货物相互折压碰撞而导致破碎、泄漏、凹瘪等损失。

● 雷电（lightning）。雷电常在积雨云层中产生，若云层之间，云层和地面之间电位差增大到一定程度，就会发生猛烈的放电现象，这就是雷电与云层之间以及云层和空气之间的放电，一般不会危及人的生命和财产安全，而云层和地面之间的放电往往会危及生命和财产安全并造成损失。

● 地震（earthquake）。地震是指由于地壳发生急剧的自然变化，使地面发生震动、坍塌、地陷、地裂等造成的保险货物的损失。

● 海啸（tsunami）。海啸是指由于海底地壳发生变异，有的地方下陷，有的地方升高引起剧烈震荡而产生巨大波浪，致使保险货物遭受损害或灭失。

● 火山爆发（volcanic eruption）。火山爆发是指由于火山爆发产生的地震以及喷发出的火山岩灰造成的保险货物的损失。

● 洪水（flood）。洪水是指因江河泛滥、山洪暴发、湖水上岸及倒灌或暴雨等致使保险货物遭受泡损、淹没、冲散等损失。

● 浪击落海（washing overboard）。浪击落海是指存放在舱面上的货物在运输过程中受海浪的剧烈冲击而落海造成的损失。我国现行海运货物保险条款的基本险条款不保此项风险，但该项风险可以通过附加投保舱面险而获得保障。

② 意外事故（fortuitous accidents）。意外事故一般是指人或物体遭受外来灾害的非意料之中的事故。但意外事故并不是泛指海上所有的意外事故，而是仅指运输工具遭遇的以下风险：

● 搁浅（grounded）。搁浅是指船舶在航行中，由于意外或异常原因，船底与水下障碍物紧密接触牢牢地被搁住，并且持续一定时间失去进退自由的状态。

● 触礁（stranding）。触礁是指船舶在航行中触及海中岩礁或其他障碍物如木桩、渔栅等造成的一种意外事故。

● 沉没（wreck）。沉没是指船舶因海水浸入失去浮力，船体全部沉入水中，无法继续航行的状态，或虽未构成船体全部沉没，但是大大超过船舶规定的吃水标准，使应浮于水面的部分浸入水中无法继续航行，由此造成的保险货物损失属沉没责任。如果船体只有部分浸入水中而仍能航行，则不能视为船舶沉没。

● 碰撞（collision）。碰撞是指载货船舶同水以外的外界物体（如码头、船舶、灯塔、流冰等）发生猛力接触，由此造成的船上货物的损失。若发生碰撞的是两艘船舶，则碰撞不仅会带来船体及船上货物的损失，而且会产生碰撞责任损失，碰撞是船舶在海上航行中的一项主要风险。

● 倾覆（capsized）。倾覆是指船舶在航行中遭受自然灾害或意外事故导致船体翻倒或倾斜，失去正常状态，非经施救不能继续航行，由此造成保险货物的损失，属倾覆责任。

● 火灾（fire）。火灾是指由于意外、偶然发生的燃烧失去控制，蔓延扩大而造成的船舶和货物的损失。海上货物运输保险不论是直接被火烧毁、烧焦、烧裂，或者间接被火熏黑、灼热或为救火而致损失，均属火灾风险。

● 爆炸（explosion）。爆炸是指物体内部发生急剧的分解或燃烧，迸发出大量的气体和热力，致使物体本身及其周围的其他物体遭受猛烈破坏的现象。

（2）外来风险（extraneous risks），是指由于自然灾害和意外事故以外的其他外来原因造成的风险，但不包括货物的自然损耗和本质缺陷。外来风险可分为一般外来风险和特殊外来风险两种：

① 一般外来风险。海上货运保险业务中承保的一般外来风险主要有偷窃、提货不着；渗漏；短量；碰损破碎；钩损；淡水雨淋；生锈；混杂玷污；受潮受热；串味；包装破裂等。

② 特殊外来风险。特殊外来风险是指因战争、种族冲突或一国的军事、政治、国家政策法律，以及行政措施等的变化所造成的全部损失或部分损失，包括战争、罢工、交货不到、进口关税、拒收等。

2. 海上损失

按照损失的程度不同，海上损失可分为全部损失与部分损失。

（1）全部损失（total loss）简称全损，包括实际全损和推定全损。

① 实际全损（actual total loss）是指货物完全灭失或变质而失去原有用途，即货物完全损失已发生或者不可避免，也称为绝对全损。实际全损有下列四种情况：

第一，被保险货物完全灭失。如船只遇海难后沉没，货物同时沉入海底。

第二，被保险货物遭受严重损害，已丧失了原有的用途和价值。如水泥遭海水浸泡后变成水泥硬块，无法使用；茶叶被海水浸泡后，丧失了茶叶的香味，无法再食用。

微课
海运货物的
风险与损失

第三，被保险人对被保险货物的所有权已无可挽回地被完全剥夺。如船、货被海盗劫去或被敌对国扣押。

第四，载货船舶失踪达到一定时期仍杳无音讯。

② 推定全损（constructive total loss），又称商业全损，是指被保险货物在海上运输途中遭遇到承保风险之后，虽未达到完全灭失的状态，但是可以预见它的全损将不可避免；或者为了避免全损，需要支付的抢救、修理费用加上继续将货物运抵目的地的费用之和，将超过货物的保险价值或超过货物到达目的地时的价值，这种情况下被保险人可以推定货物发生了全部损失。

推定全损主要有以下四种情况：

第一，被保险货物遭受严重损害，完全灭失已不可避免，或者为了避免实际全损需要施救等所花的费用，将超过获救后被保险货物的价值。

第二，被保险货物受损害后，修理费用估计要超过货物修复后的价值。

第三，被保险货物遭受严重损害之后，整理和续运到目的地的运费超过了残存货物到达目的地的价值。

第四，被保险货物遭受责任范围内的事故，使被保险人失去被保险货物所有权，而收回这一所有权，其所需费用将超过收回被保险货物的价值。

实际全损和推定全损虽然都各为全损，但两者是有区别的。被保险货物遭受实际全损时，确定已经或不可避免地完全丧失，被保险人自然可以向保险人要求全部赔偿，而不需要办理委付手续；在被保险货物遭受推定全损时，是可以修复或者可以收回的，只是支出的费用将超过被保险货物的价值或者收回希望很小。因此，被保险人可以向保险人办理委付，要求保险人按全部损失赔偿，也可以不办理委付，由保险人按部分损失进行赔偿。

（2）部分损失（partial loss）是指被保险货物没有达到全部损失的程度，包括共同海损与单独海损。

① 共同海损（general average，GA）是指载货船舶在海运途中遇到危难，船长为了维护船舶和所有货物的共同安全或使航程得以继续完成，而采取的有意并且合理的行为，所产生的某些特殊牺牲或支出的特殊费用。

构成共同海损必须具备以下条件：一是船方在采取措施时，必须确有危及船、货共同安全的危险存在而不是臆测的，或者是不可避免地发生的；二是船方所采取的措施，必须是为了解除船、货的共同危险，是有意识而且是合理的，其费用支出是额外的；三是必须是属于非常情况下的损失。

根据惯例，共同海损的牺牲和费用，应由受益方，即船方、货方和运费方根据最后获救价值的多少，按比例分摊。这种分摊称为共同海损分摊（general average contribution）。

② 单独海损（particular average）是指除了共同海损以外的，由海上风险直接导致的船舶或货物的部分损失。这种损失只属于特定利益方，而不属于所有其他的货主或船方，由受损方单独承担。例如，在运输过程中，有茶叶、机器设备、钢材三种货物，途中遇到暴风雨，部分海水进入船舱，海水浸泡了部分茶叶，茶叶的损失只是使一家货主的利益受到影响，与同船所装的其他货物的货主和船东的利益无关，因而属于单独海损。

◈ 职业判断

共同海损和单独海损

案例资料：

某载货船舶在航行途中突然触礁，致使部分货物遭到损失，船体个别部位产生裂缝，急需补漏。为了船货的共同安全，船长决定修船。为此，将部分货物卸到岸上并存仓，卸货过程中部分货物受损。事后统计这次事件造成的损失有：（1）部分货物因船触礁而损失；（2）卸货费用、存仓费用以及货物损失。

问题： 上述各项损失属于什么海损？

共同海损与单独海损都属于部分损失，两者的主要区别为：

第一，损失的构成不同。单独海损一般是指货物本身的损失，不包括费用损失，而共同损失既包括货物损失，又包括因采取共同海损行为而引起的费用损失。

第二，造成损失的原因不同。单独海损是海上风险直接导致的货物损失，而共同海损是为了减轻船、货、运费三方共同危险而人为造成的损失。

第三，损失的承担者不同。单独海损由受损方自行承担损失，而共同海损则由船、货、运费三方按获救财产价值大小的比例分别承担。

保险公司对为减少货物的实际损失而支付的费用也负责赔偿，它分为施救费用和救助费用。

🔶 国际贸易新视界

案例背景：“长赐”轮（EVER GIVEN）于 3 月 23 日自马来西亚驶往鹿特丹途中，在埃及苏伊士运河发生搁浅事故。经过 6 天拖救作业，“长赐”轮终于在 3 月 29 日起浮脱险。苏伊士运河管理当局和其他当事人已经开始对本次事故进行海事调查。

“长赐”轮是一条可载 20 000 个 TEU 的集装箱运输船，本身价值不菲，船上的货物价值预计至少为船舶价值的两倍。“长赐”轮登记船东为正荣汽船，期租给了班轮公司长荣海运。

结合长荣海运主席事后召开的记者会表态，相对于本轮的货方来说，该航次的承运人应该是长荣海运。船东正荣汽船已经宣布共同海损，长荣海运和船东指定的共同海损理算人正在指引货方如何参与和准备共同海损分摊。

据悉，“长赐”轮上装载了来自深圳盐田港的 3 000 多个标准集装箱。在全球欢呼苏伊士运河恢复通航的同时，“长赐”轮被要求停留在大苦湖接受调查，并面临预计 10 亿美元的索赔。4 月 1 日，“长赐”轮船东正荣汽船宣布共同海损，这意味着 3 000 多个来自盐田港的集装箱货主将面临共同海损。

问题：请从专业的角度分析，正荣汽船宣布共同海损，我国货主将承担哪些损失？

分析提示：本案涉及的损失及保险理赔纠纷将很复杂和漫长。苏伊士运河恢复通航后，相关责任认定、损失统计及索赔很快展开。本次事件遭受损失的不仅仅是苏伊士运河当局，还包括救捞公司、“长赐”轮营运方及货主、受影响船舶和众多货主，以及供应链上各种企业。“长赐”轮面临大量的第三方索赔，因此，“长赐”轮的赔偿保险将在本次事故处理中充当重要角色，并且其背后的再保险等保险安排也将异常复杂。

二、我国海运货物保险条款及险别

中国人民保险公司（简称"人保"）参照国际保险市场的一般习惯做法，并结合我国实际情况，自行制定了各种保险条款，总称为"中国保险条款"（China Insurance Clause，缩写为 CIC）。我国现行的《海洋运输货物保险条款》是由中国人民保险公司于 1981 年 1 月 1 日修订实施的。

海运货物保险险别分为基本险和附加险两类。基本险又称主险，是可以独立投保的险别，包括平安险、水渍险和一切险；附加险是对基本险的补充和扩展，它不能单独投保，只能在投保了基本险的基础上加保，包括一般附加险和特殊附加险。

1. 基本险

（1）平安险（free from particular average，F. P. A）。平安险是我国保险业的习惯叫法，英文原意是"单独海损不赔"。平安险承诺以下八项责任：

第一，被保险货物在运输途中由于恶劣气候、雷电、海啸、地震等自然灾害造成整批货物的全部损失或推定全损。这一项责任是指在平安险下，保险人承担由列明的海上自然灾害造成的保险货物的全部损失（包括推定全损），也就是说，如果列明的自然灾害造成的损失是部分损失，保险公司在平安险项下不承担赔偿责任。

第二，由于运输工具造成搁浅、触礁、沉没、互撞，与流冰或其他物体碰撞以及失火、爆炸等意外事故造成货物的全部损失或部分损失。这一项责任是指在平安险项下，保险人承担运输工具在海上载货运输过程中发生的由列明的海上意外事故造成船上货物的全部损失和部分损失。

第三，在运输工具已经发生搁浅、触礁、沉没、焚毁意外事故的情况下，货物在此前后又在海上遭受恶劣气候、雷电、海啸等自然灾害造成的部分损失。这一项责任是指在平安险项下，保险人在有限制条件的情况下，也承担由列明的海上自然灾害造成货物的部分损失，这个限制条件就是船舶在海上航行途中发生了保单上列明的海上意外事故。

第四，在装卸或转运时由于一件或数件货物整体落海造成的全部损失或部分损失。这一项责任是指在平安险项下，保险人承担货物在装卸或转运时由于吊索造成的损失，即吊索损害。

第五，被保险人对遭受承担责任范围内危险的货物采取抢救措施，防止或减少因货物损失而支付的合理费用，但以不超过该批被救货物的保险金额为限。这项责任是指在平安险项下，承担被保险人或其代理人、受雇佣人为减少保险标的的损失而合理支出的施救费用。

第六，运输工具遭遇海难后，在避难港由于卸货所引起的损失，以及在中途港和避难港，由于卸货、存仓，以及运送货物所产生的特别费用。这一项责任是指在平安险项下，承担货物在避难港卸货引起的直接损失。如由于卸货引起的吊索损害，由于卸货引起的一系列损失及特别费用损失。这一项下，保险人承担的责任很大，但它的前提是载货船舶遭遇海难。

第七，共同海损的牺牲，分摊和救助费用。这一项责任是指保险人在平安险项下不仅承担遭受共同海损牺牲的货物损失的赔偿责任，而且承担共同海损分摊以及救助费用损失。

第八，运输契约订有"船舶互撞"条款，根据该条款规定，由货方偿还船方的损失。

（2）水渍险（with particular average, W. P. A）或（with average, W. A）。水渍险是我国保险业的习惯叫法，英文原意是"负责单独海损"。水渍险承保的责任范围是：

第一，平安险承担的全部责任。

第二，被保险货物由于恶劣气候、雷电、海啸、地震、洪水等自然灾害所造成的部分损失。这一项责任是指在水渍险项下，保险人承担单纯由于保单上列明的海上自然灾害所造成的货物部分损失。

（3）一切险（all risks）。一切险的承保范围是：

第一，水渍险承保的全部责任，一切险均给予承保。

第二，一切险负责被保险货物在运输途中，由于一般外来风险所致的全部损失或部分损失。

一切险的承保责任范围是各种基本险中最广泛的一种，因而，比较适用于价值较高，可能遭受损失因素较多的货物投保。

2. 附加险

附加险分为一般附加险和特殊附加险。

（1）一般附加险（general additional risks）。一般附加险承保一般外来风险所造成的损失，共有 11 种：

① 偷窃、提货不着险（theft, pilferage and non-delivery risks, T. P. N. D）对偷窃行为所致的损失和整体提货不着等损失，保险公司负责按保险价值赔偿。

② 淡水雨淋险（fresh water and /or rain damage risks, F.W.R.D）对直接遭受雨水、淡水，以及雪融水浸淋所致的损失，保险公司负责赔偿。淡水是与海水相对而言的，包括船上淡水管漏水、舱汗等。

③ 渗漏险（leakage risks）对因容器损坏而引起的渗漏损失，或用气体储藏的货物因

气体的渗漏而引起的货物腐蚀等损失，保险公司负责赔偿。如以流体装存的温肠衣，因为流体渗漏而使肠衣发生腐烂、变质等损失，均由保险公司负责赔偿。

④ 短量险（shortage risks）对因外包装破裂或散装货物发生数量损失和实际重量短缺的损失，保险公司负责赔偿，但不包括正常运输途中的损耗。

⑤ 混杂、玷污险（intermixture and contamination risks）对在运输过程中因混进杂质或被玷污所致的损失，保险公司负责赔偿。

⑥ 碰撞、破碎险（clash and breakage risks）对金属、木质等货物因震动、颠簸、挤压所造成的碰损和对易碎性货物在运输途中由于装卸野蛮、粗鲁、运输工具的颠震所造成的破碎损失。

⑦ 钩损险（hook damage risks）对在装卸过程中使用手钩、吊钩所造成的损失，保险公司负责赔偿。如粮食包装袋因吊钩钩坏而造成的粮食外漏的损失。

⑧ 锈损险（rust risks）对运输中发生的锈损，保险公司负责赔偿。但生锈必须是在保险期内发生的，如原装船时就已发生锈损，保险公司不负责赔偿。

⑨ 串味险（taint of odor risks）对于被保险的食用物品、中药材、化妆品原料等因受其他物品的影响而引起的气味损失，保险公司负责赔偿。如茶叶、香料与皮张、樟脑等堆放在一起产生异味而不能使用。

⑩ 包装破裂险（breakage of packing risks）对因运输或装卸不慎，包装破裂所造成的损失，以及为继续运输安全的需要对包装进行修补或调换所支付的费用，保险公司均负责赔偿。

⑪ 受潮受热险（sweat and heating risks）对因气温突然变化或由于船上通风设备失灵导致船舱内水汽凝结、受潮或受热所造成的损失，保险公司负责赔偿。

值得注意的是，上述 11 种附加险，只能在投保平安险和水渍险的基础上加保一种或数种险别，但当投保"一切险"时，因上述险别均包含在内，故无须加保。

（2）特殊附加险（special additional risks）。特殊附加险承保特殊外来风险所造成的损失，共有 8 种：

① 交货不到险（failure to deliver risks）。不论何种原因，从被保险货物装上船开始，6 个月内不能运到原定目的地交货的，保险公司负责按全部损失赔偿。

② 进口关税险（import duty risks）。当货物遭受保险责任范围内的损失，而仍须按完好货物价值缴纳进口关税时，保险公司对损失部分货物的进口关税负责赔偿。

③ 舱面险（on deck risks）。当货物置于船舶甲板上时，保险公司除了按照保单所载条款负责外，还赔偿被抛弃或浪击落海的损失。

④ 黄曲霉素险（aflatoxin risks）。花生、谷物等易产生黄曲霉素，对含量超过进口

国限制标准而被拒绝进口、没收或强制改变用途所遭受的损失，保险公司负责赔偿。

⑤ 拒收险（rejection risks）。对被保险货物在进口港被进口国政府或有关当局拒绝进口或没收的，保险公司按货物的保险价值负责赔偿。

⑥ 出口货物到中国香港（包括九龙在内）或中国澳门地区存仓火险责任扩展条款（fire risk extension clause for storage of cargo at destination Hongkong, including Kowloon, or Macao，简称 F.R.E.C）。这是一种扩展存仓火险责任的保险，是指出口货物到达中国香港（包括九龙在内）或中国澳门地区等目的地，在卸离运输工具后，如直接存放在保险单所载明的过户银行所指定的仓库，保险责任自运输责任终止时开始，至银行收回押款解除货物的权益为止，或运输险责任终止时起满 30 天为止。在此期间，对发生了火灾所造成的损失，保险公司负责赔偿。

⑦ 战争险（war risks）。战争险是特殊附加险的主要险别之一，它虽然不能独立投保，但对其他附加险而言又具有很强的独立性。

⑧ 罢工险（strikes risks）。凡是因罢工、被迫停工所造成的直接损失，恐怖主义者或出于政治目的而采取行动的个人所造成的损失，以及任何人的恶意行为造成的损失，都属于承保范围。按照国际保险业惯例，在投保战争险的前提下，加保罢工险，不另增收保险费。如单独要求加保罢工险，则按战争险费率收费。

3. 除外责任

除外责任是指保险人不予赔偿的损失和费用。这是为了维护保险人的权益而对承保责任范围所做的进一步的明确和划分。这种除外责任，一般来说是非意外的，非偶然的，或比较特殊的风险。

（1）基本险的除外责任。基本险的除外责任包括被保险人的故意行为或过失所造成的损失；由于发货人的包装不善等责任所引起的损失；被保险货物在保险责任开始之前就已存在品质不良或数量短缺所形成的损失；被保险货物的自然损耗、品质特性，以及市价跌落、运输延迟所引起的损失和费用；战争险等特殊附加险条款所规定的责任范围和除外责任。

（2）其他除外责任。如战争险的除外责任是指由于敌对行为，使用原子弹或热核制造的武器导致被保险货物的损失和费用不负责赔偿。

4. 责任起讫

保险的责任起讫，是指保险人对被保险货物承担保险责任的有效时间。被保险货物如果在保险有效期内发生保险责任范围内的风险损失，被保险人有权进行索赔，否则就无权进行索赔。

（1）基本险的责任起讫。基本险的责任起讫期限通常采用国际保险业惯用的"仓至仓条款"（warehouse to warehouse clause，简称 W/W）。它是指保险人的承保责任从被保险货物运离保险单所载明的起运地发货人仓库开始，直至该项货物被运抵保险单所载明的收货人仓库或被保险人用于分配、分派或非正常运输的其他储存处所为止。如未抵达上述仓库或储存处所，则以被保险货物在最后卸载港全部卸离海轮后满 60 天为止。如在上述 60 天内，被保险货物需转运至非保险单所载明的目的地时，则在该项货物开始转运时终止。

（2）其他险别的责任起讫。战争险的责任起讫与基本险所采用的"仓至仓条款"不同，而是以"水上危险"为限，是指保险人的承保责任自货物装上保险单所载明的启运港的海轮或驳船开始，到卸离保险单所载明的目的港的海轮或驳船为止。如果货物不卸离海轮或驳船，则从海轮到达目的港当日午夜起算满 15 日为止，等再装上续运海轮时，保险责任才继续有效。

三、英国伦敦保险协会制定的《协会货物条款》

现行英国伦敦保险协会制定的《协会货物条款》（Institute Cargo Clauses，ICC）是 1982 年 1 月 1 日的修订本，与我国现行保险条款相比，其形式和内容都有所不同。该条款共有六种险别。

（1）协会货物条款（A）[ICC（A）]。ICC（A）可以独立投保，其责任范围较广，采取"一切风险减除外责任"的方式。ICC（A）的除外责任有：一般除外责任，如因包装原因造成损失；由船方原因造成损失；使用原子或热核武器所造成的损失；不适航、不适货除外责任，如被保险人在装船时已知船舶不适航、不适货；战争除外责任；罢工除外责任。

（2）协会货物条款（B）[ICC（B）]。ICC（B）可以独立投保，其责任范围采用"列明风险"的方法，包括：火灾、爆炸；船舶或驳船触礁、搁浅、沉没或者倾覆；陆上运输工具倾覆或出轨；船舶、驳船或运输工具同水以外的任何外界物体碰撞；在避难港卸货；地震、火山爆发、雷电；共同海损牺牲；抛货；浪击落海；海水、湖水或河水进入船舶、驳船、运输工具、集装箱、大型海运箱或储存处所；货物在装卸时落海或跌落造成整件的全损。

ICC（B）的除外责任，除对"海盗行为"和恶意损害的责任不负责外，其余均与 ICC（A）的除外责任相同。

（3）协会货物条款（C）[ICC（C）]。ICC（C）可以独立投保，其责任范围也采用

"列明风险"的方式，包括：火灾、爆炸；船舶或驳船触礁、搁浅、沉没或倾覆；陆上运输工具倾覆或出轨；船舶、驳船或运输工具同除水以外的任何外界物体碰撞；在避难港卸货；共同海损牺牲；抛货。

ICC（C）的除外责任与 ICC（B）完全相同。

（4）卸货货物战争险条款。

（5）协会货物罢工险条款。上述险别在需要投保时也可作为独立的险别进行投保。

（6）恶意损害险条款。恶意损害险承保除被保险人以外的其他人（如船长、船员）的故意破坏行为所造成的被保险货物的灭失或损坏，但出于政治动机的人的行为除外。它在 ICC（A）中列为承保责任，在 ICC（B）和 ICC（C）中均列为除外责任。因此，在投保 ICC（B）和 ICC（C）时，如需获得这种风险的保障，应另行加保恶意损害险。

四、其他运输方式下的货物保险

1. 陆上运输货物保险条款

中国人民保险公司 1981 年 1 月 1 日修订的《陆上运输货物保险条款》规定：陆上运输货物保险分为陆运险和陆运一切险两种基本险。

（1）陆运险（overland transportation risks）的承保责任范围是指保险公司负责赔偿被保险货物在运输途中遭受暴风、雷电、洪水、地震等自然灾害或由于运输工具遭受碰撞、倾覆、出轨或在驳运过程中，因驳运工具遭受搁浅、触礁、沉没、碰撞或由于遭受隧道坍塌、崖崩或失火、爆炸等意外事故所造成的全部损失或部分损失，这与海洋运输保险条款中的"水渍险"相似。

（2）陆运一切险（overland transportation all risks）的承保责任范围除上述陆运险的责任外，还包括运输途中，由外来原因造成的短少、偷窃、渗漏、碰损、破碎、钩损、雨淋、生锈、受潮、受热、发霉、串味、玷污等全部损失或部分损失，这与海洋运输货物保险条款中的"一切险"相似。

以上陆运险和陆运一切险的责任范围均适用于铁路运输和公路运输。

陆运险、陆运一切险的除外责任与海洋运输货物险的除外责任相同。

陆上货物运输保险也采用"仓至仓"条款原则，即保险责任从被保险货物远离保险单所载明的起运地发货人的仓库或储存处开始，包括正常陆运和有关水上驳运在内，直到该货物送至保险单所载明的目的地收货人仓库或储存处所，或者被保险人用于分配、分派或非正常运输的其他储存处所为止。如果没有送抵保险单所载明的目的地收货人仓库或储存处所，则以到达最后卸载车站之后 60 天为限。如在中途转车，不论货物在当地卸车与否，保险责任从火车到达中途站的当日午夜起满 10 天为止。如果被保险货物在 10 天内继续装车续运，则保险责任继续生效。

2. 航空运输货物保险

中国人民保险公司 1981 年 1 月 1 日修订的《航空运输保险条款》规定：航空运输货物保险分为航空运输险和航空运输一切险两种基本险别。

（1）航空运输险（air transportation risks）的承保责任范围与海洋运输保险条款中的"水渍险"相似，包括被保险货物在运输途中遭受雷电、火灾、爆炸或由于飞机遭受恶劣气候或其他危难事故而被抛弃，或由于飞机遭遇碰撞、倾覆、坠落或失踪等自然灾害和意外事故所造成的全部损失或部分损失。

（2）航空运输一切险（air transportation all risks）的承保责任范围与海洋运输货物保险条款中的"一切险"相似，除了上述航空运输险的各项责任外，还包括被保险货物由于一般外来原因所造成的全部损失或部分损失。

航空运输险、航空运输一切险的除外责任与海洋运输货物保险条款基本险的除外责任基本相同。

航空货物运输保险责任起讫期限也采用"仓至仓"条款原则，所不同的是，如果货物送抵保险单所载明的目的地而未送抵保险单所载明的目的地收货人仓库或储存处所，则以到达最后卸载地卸离飞机之后 30 天，保险责任即告终止。如在上述 30 天内，被保险货物需转送非保险单所载明的目的地时，保险责任以该项货物开始转送时终止。

3. 邮政包裹运输保险条款

中国人民保险公司 1981 年 1 月 1 日修订的《邮包险条款》规定，邮政包裹运输保险分为邮包险和邮包一切险两种基本险。

（1）邮包险（parcel post risks）的承保责任范围是被保险货物在运输途中由于恶劣气候、雷电、海啸、洪水、自然灾害或由于运输工具遭受搁浅、触礁、碰撞、沉没、倾覆、出轨、坠落、失踪或由于失火、爆炸等意外事故所造成的全部损失或部分损失；另外，还负责被保险人对遭受保险责任范围内的货物采取抢救、防止或减少货损的措施而支付的合理费用，但以不超过该批被抢救货物的保险金额为限。

（2）邮包一切险（parcel post all risks）的承保责任范围除上述邮包险的各项责任外，还负责被保险的邮包在运输途中由于外来原因所致的全部损失或部分损失。

邮包险、邮包一切险的除外责任与海洋运输货物保险条款中基本险的除外责任相同。

邮包险的责任起讫期限是自被保险邮包离开保险单所载明的起运地点寄件人的处所

运往邮局时开始生效，直至被保险邮包运达保险单所载明的目的地邮局，自邮局签发到货通知书当日午夜起算，满 15 天终止，但在此期限内，邮包一经递交至收件人的处所时，保险责任即行终止。

在附加险方面，除了战争险外，海洋运输货物保险中的一般附加险和特殊附加险险别和条款均可适用于陆上、航空、邮政包裹运输货物保险。

五、合同中的保险条款

在国际货物买卖合同中，为了明确交易双方在货运保险方面的责任，通常都订有保险条款，主要内容有：保险金额、投保险别及确定适用的保险条款等。

以 FOB、CFR 或 FCA、CPT 条件成交的合同，保险一般由买方办理，其保险条款可以简化。如：

保险由买方负责。

Insurance: to be covered by the buyer.

以 CIF 或 CIP 成交的出口合同由卖方办理保险手续，而实际风险的承担者为国外进口方，所以应在合同中明确规定保险金额、投保险别、适用的保险条款等。如：

保险由卖方按发票金额的 ××% 投保 ×× 险、×× 险，以中国人民保险公司 1981 年 1 月 1 日的有关海洋运输货物保险条款为准。

Insurance: To be covered by the seller for…% of total invoice value against…, …as per and subject to the relevant ocean marine cargo clauses of the People's Insurance Company of China, dated Jan.1,1981.

微课
投诉

◈ 职业判断

倒签提单纠纷

案例资料：

原告某粮油公司称，2022 年 1 月 8 日，原告与国外客户签订了一份购买泰国大米的合同，装运期为 2022 年 4 月 1 日—4 月 30 日，信用证结汇。随后，原告如约开出信用证，该信用证显示，最后装船日 2022 年 4 月 30 日，L/C 是不可撤销的，见票即付。

被告某国际运输公司受托承运 7 200 吨泰国大米至目的港上海，被告签发提单的时间是 2022 年 4 月 30 日，但被告所属 A 轮直至 5 月 1 日 7 时才将货物装船完毕。

由于被告倒签提单，致使作为收货人的原告无法按照国际贸易合同的惯例，以信用证存在不符点为由拒付货款。在此期间，大米的跌价造成了原告的巨大损失。

为此，原告要求作为承运人的被告赔偿原告米价损失，折合人民币约 270 万元，其他损失（如货物的增值税、关税、目的港的卸货费等）约 340 万元。

被告答辩认为，签单失误不可能造成如此巨大的损失，原告贸易中的纠纷不应向承运人索赔。

问题：承运人倒签提单的行为，是否与原告现有的损失具有因果关系？原告所有的损失是否都应由被告承担？

国际贸易新视界

案例背景：为了满足中小微企业的多种国际物流需求，西安国际陆港集团打造的"一带一路"国际多式联运智慧物流枢纽平台——"陆港云码头"，经过一年多公铁、海铁，以及空铁联运业务测试，于 2021 年 1 月正式进入试运营阶段。

"陆港云码头"平台以多式联运物流服务贸易为基础，整合现有公路运输、铁路运输、海路运输及航空运输资源，将多种运输方式的网络资源实现高效衔接，打造以口岸为国际货运集散中心的"一带一路"国际多式联运智慧物流枢纽平台。利用线上化、可视化、精准化的方式，为中小微企业提供基于公、铁、海、空多种模式，多区间段的多式联运解决方案；为中小微企业提供低成本、高时效、低风险、高质量的运输服务。通过智能算法，将多种线上资源交互整合，以多式联运方式形成联通东西、横贯南北的商贸物流大格局。在为客户引进更多企业和多式联运产品，在享受优质全球物流服务的同时，全方位、深层次、多渠道地为"一带一路"沿线国家的经济发展贡献力量。

2022 年以来，全球疫情呈现快速传播的特征，导致全球供应链危机，多式联运成为这一时期市场的"宠儿"。

问题：在疫情反复的背景下，作为外贸从业人员，应如何利用相关平台为进出口货物设计国际多式联运方案？

分析提示："一带一路"是"丝绸之路经济带"和"21世纪海上丝绸之路"的简称，作为外贸从业人员，要了解和深刻领悟"一带一路"的建设意义和发展历程，熟悉"一带一路"的路线图，遵循快速、经济、有效的原则，设计合理的国际多式联运方案。

◈ 课堂能力训练

拟写发盘函和接受函

1. 实训目的

通过操作技能训练，掌握提单的填写技巧。

2. 实训资料

深圳某进出口公司向英国 ABC 公司出口玩具 6 000 件，每件 6.5 美元 CFR 伦敦，玩具 12 件装一纸箱，每箱毛重 5.5 kg，纸箱的尺寸为 20 cm × 30 cm × 30 cm，唛头为：ABC/LONDON/NO.500。

货物于 2022 年 9 月 28 日在深圳盐田港装"大同"轮运往英国伦敦。请根据上列条件填制一份"清洁、已装船、空白抬头"提单，要求通知买方并注明"运费已付"。

提　单

BILL OF LADING

DIRECT OR WITH TRANSHIPMENT

托运人
Shipper（1）_____

收货人
Consignee（2）_____

通知
Notify（3）_____

船名 Vessel（4）_____	航次 315 Voy. 315	装货单号：866 S/O: 866	提单号 .678 B/L No.678
装船港： Port of Loading	卸货港： Port of Discharge		

运费在				
Freight payable at				

标志和号数 Marks and Numbers	件数 No.of Packages	货名 Description or Goods	毛重 Gross Weight /Kgs	尺码 Measurement /m^3
（5）	（6）	玩具	（7）	（8）

合计件数（大写）	
Total Packages (in words)	

运费和其他费用

Freight and Charges（9）_____

签单日期_____   在 _____

Date（10）_____at _____

船长：_____

3. 实训要求

请根据以上资料用英语拟写一份提单。

知识与技能训练

一、单项选择题

1. 表示"装船提单"的说法正确的是（　　）。

　A. 货于 5 月 24 日送交船公司

　B. 货于 6 月 4 日开始装船

　C. 货于 6 月 4 日全部装完

　D. 货于 6 月 24 日抵达日本

2. 海运提单和航空运单（　　）。

　A. 均为物权凭证

　B. 均为"可转让"的物权凭证

　C. 前者作物权凭证，后者不可转让，不作物权凭证

　D. 前者不作物权凭证，后者作物权凭证

3. 班轮条件是指货物装卸费由（   ）。

    A. 买方负担　　　　　　　　　　　　B. 卖方负担

    C. 承运人负担　　　　　　　　　　　D. 买卖双方各负担一半

4. 保险责任的起讫期限采用相同的"仓至仓"条款的有（   ）。

    A. 海运保险和航空保险　　　　　　　B. 陆运保险和航空保险

    C. 海运保险和陆运保险　　　　　　　D. 航空保险

5. "空白抬头，空白背书"的指示提单是指（   ）。

    A. To order of，不加列被背书人名称的提单

    B. To order，不加列被背书人名称的提单

    C. To order of，加列被背书人名称的提单

    D. To order，加列被背书人名称的提单

二、多项选择题

1. 银行议付时接受（   ）。

    A. Clean B/L　　　　　　　　　　　B. Stale B/L

    C. Order B/L　　　　　　　　　　　D. Receive for shipment B/L

2. 定期租船下，租船人应负担（   ）。

    A. 船员工资　　　B. 港口费　　　　C. 装卸费　　　　D. 船员伙食

3. 分批产生的原因包括（   ）。

    A. 运输工具限制　　　　　　　　　　B. 班轮无直达船

    C. 市场需求　　　　　　　　　　　　D. 目的地无合适的船

4. 若按 CIF 条件出口，作为保险条款，下列较为妥当的是（   ）。

    A. 一切险、淡水雨淋险　　　　　　　B. 水渍险、受潮受热险

    C. 偷窃险、战争险、罢工险　　　　　D. 平安险、偷窃险、战争险

5. 信用证对提供运输单据要求："full sets of original clean on board ocean bill of lading made out to order of Royal Bank Canada and marked Freight Prepaid notify applicant."这表示出口方提供的提单必须是（   ）。

    A. 三份正本提单

    B. 清洁提单

    C. 收货人显示"to order of Royal Bank Canada"

    D. 已装船承运人提单

三、判断题

1. 海洋运输是国际货物运输中使用最多的运输方式。 （　　）
2. 由于班轮是按固定运费率收取运费，因此任何两个港口间无论选择哪间班轮公司，托运人所支付的运输费用都是一样的。 （　　）
3. W/M or A. V. 指按重量和体积中较高的一个收取运费后再加上一定百分比的从价费。 （　　）
4. 班轮公司对同一包装内混有不同商品的运费按各商品的平均运费收取。 （　　）
5. 海运提单是托运人与承运人订立的运输契约，双方责任以提单背面条款为准。 （　　）
6. 国际铁路货运联运的提单副本可以作为发货人据以结算货款的凭证。 （　　）
7. 一般情况下，提单的签发日期应晚于保险单日期，或至少和保险单同一天。 （　　）
8. 由于我国加入了《国际货协》，因而我国出口到世界各地区的货物均按国际铁路联运方式进行。 （　　）
9. 记名提单和指示提单同样可以背书转让。 （　　）
10. 由于装运期和交货期是两个含义不同的概念，因此，合同中的装运期和交货期应为两个不同的日期。 （　　）

◈ 综合实训

实训项目　根据信用证缮制提单

1. 实训目的

能根据信用证对单据的要求，正确缮制海运提单。

2. 实训资料

完成活动项目任务，由组长汇总。各组分别展示，学生讨论，教师评价其正确性。

根据信用证的内容缮制提单：

RCVD* FIN/Session/OSN	: F01	4304	295178
RCVD* Own Address	: COMMCNSELXXXX		BANK OF
COMMUNICATIONS			

215

```
RCVD*                            SHANGHAI

RCVD*                            ( HEAD OFFICE )

RCVD* Output Message Type CREDIT : 700   ISSUE OF A DOCUMENTARY

RCVD*Input Time                  : 1322

RCVD*MIR                         : 220615BKKBTHBKB XX5195822751

RCVD* Sent by                    ~BKKBTHBKBXXX   BANGKOK BANK
                                   PUBLIC COMPANY LIMITED

RCVD*                            BANGKOK

RCVD* Output Date/Time           : 220615/1422

RCVD* Priolity                   : Normal

RVCD* ------------------------------------------------------

RCVD*27                          /SEQUENCE OF TOTAL

RCVD*                            1/1

RCVD*40A/FORM OF DOCUMENTARY CREDIT

RCVD*                            IRREVOCABLE

RCVD* 20                         /DOCUMENTARY CREDIT NUMBER

RCVD*                            307811722732

RCVD* 31C /DATE OF ISSUE

RCVD*                            220615

RCVD*                            JUN-15-2022

RCVD*31D/DATE AND PLACE OF EXPIRY

RCVD*                            001230BENEFICIARIES' COUNTRY

RCVD*                            JUL-30-2022

RCVD* 50/APPLICANT

RCVI ) *                         MOUN CO., LTD.

RCVD*                            NO.443, 249, ROAD,

RCVD*                            BANGKOK

RCVD*                            THAILAND

RCVD* 59                         /BENEFICIARY

RCVD*                            SHANGHAI FOREIGN TRADE CORP.

RCVD*                            SHANGHAI, CHINA

RCVD* 32                         /CURRENCY CODE AMOUNT
```

RCVD*	USD18112,
RCVD*	US Dollar
RCVD* 41D/AVAILABIE WITH...BY... – NAME/ADDRESS	
RCVD*	ANY BANK IN
RCVD*	CHINA
RCVD*	BY NEGOTIATION
RCVD* 42C/DRAFFS AT...	
RCVD*	/SEE 47A/
RCVD* 42D/DRAWEE–NAME AND ADDRESS	
RCVD*	ISSUING BANK
RCVD* 43P /PARTIAL SHIPMENTS	
RCVD*	NOT ALLOWED
RCVD* 43T /TRANSSHIPMENT	
RCVD*	ALLOWED
RCVD* 44A/ON BOARD/DISP/TAKING CHARGE	
RCVD*	CHINA
RCVD* 44B/FOR TRANSPORTATION TO	
RCVD~	BANGKOK, THAILAND
RCVD* 44C/LATEST DATE OF SHIPMENT	
RCVD~	220710
RCVD–~	JUL–10–2022
RCVD* 45A/DESCP OF GOODS AND/OR SERVICES	
RCVD*	
RCVD* 16, 000KGS.METHAMIDOPHOS 70 PCT. MIN TECH.	
RCVD*	AT USD1.132 PER KG. CIF BANGKOK, THAILAND
RCVD*	PACKING IN 200 KGS/IRON DRUM
RCVD*	(DETAILS AS PER PROFORMA INVOICE NO.33745
RCVD	46A/DOCUMENTS REQUIRED
RCVD*	+COMMERCIAL INVOICE IN ONE ORIGINAL PLUS 6 COPIES, INDICATING

RCVD*	F.O.B.VALUE, FREIGHT CHARGES AND
	INSURANCE PREMIUM SEPARATELY,
RCVD*	ALL OF WHICH MUST BE MANUALLY
	SIGNED.
RCVD*	+FULL SET OF 3/3 CLEAN ON BOARD
	OCEAN
	BILLS OF LADING OR
RCVD*	MULTIMODAL TRANSPORT DOCUMENT
	AND TWO NON-NEGOTIABLE COPIES
RCVD*	MADE OUT TO OEDER OF BANGKOK
	BANK PUBLIC COMPANY LIMITED,
	BANGKOK
RCVD*	MARKED FREIGHT PREPAID AND
	NOTIFY APPLICANT
RCVD*	NAME OF SHIPPING AGENT IN
	BANGKOK WITH FULL ADDRESS AND
RCVD*,	TELEPHONE NUMBER, INDICATING
	THIS L/C NUMBER.
RCVD *	IF MULTIMODAL TRANSPORT
	DOCUMENT IS PRESENTED, 1T MUST
	SHOW AN
RCVD*	ON BOARD VESSEL NOTATION
	INDICATING
	THE DATE, THE OCEAN
	VESSEL' S
RCVD*	NAME AND PORT OF LOADING.
RCVD*	+INSURANCE POLICY OR CERTIFICATE
	OR DECLARATION IN TWO
RCVD*	NEGOTIABLE FORMS INDICATING
	"ORIGINAL" AND "DUPLICATE," PLUS
RCVD*	ONE NON-NEGOTIABLE COPY
	ENDORSED IN BLANK FOR FULL

	INVOICE VALUE
RCVD*	PLUS 10 PER CENT WITH CLAIM
	PAYABLE IN BANGKOK IN THE SAME
RCVD*	CURRENCY AS THE DRAFT, COVERING
	INSTITUTE CARGO CLAUSES (ALL
RCVD*	RISKS) AND INSTITUTE WAR CLAUSES
	(CARGO) .
RCVD*	+PACKING LIST IN ONE ORIGINAL
	PLUS 4 COPIES, ALL OF WHICH MUST
RCVD*	BE MANUALLY SIGNED.
RCVD*	+CERTIFICATE OF ANALYSIS IN TWO
	COPIES.
RCVD*	+CERTIFICATE OF ORIGIN IN TWO
	COPIES.
RCVD*	+BENEFICIARIES' CERTIFICATE
	CERTIFYING THAT ONE COPY OF ALL
RCVD*	NON-NEGOTIABLE DOCUMENTS
	HAVE BEEN SENT DIRECTLY TO BUYER
RCVD*	WITHIN FIVE DAYS AFTER SHIPMENT
	EFFECTED.

RCVD* 47A/ADDITIONAL CONDITIONS

RCVD*	/DRAFTS IN DUPLICATE AT 120 DAYS
	AFTER SHIPMENT DATE, INTEREST/
RCVD*	DISCOUNT CHARGES AND
	ACCEPTANCE COMMISSION ARE
	FOR BENEFICIARIES'
RCVD*	ACCOUNT AND INDICATING THIS
	L/C NUMBER
RCVD*	A DISCREPANCY FEE OF USDS0.00
	WILL BE IMPOSED ON EACH SET OF
RCVD*	DOCUMENTS PRESENTED FOR
	NEGOTIATION UNDER THIS L/C WITH

RCVD*	DISCREPANCY.THE FEE WILL BE
	DEDUCTED FROM THE BILL AMOUNT.
RCVD* 71B /CHARGES	
RCVD*	ALL BANK CHARGES OUTSIDE
RCVD*	THAILAND INCLUDING REIMBURSING
RCVD*	BANK COMMISSION AND
	DISCREPANCY
RCVD*	FEE (IF ANY) ARE FOR
RCVD*	BENEFICIARIES' ACCOUNT
RCVD* 49	/CONFIRMATION INSTRUCTIONS
RCVD*	WITHOUT
RCVD* 53D/	REIMBURSING BANK−NAME/ADDRESS
RCVD*	BANGKOK BANK PUBLIC COMPANY
RCVD*	LIMITED, NEW YORK BRANCH
RCVD*	AT MATURITY
RCVD* 78	/INSTRUCTIONS TO PAYING/ACCEPTING/
	NEGOTIATING BANK
RCVD*	DOCUMENTS TO BE DESPATCHED IN
	ONE SET BY COURIER.
RCVD*	ALL CORRESPONDENCE TO BE SENT
	TO BANGKOK BANK PUBLIC COMPANY
RCVD*	LIMITED HEAD OFFICE, 333 SILOM
	ROAD, BANGKOK 10500, AHAILAND.
RCVD*	ATTN: L/C NO.10110277504 IMPORT
	L/C SECTION 6.
RCVD*	
RCVD*	

填制海运提单

Shipper	B/L NO
Consignee	中国远洋运输（集团）总公司
Notify Party	CHINA OCEAN SHIPPING (GROUP)CO .
Pre-carriage by Place of Receipt	Combined Transport BILL OF LADING
Ocean Vessel Voy No. Port of Loading	

Port of Discharge	Place of Delivery		Final Destination
Marks & nos. container Seal no.	No.of Containers or P'kgs	Kind of Packages; Description of Goods	Gross Weight	Measurement

Total Number of Containers or Packages(in Words)				
Freight & Charges	Revenue Tons	Rate	Per	Prepaid	Collect
Ex Rate	Prepaid at	Payable at		Place and date of issue
	Total Prepaid	No. of Original B(S)/L		Signed for the Carrier

3. 实训要求

　　货物的装运要严格按照信用证的规定，对于涉及装运的条款，如转船、分批装运等条款应根据国际商会《跟单信用证统一惯例》（UCP600）的规定。对于提单的制作与审核要和信用证保持一致。

第七章 制定贸易合同条款——国际贸易支付条款

素养目标

- 培养遵守国际贸易支付相关国际规则的意识
- 提升善于观察、灵活机动的国际贸易从业素养

知识目标

- 掌握制定外贸合同支付条款的要领
- 掌握信用证、托收与汇付支付方式的使用要领
- 掌握汇票、本票与支票常用外贸支付工具的使用要领

技能目标

- 能够制定外贸合同的支付条款
- 能够操作信用证、托收与汇付等主要外贸支付方式
- 能够缮制汇票

思维导图

```
                                          ┌─ 汇票
                          ┌─ 支付工具 ─────┼─ 本票
                          │               └─ 支票
                          │
                          │                   ┌─ 汇付的含义及当事人
                          ├─ 制定汇付支付 ─────┼─ 汇付方式的种类及业务程序
                          │   方式条款        └─ 汇付方式在国际贸易中的运用
  制定贸易合同条款──       │
  国际贸易支付条款  ──────┤                   ┌─ 当事人
                          │                   ├─ 托收的种类
                          ├─ 制定托收支付 ─────┼─ 托收的风险及防范
                          │   方式条款        └─ 托收的国际惯例
                          │
                          │                   ┌─ 信用证的当事人
                          │                   ├─ 信用证支付方式的业务程序
                          ├─ 制定信用证支付 ───┼─ 信用证的内容
                          │   方式条款        ├─ 信用证的特点
                          │                   └─ 信用证的性质及作用
                          │
                          │                   ┌─ 信用证和汇付的结合使用
                          │                   ├─ 信用证与托收的结合使用
                          └─ 支付方式的选用 ───┼─ 跟单托收与预付押金的结合使用
                                              ├─ 跟单托收与备用信用证或银行保函的结合使用
                                              └─ 汇付与备用信用证或银行保函的结合使用
```

学习计划

● **素养提升计划**

_____

_____

● **知识学习计划**

_____

_____

● **技能训练计划**

_____

_____

案例资料：

　　我国信用证规则经过监管部门多次修订完善，在各银行及非银行机构中有广泛应用。电子商务的兴起，支付宝、微信等第三方支付平台的出现，满足了消费类电子商务便捷、诚信的需求，进而成为一手交钱一手交货的信用中介。

　　问题：从信用证和支付宝、微信等第三方平台面临的不同商务环境分析它们具有哪些区别？

第一节　支付工具

　　国际贸易货款的收付，采用现金结算的较少，大多采用非现金结算，主要采用各类金融票据作为支付工具。金融票据（financial document）是指可以流通转让的债权凭证，是国际上通行的结算和信贷工具。金融票据主要有汇票、本票和支票，其中汇票最为常见。

一、汇票

1. 汇票的含义

　　根据 2004 年 8 月 28 日通过经修订的《中华人民共和国票据法》（简称《票据法》）第十九条对汇票（bill of exchange）的定义：汇票是出票人签发的，委托付款人在见票时或者在指定日期无条件支付确定的金额给收款人或者持票人的票据。按照各国广泛引用或参照的《英国票据法》的规定：汇票是一个人向另一个人签发的，要求即期或定期或在可以确定的将来时间，对某人或其指定人或持票人支付一定金额的无条件书面支付命令。从上面的定义看，汇票有三个基本当事人，即出票人（drawer）、受票人（drawee）或付款人（payer）和收款人（payee）。

微课
汇票

根据《日内瓦统一法》的规定，汇票必须具备以下内容：

(1) 票据主文中列有"汇票"一词；

(2) 无条件支付一定金额的命令；

(3) 受票人的姓名；

(4) 付款日期；

(5) 付款地点；

(6) 受款人或其指定人的姓名；

(7) 出票日期和地点；

(8) 出票人的签名。

除了上述的必要项目外，还可以有《票据法》允许的其他记载项目，如：利息与利率、付款货币、禁止转让、免作拒绝证书、出票条款等，汇票样张见表7-1。

表7-1 汇票样张

凭
Drawn under _____
信用证或购买证第 号
L/C No. or D/A，D/P. _____
日期 年 月 日
Dated _____
按息付款
Payable with interest @ _____ % per annum

号码	汇票金额	中国杭州	年 月 日
No. _____	Exchange for _____	Hangzhou, China _____	2022
见票	日 后	（本汇票之副本未付）	付款
At _____ sight of this FIRST of Exchange		（Second of Exchange being unpaid）	
Pay to the order of _____			
金额 _____ 。			
the sum of _____			
此致			
To _____			

2. 汇票的当事人

汇票有三个基本当事人：

(1) 出票人（drawer）。签发汇票的人。商业汇票的出票人一般是出口商，银行汇票的出票人是银行。在汇票承兑前出票人是主债务人，如果汇票遭到拒付，他将保证偿付票款给持票人或被迫付款的任何背书人。

(2) 受票人（drawee）。接受支付命令的人，又称付款人。一般是进口商或其指定的银行。受票人在汇票上未签名之前，不是汇票的债务人，有拒绝承担付款责任的权利。

（3）收款人（payee）。收取汇票金额的人，即汇票的收款人。一般是出口商或其指定的银行。收款人作为汇票的第一持票人，因持有汇票而拥有所有的票据权利，即请求付款权、追索权和票据转让权。

除了上述基本当事人之外，随着汇票的流通转让，又出现了背书人、被背书人、承兑人、保证人和持票人等其他当事人。

3. 汇票的种类

（1）按照出票人和付款人的不同，汇票可以分为银行汇票和商业汇票。

银行汇票（banker's bill）的出票人和付款人都是银行。商业汇票（commercial bill）又称商号汇票（trader's bill），其出票人是工商企业或个人，付款人可以是工商企业或个人，也可以是银行。

（2）按照是否附有商业单据，汇票可分为光票和跟单汇票。

光票（clean bill）是不附带商业单据的汇票，附有商业单据的汇票称为跟单汇票（documentary draft）。光票的流通完全依靠当事人的信用，银行汇票多是光票。跟单汇票的付款以提交货运单据为条件，商业汇票一般为跟单汇票。

（3）按照付款时间的不同，汇票可分为即期汇票和远期汇票。

即期汇票（sight draft）是指在见票时即持票人提示汇票的当天立即付款的汇票，即期汇票无须承兑。

远期汇票（time bill）是指在一定期限或特定日期付款的汇票。

远期汇票须由持票人向付款人提示要求承兑，以明确承兑人的付款责任。见票后若干天／月付款的远期汇票，要从承兑日起算，确定付款到期日。

（4）按照承兑人的不同，汇票可分为商业承兑汇票和银行承兑汇票。

商业承兑汇票（trader's acceptance bill）是由企业或个人承兑的远期汇票，它建立在商业信用的基础之上。银行承兑汇票（banker's acceptance bill）是由银行承兑的远期汇票，它建立在银行信用的基础之上。

一份汇票通常同时具备几种属性，例如一份商业汇票，可以同时又是即期的跟单汇票或远期的银行承兑汇票或远期的商业承兑跟单汇票。但是一份即期汇票不可能同时又是商业承兑汇票或银行承兑汇票。

4. 汇票的使用

汇票的使用包括出票、提示、承兑、付款等票据行为，如需转让，一般通过背书行为转让。远期汇票如想提前取得票款，可以通过贴现票据。汇票遭到拒付时，还要涉及发出退票通知、制作拒绝证书和行使追索权等票据行为。

（1）出票（issue）。出票是指出票人签发票据并将其交付给收款人的票据行为。出票时必须逐一写明汇票的各项必备内容。

（2）提示（presentation）。提示是指持票人向付款人或其他人出示汇票要求承兑或付款的行为。付款人看到汇票即为见票（sight）。提示可分为承兑提示和付款提示两种。

（3）承兑（acceptance）。承兑是指远期汇票的付款人承诺在汇票到期日支付汇票金额的行为。承兑的手续由付款人在汇票正面写上"承兑"字样，注明承兑日期，并签名/盖章，交还持票人。

汇票的承兑可以是普通承兑或一般承兑，也可以是限制性承兑或保留性承兑。承兑人对于出票人的命令不加限制的同意确认即为普通承兑。附加有修改汇票文义的保留性付款记载的承兑即为限制性承兑。常见的限制性承兑包括有条件承兑、部分承兑、限定付款地点承兑和修改付款时间承兑四种。

（4）付款（payment）。持票人在汇票到期日或规定的期限内提示汇票，经付款人或承兑人付款后，汇票上的一切债权债务即告结束。持票人获得票款时，应当在汇票上签收，并将汇票交给付款人。

（5）背书（endorsement）。背书是指持票人在汇票的背面签上自己的名字，或再加上被背书人的名字，并把汇票交给被背书人或受让人的票据转让行为。经背书转让后，受让人享有汇票的收款权利，还可以通过再次背书继续转让汇票。对于受让人来说，所有在他以前的背书人和出票人都是他的"前手"；对于出让人来说，所有在他以后的受让人都是他的"后手"。任一背书人都是汇票的债务人之一，"前手"对"后手"负有担保汇票必然会被承兑或付款的责任。

远期汇票承兑后尚未到期时，持票人如想提前取得票款，可以通过背书将汇票转让给银行或贴现公司，并从票面金额中扣减按照一定贴现率计算的贴现息后获取部分余款。这种票据转让行为被称为贴现（discount）。贴现银行待贴现汇票到期时，再次提示给承兑人要求全额付款。

（6）拒付（dishonor）与追索（recourse）。无论持票人提示汇票要求承兑时遭到拒绝承兑，还是持票人提示汇票要求付款时遭到拒绝付款，均称为拒付，也称为退票。除了明确表示拒付外，付款人逃避不见、死亡或宣告破产，以致付款事实上已不可能执行时，也可视为拒付。

持票人是汇票的唯一债权人，如在合理的时间内提示承兑，或在到期日提示付款遭到拒付，可向其任一前手背书人、出票人和承兑人行使追索权，要求偿还汇票金额及费用。持票人行使追索权之前，必须及时发出退票通知，将拒付事实书面通知其前手，并及时制作拒绝证书。

二、本票

《票据法》第七十三条对本票（promissory note）下的定义是：本票是出票人签发的，承诺自己在见票时无条件支付确定的金额给收款人或者持票人的票据。本法所称本票，是指银行本票。

微课
本票与支票

《英国票据法》关于本票的定义是：本票是一人向另一人签发的，保证于见票时或定期或在可以确定的将来的时间，对某人、其指定人或持票人支付一定金额的无条件的书面承诺。

1. 本票的内容

根据《日内瓦统一法》，本票必须具备以下内容：

（1）票据主文中列有"本票"一词；

（2）无条件支付一定金额的承诺；

（3）付款日期；

（4）付款地点；

（5）受款人或其指定人的姓名；

（6）签发本票的日期和地点；

（7）出票人的签名。

2. 本票的种类

按照出票人的不同，本票可分为商业本票和银行本票两种。商业本票的出票人是企业或个人，银行本票的出票人是银行。银行本票如果开成不记载收款人名称或来人抬头的本票，即可代替现金流通。为了限制银行本票的签发，有的国家对本票的发行规定了最低限额，只允许开出一定金额以上的大额本票，或禁止发行来人抬头的银行本票，以免当作纸币在市场上流通。

《票据法》只允许使用银行本票，不承认银行以外的工商企业、组织机构或个人签发的本票。

3. 本票与汇票的区别

（1）本票是出票人的无条件支付承诺，是承诺式票据；汇票是出票人要求受票人无条件付款的支付命令，是命令式票据或委托式票据。

（2）本票有两个基本当事人，即出票人和受款人；汇票有三个基本当事人，即出票人、受票人和受款人。

（3）本票的出票人就是付款人，远期本票不需要承兑；远期汇票必须承兑。

（4）本票的出票人是主债务人；汇票在承兑前，出票人是主债务人；承兑后，承兑人是主债务人。

三、支票

《票据法》第八十一条对支票下的定义是：支票是出票人签发的，委托办理支票存款业务的银行或者其他金融机构在见票时无条件支付确定的金额给收款人或者持票人的票据。

《英国票据法》关于支票（cheque，check）的定义是：支票是以银行为付款人的即期汇票。即存款人对其开户行签发的，授权该银行对某人或其指定人或持票人即期支付一定金额的无条件书面支付命令。

1．支票的内容

根据《日内瓦统一法》，支票必须具备以下内容：

（1）票据主文中列有"支票"一词；

（2）无条件支付一定金额的命令；

（3）受票人的姓名；

（4）付款地点；

（5）出票日期和地点；

（6）出票人的签名。

2．支票的种类

支票按照抬头的不同性质，可分为记名支票和不记名支票；按照支票票款支取方式的不同，可分为现金支票、转账支票和普通支票，都属于银行支票；按照支票本身的基本特征，可分为划线支票和保付支票等。具体如下：

（1）记名支票。记名支票在其收款人一栏写明具体收款人姓名，如 pay A Co. or order（付 A 公司或其指定人），取款时必须由收款人签章。

（2）不记名支票。不记名支票又称空白支票，收款人一栏只写明 pay bearer（付来人）。持票人无须在支票背后签章即可支取票款，此种支票可以仅凭交付而转让。

（3）银行支票。银行支票是由银行签发，并由银行付款的支票。银行代理客户办理票汇时，可开立银行支票。银行支票分为现金支票和转账支票。

（4）划线支票。正面划有两道平行线的支票称为划线支票。一般支票可以委托银行收款入账，也可由持票人自行提取现款，支票不带划线者，称为现金支票。划线支票只能委托银行代收票款入账，在支票遗失或被人冒领时，使用划线支票可以通过银行代收的线索追回票款，从而保障持票人和出票人的资金安全。

（5）保付支票。保付支票是由付款银行在支票上加盖"保付"戳记，保证在支票提示时一定付款。支票一经保付，保付银行就承担付款责任，出票人、背书人都可免于追索。付款银行对支票保付后，即将票款从出票人账户中提出，转入专户存储，以备付款。

3. 支票和汇票的区别

（1）付款人的身份不同。支票的付款人只能是银行，汇票的付款人可以是工商企业或个人，也可以是银行。

（2）付款期限不同。支票只允许即期付款，一经提示，除正当理由可以拒付外，通常是见票即付，汇票既有即期汇票也有远期汇票，远期汇票必须提示承兑。

（3）另外，支票可以划线、保付，汇票在法律上无划线和保付的规定。

第二节　制定汇付支付方式条款

日常生活中，经常会用到汇付等各种支付方式，俗称为汇款，是一方通过银行等金融中介，利用一定的支付工具，将款项支付给另一方的支付方式。国际货款的支付方式根据资金的流向与支付工具的传递方向是否相同，可以分为顺汇和逆汇两种方法。国际货款的结算方式主要有汇付、托收和信用证三种，其中汇付属于顺汇法，托收与信用证属于逆汇法。

一、汇付的含义及当事人

汇付（remittance）又称汇款，是指债务人或付款人通过银行将款项汇交债权人或收款人的结算方式。

汇付方式的当事人包括如下几个：

(1) 汇款人（remitter），即汇出款项的人。在进出口贸易中，汇款人通常是进口商。

(2) 收款人（payee or beneficiary），即接收汇款的人。在进出口贸易中，收款人通常是出口商。

(3) 汇出行（remitting bank），即接受汇款人的委托，汇出款项的银行。在进出口贸易中，汇出行通常是进口地的银行。

(4) 汇入行（paying bank），又称解付行，即接受汇出行的委托，解付汇款的银行。在进出口贸易中，通常是出口地银行。

在上述当事人中，汇款人和收款人也可以是同一人，即汇款人将款项汇出后，可以自己到异地取款。

二、汇付方式的种类及业务程序

动画
电汇流程

按照汇出方式的不同，汇付方式分为电汇、信汇和票汇三种。

(1) 电汇（telegraphic transfer, T/T）是指汇出行应汇款人的申请，用加押电报或电传的形式指示汇入行付款给收款人的一种汇款方式。

电汇具有交款迅速、安全可靠的优点，但费用较高。电汇方式下资金周转迅速，有利于资金的充分利用，适用于金额大、需求急的汇款。

(2) 信汇（mail transfer, M/T）是指汇出行应汇款人的申请，用邮寄信汇委托书或支付委托书的方式指示汇入行付款给收款人的一种汇款方式。

动画
信汇流程

在处理程序上，信汇与电汇基本相同，所不同的是汇出行以航邮方式将信汇委托书或支付委托书寄给汇入行。委托书上不加具密押，而是加具有权签字人的签字或印鉴，汇入行经核对证实无误后，解付汇款。

信汇具有费用较电汇低廉，但汇款在途时间长、收款人收款时间较迟等特点。由于电信的发展，大多数发达国家目前已不再使用和接受信汇。

电汇和信汇的业务程序见图 7-1。

(3) 票汇（remittance by banker's demand draft, D/D）是指汇出行应汇款人的申请，开立以汇出行的海外分行或代理行为付款人的银行即期汇票，交由汇款人并由汇款人自行寄交给收款人，凭票向付款行取款的一种汇付方式。

票汇的业务程序见图 7-2。

票汇与电汇、信汇的区别是：第一，票汇方式下汇票的传递不通过银行，汇入行无

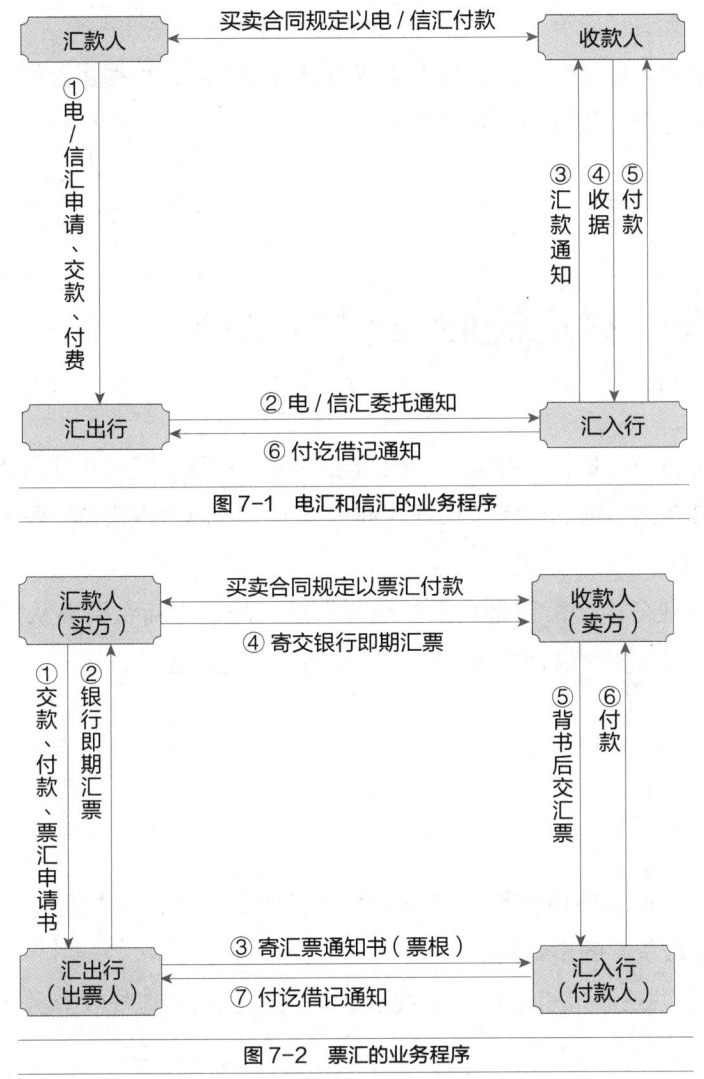

图 7-1　电汇和信汇的业务程序

图 7-2　票汇的业务程序

须通知收款人前来取款，由收款人自行持票上门取款，而电汇、信汇的汇入行在收到汇出行的委托或支付通知后，必须通知收款人取款；第二，票汇的收款人可以通过背书的方式转让汇票，而信汇委托书则不能流通转让。

三、汇付方式在国际贸易中的运用

在国际贸易结算中，无论是电汇、信汇还是票汇，银行都不经手货运单据，而由出口商自行寄交进口商，这种支付方式被称为单纯支付。由于汇付方式建立在商业信用基

微课
汇付与托收

　　　　　　　　　　　　　　　　　第二节　制定汇付支付方式条款

础之上，风险较大。

在国际贸易中，以汇付方式结算买卖双方债权债务时，根据货款的交付和货物运送时间的关系可分为预付货款和货到付款两种。

第三节　制定托收支付方式条款

托收（collection）是指债权人（一般为出口商）开具汇票或者连同货运单据，委托当地银行通过其在进口地的分行或代理行向债务人（一般为进口商）收取票款的一种支付方式。

由于在托收业务中，汇票是从出口地开向进口地的，而资金要从进口地流向出口地，结算工具汇票与资金流向相反，所以，托收属于逆汇方式。

一、当事人

（1）委托人（principal），即委托银行办理托收的一方，通常是开立汇票委托银行向国外进口商收取货款的出口商。

（2）托收行（remitting bank），即接受委托人的委托办理托收业务的人，通常是出口地银行。

（3）代收行（collecting bank），即接受托收行的委托向付款人收取票款的银行，通常是进口地银行，并且多数是托收行在进口地的分行或代理行。

（4）付款人（payee），根据托收指示，被提示单据并被要求付款或承兑汇票的人，即汇票的受票人，通常是进口商。

委托人与托收行的关系以及托收行与代收行的关系都是委托代理关系。委托人与托收行的委托代理关系以委托人提交的托收申请书确定，托收行与代收行之间通常订有代理合同并按照托收委托书确定双方的委托代理关系。付款人和代收行之间不存在任何契约关系。如果付款人拒付，代收行除了将拒付情况通知托收行并由托收行通知委托人外，并不承担付款责任。

二、托收的种类

按照是否带有商业单据，托收方式可分为光票托收和跟单托收两种。

光票托收（clean collection）是指不附带商业单据的资金单据的托收。光票托收主要用于货款尾数、小额贷款、贸易从属费用和索赔款的收取。

跟单托收（documentary collection）是指附有包括货运单据在内的商业单据的托收。跟单托收可以是带有资金单据（汇票）的跟单托收，也可以是不带有资金单据的跟单托收。跟单托收的汇票，可以是即期汇票，也可以是远期汇票。

在国际贸易支付中，采用的托收方式通常都是跟单托收，其中的货运单据代表了货物的所有权，交单即等于交货，因此，对于交单的规定要符合合同的要求。

根据代收行向进口商交付货运单据条件的不同，跟单托收的交单方式可分为付款交单和承兑交单两种。

付款交单（documents against payment, D/P），是指在代收行提示跟单汇票后，只有在进口商付清货款时，才能将货运单据交给进口商的一种交单方式。按照付款时间的不同，付款交单又可分为即期付款交单和远期付款交单。

即期付款交单（D/P at sight）是指出口商发货后开具即期汇票，连同货运单据通过银行向进口商提示，进口商见票即付，在付清货款后领取货运单据。

即期付款交单的业务程序见图7-3。

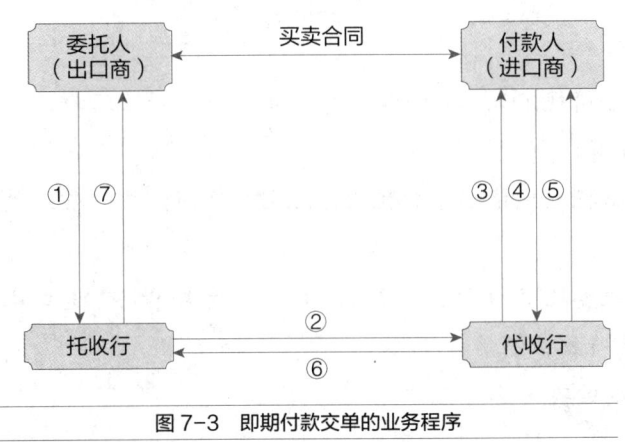

图7-3 即期付款交单的业务程序

说明：

① 出口人按照合同规定装货后，填写托收申请书，开立即期汇票，连同货运单据（有时不开立汇票）交托收行委托代收货款。

② 托收行根据托收申请书缮制托收委托书连同汇票（或无汇票）、货运单据寄交进

口地代收行委托代收。

③ 代收行按照委托书的指示向进口商提示汇票与单据。

④ 进口商审单无误后付款。

⑤ 代收行交单。

⑥ 代收行办理转账并通知托收行货款已收妥。

⑦ 托收行向出口人交款。

远期付款交单（D/P after sight）指出口商发货后开具远期汇票，连同货运单据通过银行向进口商提示，进口商先在汇票上承兑，然后于汇票到期日付清货款后再领取货运单据。远期付款交单的业务程序见图7-4。

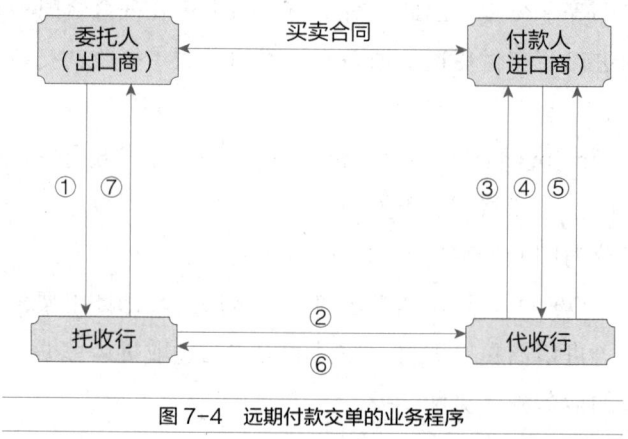

图7-4　远期付款交单的业务程序

说明：

① 出口商按合同规定装货后，填写托收申请书，开立远期汇票，连同货运单据交托收行委托代收货款。

② 托收行根据托收申请书缮制托收委托书，连同汇票、货运单据寄交进口地代收行委托代收。

③ 代收行按照委托书的指示向进口商提示汇票与单据，进口商经审核无误后在汇票上承兑后，代收行收回汇票与单据。

④ 进口商到期付款。

⑤ 代收行交单。

⑥ 代收行办理转账并通知托收行款已收妥。

⑦ 托收行向出口人交款。

在远期付款交单的情况下，当到货日期早于付款日期时，如要提前取得货运单据，以便及时转售或使用，进口商可采取以下做法：一是在付款到期日之前付款赎单；二是进口商开立信托收据交给代收银行，凭以借出货运单据先行提货。信托收据（trust receipt, T/R）是指进口商借单时提供的一种书面信用担保文件，用来表示愿意以代收行受托人的身份代为提货、报关、存仓和销售，并承认货物的所有权仍属银行，保证取得的货款应于汇票到期日交付代收行。

远期付款交单方式下的凭信托收据借单提货实质上是委托人或代收行对进口商提供的一种资金融通方式，这种方式只有在出口商对进口商的资信、偿款能力等十分了解并确信能如期收回款项时才能使用。如果是出口商提出或同意可以凭信托收据借单提货，并在托收委托书上写明"付款交单，凭信托收据借单提货"（D/P, T/R）字样，代收行以此指示办理托收业务而产生的风险应由出口商承担。如果出口商和托收行未曾在托收委托书上允许这一融资条件，而是代收行想为其本国进口商提供融资，同意进口商凭信托收据借单提货的话，则一切后果应由代收行自行负责。

承兑交单（documents against acceptance, D/A），是指进口商在远期汇票上承兑后，即可向银行领取货运单据，然后于汇票到期日再行付款。

承兑交单的业务程序见图7-5。

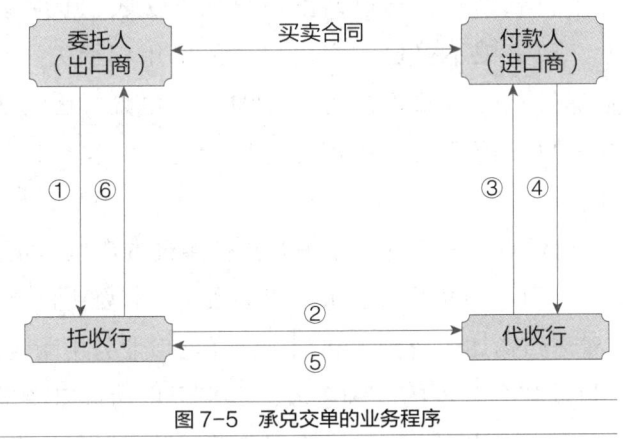

图7-5　承兑交单的业务程序

说明：

① 出口商按合同规定装货后，填写托收申请书，开立远期汇票，连同货运单据交托收行委托代收货款。

② 托收行根据托收申请书缮制托收委托书，连同汇票、货运单据寄交进口地代收行委托代收。

③ 代收行按照委托书的指示，向进口商提示汇票与单据，进口商在汇票上承兑，代收行在收回汇票的同时，将货运单据交给进口商。

④ 进口商到期付款。

⑤ 代收行办理转账并通知托收行货款已收妥。
⑥ 托收行向出口人交款。

三、托收的风险及防范

在跟单托收方式下，出口商先行发货，然后委托银行收取货款。银行只负责提示单据，代收货款，对能否收回款项并无责任，出口商能否安全及时地收回货款，完全取决于进口商的信用。此外，根据国际惯例，银行只需核实所收到的单据在表面上与托收委托书所列内容一致，对出口商所交单据的真伪及是否发运伪劣货物概不负责，进口商能否安全取得合格的货物，完全依赖于出口商的信用。因此，跟单托收建立在商业信用基础之上，交易双方均存在相应的风险。

在托收方式中，出口商在发运货物后，在一定程度上失去了货物和资金两方面的主动权，因此托收方式对出口商风险较大。货物发运后，如遇进口商倒闭或无力付款，或有意拒不付款赎单，出口商就有可能无法收回货款。在货物抵达目的地时还会产生存仓、转售或不得已运回出口地的费用和损失。在承兑交单或远期付款凭信托收据借单提货的方式下，出口商的风险更大，因为进口商只要办理了承兑或提交了信托收据，即可取得单据并提取货物，一旦到期不付款，出口商就会钱货两空。

由于托收方式费用低廉，进口商可免去开立信用证的手续，不必付银行押金，减少了资金支出。如果采用远期托收，还可以不必占用自有资金，有利于资金周转。总的来说，托收方式对进口商比较有利。实际上，在出口业务中采用托收，是出口商对进口商提供融资，以此作为竞争的一种手段，有利于调动进口商采购货物的积极性，从而有利于促进成交和扩大出口。同时，为了防范风险，确保安全收汇，应采取防范措施。

第一，做好售前调查工作。出口商必须详细调查进口商的资信情况、进口国的贸易和外汇管制法令等，并注意避免市场风险。

第二，正确确定交单方式和价格条件。出口商如确定采用托收方式，应尽量争取采用即期付款交单方式，而避免使用承兑交单方式，以确保进口商付款赎单。

世界上有些地区，如拉美地区，习惯上将 D/P 远期按 D/A 方式处理，使原来的只有进口商付款后才交单的付款交单方式实际上变成了只凭承兑就交出货运单据的方式，使出口商面临着钱货两空的风险。如不得已采用了 D/P 远期，应采取措施避免出现上述问题。

　　如果使用 D/P 方式，争取以 CIF（或 CIP）条件成交，由出口方办理保险；如以 FOB（或 FCA）、CFR（或 CPT）条件成交，应加保卖方利益险，以求当货物在运输途中受损而买方又不支付货款时，由保险公司承担赔偿责任。

　　第三，把托收方式与银行保函、信用证等方式结合起来，以降低风险。为了使收取货款有保障，可以要求进口商申请开立出口商认可的银行保函，一旦进口商在规定的时间内拒绝赎单或承兑取单提货后拒不付款，出口商有权向开立保函的银行索赔。

四、托收的国际惯例

　　在国际贸易中，银行与委托人之间，托收行与代收行之间，往往由于各方对权利、义务和责任的解释有分歧，加上不同银行的具体做法也有差异，从而导致误会、纠纷和争议。国际商会为调和各有关当事人之间的矛盾，以利于商业和金融活动的开展，曾于 1958 年草拟并于 1967 年公布了《商业单据托收统一规则》，从而在银行托收业务中取得了统一的术语、定义、原则和程序，并建议各国银行采用。国际商会于 1978 年对该规则进行修订，改名为《托收统一规则》（国际商会第 322 号出版物）。目前使用的《托收统一规则》（Uniform Rules for Collection，简称 URC522）以国际商会第 522 号出版物的形式颁发，于 1996 年 1 月 1 日起实施。《托收统一规则》自公布实施以来，被各国银行广泛采纳和使用。但应当指出的是，作为国际惯例，只有在当事人事先约定的条件下，才受该惯例的约束。

第四节　制定信用证支付方式条款

　　信用证（letter of Credit, L/C）是进口方银行（开证行）根据进口商（开证申请人）的申请和要求，向出口商（受益人）开立的，凭规定的单据，在一定期限内，支付一定金额的书面保证文件。简言之，信用证是一种银行开立的有条件的书面付款承诺，具体条件就是受益人必须提交符合信用证规定的各种单据。

一、信用证的当事人

信用证一般有三个基本当事人：开证申请人、开证行、受益人，在使用过程中，又产生了通知行、议付行、付款行和保兑行等其他当事人。

（1）开证申请人（applicant），又称开证人（opener），是向银行申请开立信用证的人，通常是进口商。

（2）开证行（opening bank, issuing bank），是应开证申请人的要求，开立信用证并承担付款责任的银行，通常是进口地银行。

（3）受益人（beneficiary），是接受信用证并享有信用证下合法权利的人，通常是出口商或实际供货人。

（4）通知行（advising bank, notifying bank），是受开证行的委托，将信用证转交或通知出口商的银行，通常是出口地银行。

（5）议付行（negotiating bank），是指自己垫付资金买入或贴现受益人开立和提交的符合信用证规定的跟单汇票的银行。议付行可以是信用证上指定的银行，也可以是非指定的银行。

（6）付款行（paying bank, drawee bank），是开证行授权进行信用证项下付款或承兑并支付受益人出具的汇票的银行。付款行可以是开证行，也可以是接受开证行委托的另一家银行。

（7）保兑行（confirming bank），是应开证行的请求，在信用证上加具保兑的银行，它具有与开证行相同的责任。

❖ 职业判断

保兑信用证的使用

案例资料：

某公司接到一份经 B 银行保兑的不可撤销信用证。当该公司按照信用证规定办完装运手续后，向 B 银行提交符合信用证各项要求的单据要求付款时，B 银行却声称：该公司应先要求开证行付款，如果开证行无力偿付，则由他保证付款。

问题：B 银行的要求对不对？

二、信用证支付方式的业务程序

1. 进口商申请开证

进口商在与出口商签订贸易合同后，应根据合同条款向银行申请开立信用证（application for Credit）。申请开证时，进口商应填写开证申请书，内容包括两部分：第一部分是要求开立信用证的基本内容，是开证行开证的主要依据。第二部分是开证人对开证行的声明或保证，以明确自己应承担的责任，其基本内容是承认在其付清货款前，开证行对单据及其所代表的货物拥有所有权，若到期不付款，开证行有权没收一切抵押物，作为应付款项的一部分。

开证申请人申请开证时，开证行可根据开证人的资信状况，要求提供一定的担保品或一定比例的押金，并收取手续费。

2. 进口方银行开立信用证

进口方银行开立信用证（issuance of Credit）时，必须严格按照开证申请书的要求开立，否则，进口方银行的权益不能得到可靠保障。

开立信用证的方法有信开、全电开和简电开三种。信开是指开证行将信函形式的信用证通过航邮寄送给出口商或通知行。全电开是指开证行通过 SWIFT 系统（环球银行金融电信协会）或电报电传等电信方式将信用证内容传至通知行。简电开是指通过电报或电传预先通告通知行信用证的主要内容，并附有"详情后告"等词语。信开和全电开信用证都是有效的信用证，简电开必须补寄证实书方为有效信用证。

3. 出口方银行通知信用证

出口方银行收到开证行开来的信用证时，经核对密押和印鉴相符，确认其表面的真实性后，应及时将信用证通知受益人（advice of Credit）。开证行在开立信用证时可以指定另一家银行加具保兑，此时，保兑行通常由通知行兼任。

受益人收到信用证后，应仔细审核信用证。如发现其内容有与合同条款不符或不能接受之处，应及时要求开证人通过开证行对信用证进行修改或拒绝接受信用证。如接受信用证，应立即备货，并在信用证规定的装运期限内，按照信用证规定的条件装运发货。然后，缮制并取得信用证所规定的全部单据，开立汇票，连同信用证正本和修改通知书，在规定的期限内送交信用证规定的议付行或付款行、保兑信用证的保兑行或任何愿意议付该信用证下单据的银行。

4. 出口方银行议付信用证

出口方银行对出口商提交的单据进行仔细的审核后，确认单证相符、单单相符后，即可进行议付（negotiation of Credit）。议付是指议付行以自有资金按照汇票金额扣除各项费用和利息后，垫付款项给受益人，并获得受益人提交的汇票及单据的所有权的行为。议付表面上是银行的购票行为，实际上是银行为受益人融通资金的一种方式。银行议付单据后，有权向开证行或其指定的付款行索偿，如遭拒付，可向受益人追索议付款项。

5. 进口方银行接受单据

进口方银行（或其指定的付款行）收到议付行寄来的汇票和单据（documents taken up by issuing bank）后，如审单后发现单证不符或单单不符，有权拒付，但必须及时将拒付事实通知议付行。如未发现单据中的不符点，应无条件付款给议付行后，取得汇票和单据的所有权。

6. 进口商赎单提货

开证行接受单据后，应立即通知进口商备款赎单（take delivery of goods against documents retired）。进口商核验单据无误后，将全部票款（或部分票款以押金抵补）及有关费用付给开证行，即可取得所有单据并提货。此时，开证行和进口商之间由于开立信用证而形成的契约关系就此终止。进口商付款或承兑赎单后，如发现任何有关货物的问题，不能向银行提出赔偿要求，应分具体情况向出口商、保险公司或运输部门索赔。即期不可撤销跟单议付信用证的收付程序见图7-6。

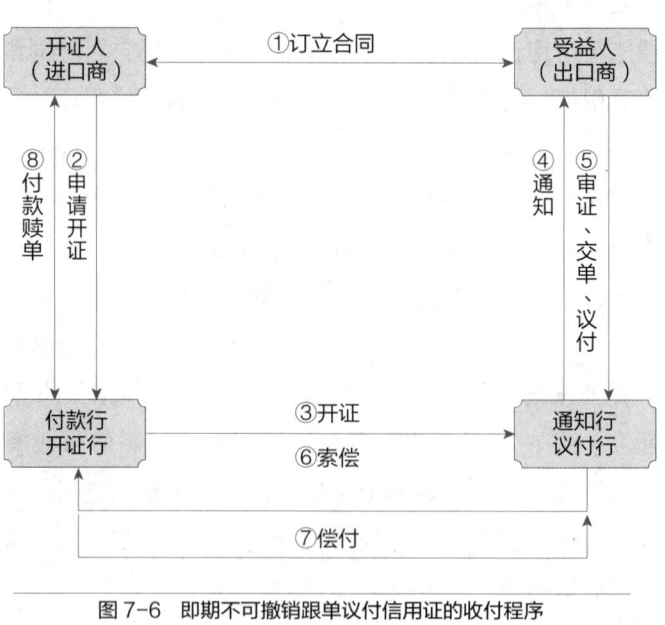

图7-6　即期不可撤销跟单议付信用证的收付程序

三、信用证的内容

根据不同交易的需要，各银行习惯使用的信用证格式各不相同。国际商会曾先后设计并介绍过四种信用证标准格式，其中包括：即期付款信用证、承兑信用证、延期付款信用证和议付信用证。但是，现在各国银行基本上还是按照其过去的习惯开立信用证，同时参照国际商会推荐的标准格式略加修改。

虽然目前信用证尚无统一格式，但其基本内容大致相同，主要包括以下几个方面：

（1）对信用证本身的说明。如信用证的编号、种类、金额、开证日期、到期日和交单地点等。

（2）信用证的当事人。如开证申请人、受益人和开证行，以及开证行指定的通知行、议付行、付款行、偿付行和保兑行等。

（3）货物条款。如货物的名称、规格、数量、包装、价格等。

（4）装运与保险条款。如运输方式、起运地、目的地、装运日期、可否分批装运、可否转运等。以 CIF 或 CIP 贸易术语达成的交易项下的保险要求，及投保的金额和险别等。

（5）单据条款。包括对汇票的要求，如使用汇票，应列明汇票的必要项目；对货运单据的要求，包括商业发票、海关发票、提单或运输单据、保险单证等；此外，还有包装单据、产地证、检验证书等。

（6）特别条款。主要是根据进口国政治经济贸易状况的变化或不同业务需要规定的一些条款。

（7）开证银行的责任条款以及适用的国际惯例。目前，银行开出的信用证都注有"该证受国际商会第 600 号出版物《跟单信用证统一惯例》的约束"字样。

四、信用证的特点

信用证支付方式具有以下三个特点：

1. 开证行负有第一性付款责任

信用证是由开证银行以自己的信用作出的付款保证。在信用证支付方式下，只要出口商履行了信用证条款所规定的义务，开证行就应履行其第一性的付款责任。

2. 信用证是一项独立自主的文件

信用证通常都是以交易合同为基础开立的。但是信用证一经开出，就成为独立于买卖合同之外的另一种契约。信用证各当事人的权利和责任完全以信用证所列条款为准，不受买卖合同的约束。

3. 信用证是一种纯单据交易

根据《UCP600》第四条规定：在信用证业务中，各有关当事人处理的是单据，而不是单据所涉及的货物、服务或其他行为。至于单据的真伪、法律效力，以及单据所代表的货物状况等，银行概不负责。

❖ 职业判断

L/C 付款就能确保万无一失吗

案例背景：

2021 年 9 月，上海 A 公司与美国 B 公司签订了 100 000 美元的电子产品买卖合同，规定贸易条件为 CFR NEWYORK BY AIR，支付方式为"不可撤销即期信用证"，装运期为次月从上海出发。合同签订后，B 公司在当地 C 银行开了一张信用证，信用证上的国际贸易术语是 "CNF NEWYORK"。A 公司收到信用证后，按照合同规定将货物发出，并提交了信用证所要求的各种办理单据，但收到了 C 开证行的拒付通知称，A 公司出具的商业发票上的国际贸易术语是 "CFR NEWYORK"，而信用证上标注的是 "CNF NEWYORK"，单证不符。A 公司接到通知后立即向 C 银行提出异议，并联系 B 公司，要求 B 公司按照合同规定的内容支付货款。与此同时，A 公司联系货物承运人，欲撤销发走的货物，但为时已晚，货物已经发运（后被 B 公司提走）。由于 B 公司坚决不赔偿，C 银行认为单证不符拒绝支付款项，A 公司最终遭受巨大损失。

问题：从这个案例中，你能总结出哪些经验和教训？

五、信用证的性质及作用

采用信用证支付方式，只要出口商按信用证的要求提交单据，银行即保证付款。所以，信用证建立在银行信用之上，由开证银行代进口商承担第一性的付款责任。这种银行提供信用并以自有资金直接参与到支付过程中的支付方式，在一定程度上解决了建立在商业信用基础之上的支付方式所存在的交易双方权利和义务不对等的问题，并为买卖双方融通资金提供了多种途径和便利。

众多彼此不熟悉、相互不了解的贸易当事人可以通过信用证提供的银行信用建立贸易联系。因此，信用证支付方式较易被进出口双方所接受和采用，有利于双方贸易活动的顺利进行，从而促进了国际贸易的发展。

信用证在国际贸易结算中可以起到以下两个主要作用：一是保证作用，二是资金融通作用。这些作用通过各有关当事人体现。首先，对出口商来说，只要按照信用证规定发运货物，向指定银行提交单据，收取货款就有了保障。发货后将汇票和单据交议付行议付，通过押汇可及时收回货款，有利于加速资金周转。出口押汇办理流程见图7-7。在货物装运前，还可以凭信用证向银行申请打包放款（packing credit），这是对出口商业务开展较为有利的一种融资方式。其次，对进口商来说，申请开证时只需交纳少量押金或免交押金，大部分或全部货款在单据到达后支付，减少了资金占用。如为远期信用证，还可凭信托收据向开证行借单提货出售或使用，到期后再向开证行付款。可以通过信用证条款控制出口商的交货时间、交货方式，以及所交货物的质量和数量。可以保证进口商付款后即获得代表货物的单据。

发货交单　　　审单押汇　　　收汇还款

图7-7　出口押汇办理流程

对银行来说，开证行贷出的是信用，不必占用资金，既可取得开证手续费的收入，又可将收取的开证押金加以利用；虽然面临一定的垫款风险，但开证时已收取一定的押金，付款后即获得出口商提交单据所代表货物的所有权，因而，风险已经得到有效的控制。至于出口地的议付行，议付出口商提交单据后，可向开证行索偿，只要出口商交来的单据符合信用证规定，就可以对出口商进行垫款，叙做出口押汇，还可以从中获得利息和手续费等收入。

第五节　支付方式的选用

微课
支付条款与
其他支付
方式

在对外贸易实际业务中，根据不同国家和地区、不同客户、不同交易的实际情况，正确和灵活地选用货款结算支付方式是一个关系到交易成败的重要问题。一般情况下，一笔交易只使用一种支付方式，但在特定情况下，也可以在一笔交易中把两种甚至两种以上不同的支付方式结合起来使用。

一、信用证和汇付的结合使用

微课
信用证与各
种支付方式
的结合使用

信用证和汇付的结合是指部分货款在货物装运后即采用信用证支付，另一部分货款在货物运抵目的地并经过商品检验确定其品质或数量后，余额采用汇付方式支付。这种方式多适用于交货数量不宜控制的初级产品贸易上。对于特定商品或特定交易需要进口商预付定金的，也可将预付定金部分以汇付方式支付，其余货款以信用证结算。

二、信用证与托收的结合使用

信用证与托收的结合是指一笔交易的部分货款以信用证支付，余额用托收结算。其实际做法是，出口商签发两张汇票，凭光票支取信用证款项，凭跟单汇票采用 D/P 方式支取余款。即信用证采用光票信用证的方式，跟单托收必须采用付款交单方式。这种做法对进口商来说，可减少开证金额，少付押金，减轻了资金周转的压力；对出口商来说，有部分信用证付款的保证，且进口商必须付清全部货款后才能获得货运单据。因此，出口商安全收汇较有保障。

❈ 职业判断

案例背景：2021 年 12 月，青岛外贸 A 公司与德国 B 公司签约，向其出口一批无纺布口罩，以 CIF HAMBURG 成交。鉴于 B 公司是大客户，长期从 A 公司进口防疫物资，因此 A 公司为了给 B 公司提供融资便利，同时兼顾自身资金周转实际和货款安全，最终拟定合同的支付条款为："30% deposit T/T in advance and the balance of 70% by 90 days L/C"。2022 年 6 月，A 公司收到 B 公司开来的信用证，其中要求提单 "the direct B/L must be issued directly by yang ming marine transport corp..." （"直达提单必须由阳明海运签发"）。

A 公司审证无误准备发货订舱时才发现，装运期内阳明海运并没有从青岛到达汉堡的直达船，为保证按时装运只能通过其他船公司运输，这可能会造成"单证不符。A 公司只好联系 B 公司要求改证，但 B 公司以改证成本较大和双方长期合作为由拒绝改证，声称"跟单托收"亦可，公司保证付款赎单。经多次商讨未果，考虑到长期合作关系，且公司已经投保中国出口信用保险，A 公司继续与 B 公司沟通，在 B 公司再次电汇余款 50% 保证生产成本后，为其发运了货物。随后，A 公司将信用证下单据交银行做了跟单托收，顺利收回了剩余货款。

问题：在国际贸易中，如何采用合适的结算方式使买卖双方都受益？

三、跟单托收与预付押金的结合使用

在进口商预付部分货款或支付一定比例的押金为保证的前提下，采用跟单托收的方式结算货款。出口商收到预付款或押金后发运货物，并从货款中扣除预付押金，其余金额通过银行托收。如托收金额被拒付，出口商可将货物运回，并以预收押金抵偿运费、利息及其他损失。

四、跟单托收与备用信用证或银行保函的结合使用

跟单托收与备用信用证或银行保函的结合使用，可以保证跟单托收项下的货款被拒付时，出口商可以利用备用信用证或银行保函的有关条款，签发进口商拒付的声明书，并开立汇票要求银行付款。使用这种方式时，备用信用证或银行保函的有效期必须晚于托收付款期限，以便被拒付后能有足够的时间办理追偿手续。

五、汇付与备用信用证或银行保函的结合使用

这种支付方式一般用在大型设备、成套设备，以及飞机与轮船等大型运输工具的交

易中。由于这种交易具有货物金额大、制造生产周期长、检验手段复杂、交货条件严格，以及质量保证期限长等特点，往往采用两种甚至两种以上不同的结算方式，如汇付与备用信用证或银行保函的结合使用，再结合使用分期付款或延期付款的方法支付货款。

🏛 行业洞察

信用证中的软条款

案例资料：

我国某出口企业签订了一份信用证付款的订货合同：1 950 万美元出口 50 000 m³ 的花岗岩砌石，在美国某银行开立的一份见票 90 天承兑付款的信用证中规定：为了让美国海关和开证申请人安排检验货物，开证行将仅凭开证申请人的收据无偿放单。开证行对该信用证项下汇票的承兑要等全部货物被美国海关放行和开证申请人接收货物并向其发出书面通知。直到开证行收到上述书面通知之前，开证行对其无法从开证申请人处索回单据不负责任。如果开证行从开证申请人处收到美国海关或开证申请人拒绝接收货物的通知，开证行将立即将此情况通过交单银行通知收益人。

无论从收汇的安全性还是及时性来说，这样存有"软条款"的信用证存在较大的不确定性并包含非常大的风险，属于国际结算业务中的欺诈行为，因而我验证行要求更改该条款。

问题：在国际贸易中，对于存在"软条款"的信用证，应采取怎样的防范措施？

❖ 课堂能力训练

拟写发盘函和接受函

1. 实训目的

通过操作技能训练，掌握汇票的填写，提高单据填写的正确率。

2. 实训资料

中国 A 进出口公司从美国 B 汽车制造公司进口一批汽车，价值 300 万美元，双方商定采用信用证方式付款。中国 A 进出口公司的开户行为中国工商银行北京分行，美国 B 汽车制造公司的开户行为花旗银行纽约分行，且该行也是中国工商银行北京分行的代理行。

操作要求：缮制一张汇票。

3. 实训要求

请以单据员的身份，根据以上资料用英语拟写一份汇票。

❖ 知识与技能训练

一、单项选择题

1. 国际贸易中使用的计价货币，除使用进口国货币和出口国货币外，还可以使用（　　）。

   A. 欧洲货币单位　　　　　　　　　　B. 第三国货币

   C. 特别提款权　　　　　　　　　　　D. 美元

2. 使用托收方式时，托收行和代收行在货款收进方面（　　）。

   A. 没有责任　　　　　　　　　　　　B. 承担部分责任

   C. 有责任　　　　　　　　　　　　　D. 视情况分析

3. L/C 上如未明确付款人，则制作汇票时，受票人应为（　　）。

   A. 开证申请人　　　　　　　　　　　B. 开证行

   C. 议付行　　　　　　　　　　　　　D. 通知行

4. 出口商要保证信用证下安全收汇，必须做到（　　）。

   A. 提交单据与合同相符且单单相符

   B. 提交单据与信用证相符且单单相符

   C. 当 L/C 与合同不符时，提交单据以合同为准

   D. 提交单据与合同、信用证均相符

5. 当受益人审证发现信用证与合同不符时，可要求（　　）。

   A. 开证行改证　　　　　　　　　　　B. 开证人改证

   C. 通知行改证　　　　　　　　　　　D. 付款行改证

二、多项选择题

1. 在实际业务中，远期汇票付款时间的规定方法有（　　　　　）。

   A. 见票后若干天付款　　　　　　　　B. 出票后若干天付款

C. 提单签发后若干天付款   D. 指定日期付款

2. 根据《票据法》的一般规定，出现（　　　　　　）情况时持票人可视作承兑人或付款人拒付（　　　　）。

  A. 承兑人或付款人正式拒绝

  B. 承兑人或付款人已经死亡、逃匿或避而不见，持票人经过合理努力仍未找到

  C. 承兑人或付款人已被依法宣告破产或因违法被责令终止业务活动

  D. 付款人是虚构人物或根本没有资格支付汇票的人，在经过合理努力后都无法提示

3. 本票与汇票的区别在于（　　　　）。

  A. 前者有三个当事人，后者则只有两个当事人

  B. 前者无须承兑，后者的远程通常要经过承兑

  C. 前者的主债务人不会变化，后者则会因为承兑而发生变化

  D. 前者只有即期，后者有即期和远期之分

4. 对于信用证与合同的关系表述正确的是（　　　　）。

  A. 信用证的开立以买卖合同为依据

  B. 信用证的履行不受买卖合同的约束

  C. 有关银行只根据信用证的规定办理信用证业务

  D. 合同是审核信用证的依据

5. 备用信用证与一般跟单信用证的区别主要有（　　　　）。

  A. 备用信用证属于商业信用，而跟单信用证属于银行信用

  B. 银行付款的条件不同

  C. 适用的范围不同

  D. 受款人要求银行付款时需提供的单据不同

三、判断题

1. 见票后、出票后或提单日后固定时期付款的汇票时间计算原则为算头不算尾。
（　　　）

2. 议付行一般不接受无追索权信用证。（　　　）

3. 汇票金额大小写数目不一致时，为维护出口商的利益，应以数目大的为准。
（　　　）

4. 国外开来的信用证，如其中有不符合合同规定的地方，一律需要修改。（　　　）

5. 汇票注明出票地点是为确定汇票的有效性寻找法律依据。（　　　）

6. 由于银行的介入，信用证内使用的汇票为银行汇票。 （　　）

7. 议付信用证中规定的汇票的付款人不应为开证申请人。 （　　）

8. 在承兑交单条件下，进口商由于承兑汇票，可从银行取得货运单据，出口商可从银行得到货款。 （　　）

9. 付款信用证、承兑信用证及议付信用证的到期地点均为开证行或其付款行所在地。 （　　）

10. 如信用证中规定了明确的到期日，则该信用证的有效期即到此日为止。 （　　）

❖ 综合实训

实训项目　缮制信用证申请表

1. 实训目的

通过缮制信用证申请表，从进口商的角度了解信用证的开立以及支付过程。

2. 实训资料

按照下列条件，填写信用证申请表。（用英语）

International Exporting Co. sells equipment and spare parts to Globe Importing Co. The value of the goods is USD400 000. Globe Importing Co. is asking its bank, ABC Bank, to issue a documentary letter of Credit. The application form is to be submitted today. The details of the letter of Credit are as below:

The goods are to be transported from Shanghai to London; Latest shipment date is May 31, 2022, expiry date of the L/C is June 14, 2022, place for presentation is Shanghai.

The L/C is transferable.

The L/C is available by negotiation.

Confirmation of the Credit is not requested.

Documents required are: Original commercial invoice; a) Marine Ocean bill of lading marked freight prepaid; b) Insurance certificate; c) Certificate of Origin

Please complete below fields in the application form:

1, 2, 3, 4, 5, 9, 10, 11, 12, 16, 17, 19–23, 27

Irrevocable Documentary Credit Application	
Applicant 1	Issuing Bank 2
Date of Application 3	Expiry Date and Place for Presentation of Documents Expiry Date 4 Place for Presentation
☐ Transferable Credit as per UCP 600 Article 48 9	Beneficiary 5
Confirmation of the Credit 10 Not requested ☐ requested ☐ authorized	Amount in figures and words 11
Shipment as defined in UCP 600 Article 46 16 From: For transportation to: Not later than:	Credit available with nominated bank 12 ☐ By payment at sight ☐ By deferred payment at ☐ By acceptance of drafts at ☐ By negotiation Against the documents detailed herein ☐ And beneficiary's draft（s）drawn on:

Goods（Brief description without excessive details, UCP 600 Article 5） 17

Commercial invoice ☐ signed original ☐ copies
Transport Document: 19-23
☐ Multimodal transport documents covering at least two different modes of transport
☐ Marine ocean bill of lading covering a port-to-port shipment
☐ Air waybill original for the consignor
☐ Other transport documents

☐ Marked freight	☐ prepaid	☐ payable at destination
Insurance		Document:
☐ policy	☐ certificate	☐ declaration under an open cover
Certificates:		Other Documents
☐ Origin	☐ Packing List	☐ Analysis
☐ Weight List	☐ Health	☐ Other

We request you to issue on our behalf and for our account your irrevocable credit in accordance with the above instructions. 27

_____

Name of the Applicant

3. 实训要求

以进口商的身份，按照合同和相关函电资料缮制信用证申请表中的空白处，要求与合同保持一致。

履行贸易合同

第八章

素养目标

- 提高独立完成进出口业务的能力，强化团队合作精神
- 培育法律意识、契约精神和精益求精的工匠精神

知识目标

- 掌握国际贸易合同履行的环节和步骤
- 了解相关单据的制作

技能目标

- 能够审证改证备货
- 能够办理租船订舱，能办理货运保险
- 能够办理交单结汇和退税

思维导图

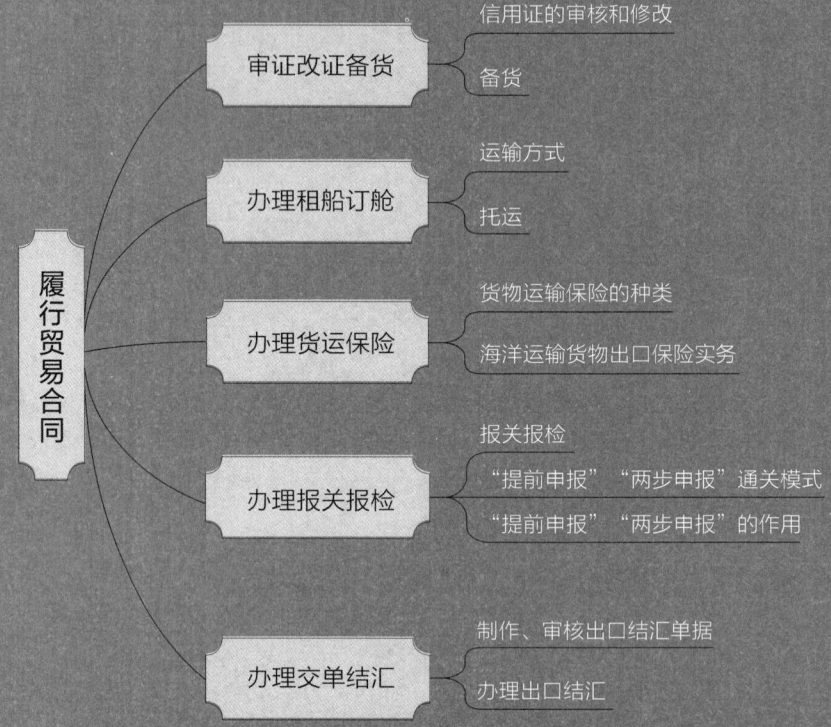

履行贸易合同

- 审证改证备货
  - 信用证的审核和修改
  - 备货
- 办理租船订舱
  - 运输方式
  - 托运
- 办理货运保险
  - 货物运输保险的种类
  - 海洋运输货物出口保险实务
- 办理报关报检
  - 报关报检
  - "提前申报""两步申报"通关模式
  - "提前申报""两步申报"的作用
- 办理交单结汇
  - 制作、审核出口结汇单据
  - 办理出口结汇

学习计划

- 素养提升计划

_____
_____
_____

- 知识学习计划

_____
_____
_____

- 技能训练计划

_____
_____
_____

第一节　审证改证备货

案例资料：

2022年1月，象山大畅农业发展有限公司申报的500kg柑橘经过宁波海关所属象山海关检疫合格完成通关，空运前往新加坡，这是象山柑橘首次走出国门，走向国际市场。

柑橘种植难度大，从嫁接、生产到采摘的全过程都需要精心呵护，亩均收益6万~7万元，是当地有名的"致富果"。虽然在国内市场风生水起，却一直未打开外销市场。

为帮扶宁波象山县这一特色产品扩大出口，象山海关推出一系列措施，综合施策助力柑橘出口。积极促进辖区水果企业转型升级，指导企业通过"互联网＋海关"完成注册登记；开展全方位的政策宣传和技术帮扶，从源头指导企业合理制定防疫制度，溯源管理制度，提高自检自控水平；加强田间管理，在果园基地设立有害生物监测点，开展病虫害监测，通过生物防治等手段降低农药使用频率；开辟绿色通道，提前开展农药残留、重金属等安全风险监控，实行"立报、立检、立放"等便利举措，实现快速通关。

问题："关检合一"发展以来，海关在推动高质量发展，服务构建新发展格局，促进双循环顺畅联通等方面取得了哪些成效？

一、信用证的审核和修改

出口方收到通知行的信用证之后，要对信用证进行审核，如发现信用证中的不合理之处，要对信用证进行修改。

在实际业务中，出口方收到的信用证通常存在与贸易合同条款不符的情况，因此，需要对收到的信用证按照贸易合同的条款内容进行审核、修改，以确保合同的顺利履行与货款的及时收回。

微课
催证和审证

1. 催证

在按照信用证付款条件成交时，买方按约定时间开证是卖方履行合同的前提条件，尤其是大宗交易或按买方要求而特制的商品交易，买方及时开证更为必要；否则，卖方无法安排生产和组织货源，在实际业务中，由于种种原因买方不能按时开证的情况时有发生。因此，应结合备货情况做好催证工作，及时提醒对方按约定时间办理开证手续，以利于合同的履行。

 例 8-1

催 证 函

CONTRACT NO: 2022GP098 PLEASE FAX WHEN AND THROUGH WHAT BANK L/C OPENED. (请告知 2022GP098 号合同下信用证何时通过银行开立)。

2. 审证

外贸业务员主要审核信用证的内容，即信用证条款，而信用证的真实性和开证行的资信状况由通知行来审核。信用证的内容在合同中都已有规定，但往往因买方的疏忽或立场不同，出口商可能会接到并非完全符合合同规定的信用证。

银行在对信用证进行审核之后，将其交给出口企业。出口企业审核信用证时的主要依据是外贸合同、UCP600，以及实际业务中出现的具体情况，出口企业既要对银行审核的内容进行复核，又要根据销售合同对信用证条款逐一进行审核，特别是信用证中的跟单文件及附加条款。审核信用证当中有没有与合同不一致的地方，或者有无卖方做不到的跟单条款。

3. 改证

微课
改证

出口商在对信用证进行全面细致的审核以后，当发现有任何与合同规定不符并影响合同顺利履行和安全收汇的不符点时，应该针对这些内容向买方提出修改或者要求取消某些不能接受的条款。

（1）改证的常见情形。

① 开证错误。因信用证条款与外贸合同条款不一致或存在软条款等开证错误，要求修改信用证。

② 受益人要求展期。受益人由于货源不足、生产事故、运输脱节、社会动乱、开证申请人未能在合同规定期限内把信用证开到等原因无法如期按照装运要求展期，展期

涉及装运期和信用证截止日。

③ 开证申请人要求增加商品数量和金额。由于信用证项下的商品在开证申请人所在国很畅销，为了能够获得更多的货源，与受益人协商后，开证申请人向开证行提出增加商品数量和金额的改证申请。

（2）改证的业务流程。信用证改证的业务流程见图8-1。各方都同意接受修改书后，方能有效。若由受益人提出修改，首先应征得开证申请人的同意，再按照上述程序办理。

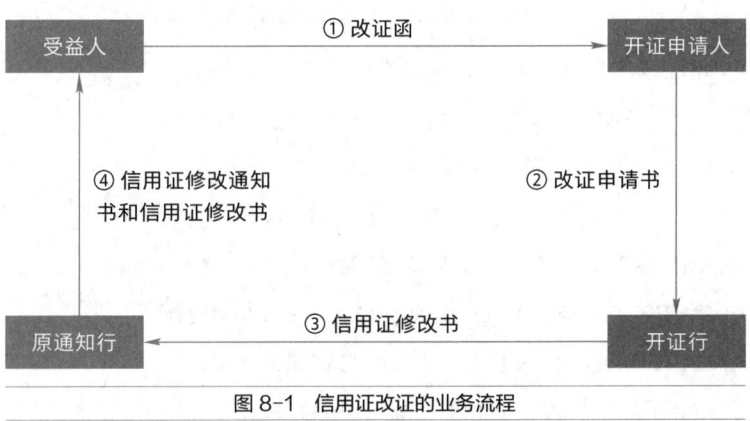

图 8-1　信用证改证的业务流程

❎ 例 8-2

浙江金源服装有限公司于2022年5月15日收到法国进口商（CAROL APPAREL CO.LTD,）开来的信用证，信用证内容如下：

MT700　　　　　　　　ISSUE OF A DOCUMENTARY CREDIT

SENDER　　　　　BANK OF CHINA, PARIS BRANCH

RECEIVER　　　　BANK OF CHINA, NINGBO BRANCH

27: SEQUENCE OF TOTAL: 1/1

40A: FORM OF DOCUMENTARY Credit: IRREVOCABLE

20: DC NO.: 086LC658947

31C: DATE OF ISSUE 14th MAY 2022

31D: DATE AND PLACE OF EXPIRY 31th JULY 2022 IN PARIS

50: APPLICANT: CAROL APPAREL CO.LTD

21 LES VIGNES

99 RUE HENRI GAUTIER

93000 BOBIGNY

FRANCE

59: BENEFICIARY: ZHEJIANG GOLDEN PLAIN GARMENT CO., LTD

57 JING LIU ROAD, NINGBO

315800 CHINA.

FAX NO:0086−0574−88910578

32B: CURRENCY CODE AMOUNT: USD 12 700.00

39B: MAX CR AMT: NOT EXCEEDING

41D: AVAILABLE WITH: ANY BANK

BY NEGOTIATION

42C: DRAFT AT: 90 DAYS AFTER SIGHT

42A: DRAWEE: BANK OF CHINA, PARIS BRANCH

43P: PARTIAL SHIPMENT: NOT ALLOWED

43T: TRANSSHIPMENT: NOT ALLOWED

44A: LOADING/DISPATCH AT/FROM: CHINA

44B: FOR TRANSPORTATION TO: LE HAVRE, FRANCE

44C: LATEST DATE OF SHIPMENT: 15th JULY 2022

45A: DESCRIPTION GOODS AND/OR SERVICES: CIF LE HAVRE, FRANCE

2 000PCS OF MEN'S DOWN COAT

CHINA ZHEJIANG GOLDEN PLAIN GARMENT CO., LTD

DOCUMENTARY CREDIT NO.: 086LC658947

ALL OTHER DETAILS AS PER BENEFICIARY S/C NO.:

22GP098 DATED 05MAY, 2022

46A: DOCUMENTS REQUIRED

1. SIGNED COMMERCIAL INVOICE IN 3 COPIES MENTIONING:

A) RELEVANT HARMONIZED SYSTEM COMMODITY CODE NUMBER (S) APPLICABLE TO EACH ITEM SHIPPED UNDER THIS CREDIT.

B) NAME AND ADDRESS OF THE MANUFACTURERS/PRODUCERS.

2. FULL SET 3/3 ORIGINAL CLEAN ON BOARD OCEAN /MARINE B/L MADE OUT TO THE ORDER OF SHIPPER ENDORSED IN BLANK, MARKED

FREIGHT PREPAID AND NOTIFYING APPLICANT.

3. A CERTIFICATE OF ORIGIN STATES THAT THE GOODS ARE OF CHINA ORIGIN GIVING THE FULL NAME AND ADDRESS OF THE MANUFACTURER/PRODUCER AND EXPORTER SIGNED BY CHINA COUNCIL FOR THE PROMOTION OF INTERNATIONAL TRADE. A CERTIFICATE OF ORIGIN INCORPORATED IN THE INVOICE WILL NOT BE ACCEPTED.

4. PACKING LIST IN 3 COPIES.

5. A COPY OF THE SHIPMENT ADVICE SENT BY FAX WITHIN 3 DAYS AFTER SHIPMENT IS EFFECTED

6. INSURANCE POLICY OR CERTIFICATE FOR FULL INVOICE VALUE PLUS 110% COVERING ALL RISKS AND WAR RISKS AS PER AND SUBJECT TO OCEAN MARINE CARGO CLAUSES OF PICC DATED 01/01/1981.

7. QUALITY INSPECTION CERTIFICATES ISSUED BY CHINA ENTRY-EXIT INSPECTION AND QUARANTINE BUREAU (CIQ).

47A: ADDITIONAL CONDITIONS

1. BILLS OF LADING MUST EVIDENT THE FOLLOWING:

A) THE NAME, ADDRESS AND TELEPHONE NUMBER OF THE CARRYING VESSEL'S AGENT AT THE PORT OF DESTINATION.

B) GOODS ARE SHIPPED IN $1 \times 20'$ CONTAINER.

2. ALL DOCUMENTS MUST BE ISSUED IN ENGLISH LANGUAGE.

3. SHOULD THE NEGOTIATING BANK FOR WHATEVER REASON, DECIDE TO NEGOTIATE ANY BILL DRAWN UNDER THIS CREDIT UNDER RESERVE OR AGAINST AN INDEMNITY, ALL DISCREPANCIES MUST BE ADVISED BY THE TELEX TO THE OPENING BANK FOR THEIR ACCEPTANCE.

4. A USD50.00 (OR EQUICVALENT) FEE SHOULD BE DEDUCTED FROM THERE IMBURSEMENT CLAIM FOR EACH PRESENTATION OF DISCREPANT DOCUMENTS UNDER THIS DOCUMENTARY CREDIT. NOTWITHSTANDING ANY INSTRUCTIONS TO THE CONTRARY, THIS CHARGE SHOULD BE FOR THE ACCOUNT OF BENEFICIARY.

5. NOTWITHSTANDING THE PROVISIONS OF UCP600, IF WE GIVE

NOTICE OF REFUSAL OF DOCUMENTS PRESENTED UNDER THIS CREDIT, WE SHOULD HOWEVER RETAIN THE RIGHT TO ACCEPT A WAIVER OF DISCREPANCIES FROM THE APPLICANT AND, SUBJECT TO SUCH WAIVER BEING ACCEPTABLE TO US, TO RELEASE DOCUMENTS AGAINST THAT WAIVER WITHOUT REFERENCE TO THE PRESENTER PROVIDED THAT NO WRITTEN INSTRUCTIONS TO THE CONTRARY HAVE BEEN RECEIVED BY US FROM THE PRESENTER BEFORE THE RELEASE OF THE DOCUMENTS. ANY SUCH RELEASE PRIOR TO RECEIPT OF CONTRARY INSTRUCTIONS SHOULD NOT CONSTITUTE A FAILURE ON OUR PART TO HOLD THE DOCUMENTS AT THE PRESENTER'S RISK AND DISPOSAL, AND WE WILL HAVE NO LIABILITY TO PRESENTER IN RESPECT OF ANY SUCH RELEASE.

71B: DETAIL OF CHARGES: ALL BANKING CHARGES FOR BENEFICIARY'S ACCOUNT

48: PERIOD FOR PRESENTATION: DOCUMENTS MUST BE PRESENTED WITHIN 15 DAYS AFTER THE DATE OF SHIPMENT BUT WITHIN THE VALIDITY OF THIS CREDIT

49: CONFIRMATION INSTRUCTION: WITHOUT

57D ADVISE THRU: BANK OF CHINA

ZHEJIANG NINGBO BRANCH,

ADD: NO.62 JINGLIU ROAD,

NING BO, CHINA

72: BK TO BK INFO: DOCUMENTS MUST BE DESPATCHED BY COURIER IN ONE COVER TO BANK OF CHINA, PARIS BRANCH.

THIS ADVISE CONSTITUTES A DOCUMENTARY CREDIT ISSUED BY THE ABOVE BANK AND SHOULD BE PRESENTED WITH THE DOCUMENTS/ DRAFTS FOR NEGOTIATION/PAYMENT/ACCEPTANCE, AS APPLICABLE.

浙江金源服装有限公司的外贸业务员审核信用证发现如下不符条款：

① 信用证规定的到期交单地点在法国，容易造成受益人延迟交单，对受益人不利；

② 出口合同中规定可以转运，而信用证中规定不能转运，需修改；

③ 信用证中规定所有的银行费用均由受益人负责，不合理；

④ 信用证漏开 5% 的溢短装条款。

信用证改证函如下：

浙江金源服装有限公司

CHINA ZHEJIANG GOLDEN PLAIN GARMENT CO., LTD.

Add: 57 JING LIU ROAD,NINGBO 315800 CHINA.

FAX NO.: 0086−0574−88910578

Dear sirs,

Thank you for your L/C NO. 086LC658947 issued by Bank of China Paris branch. On going through the L/C, however, we found the following discrepancies with our Sales Contract No. 22GP098:

1. Under 31D, the date and place of expiry should be amended to "31 JULY 2022 IN CHINA";

2. Under 43T, Transshipment should be "ALLOWED" not "NOT ALLOWED".

3. Under 71B, the detail of charge "ALL BANKING CHARGES FOR BENEFICIARY'S ACCOUNT" should be amended to "The banking charges outside the country of issue should be for the account of beneficiary instead of all the banking charges";

4. Under 47A, to add one more clause "MORE OR LESS 5 PERCENT OF QUANTITY OF GOODS AND CREDIT AMOUNT IS ALLOWED".

Please ask your banker to amend the L/C accordingly, and please let us have your L/C amendment soon so that we may effect shipment within the contracted delivery time.

Thank you for your cooperation.

Yours sincerely,

ZHEJIANG GOLDEN PLAIN GARMENT CO., LTD.

二、备货

备货是进出口合同履行的第一步，也是一个重要环节，出口商是否能根据合同或信用证的内容按时、保质、保量地准备应交付的货物，是合同履行成败的基础。当合同使用信用证为付款方式时，以信用证为准，其他结算方式以合同为准。

微课
样品准备

1. 申领出口许可证

一般来说，为了鼓励出口，我国对绝大多数外销商品不加限制，出口企业在出口其经营范围内的商品时，无须申报出口，申领出口许可证。但有时国家为了特定目的，对某些商品实行出口许可证管理制度。因此，出口许可证管理范围内的商品，必须在货物出口前向管理部门，如商务部及其驻各地特派员办事处和各省（自治区、直辖市以及计划单列市）商务厅（委、局），领取货物出口许可证。

2. 国内购销合同签订

有进出口经营权的大型生产企业，获取出口订单后直接向生产加工及仓储部门下达联系单，有关部门按照联系单的要求，对应交的货物进行清点、加工整理、刷制运输标志等工作。没有生产加工实体的外贸企业，主要通过与国内生产企业即厂家签订国内购销合同落实备货。对外贸企业来讲，国内购销合同是它与国内生产厂家之间权利义务的法律文件。国内购销合同用中文填写，填写内容、方法与国际货物买卖合同大致相同。

（1）货物的品质和规格。应按合同的要求核实，必要时应进行加工整理，以保证货物的品质、规格与合同规定一致。

（2）货物的数量。应保证满足合同或信用证对数量的要求，备货的数量应适当留有余地，以防装运时可能发生的因包装损坏而换货，以及适应舱容之用。

（3）货物的包装。应认真检查和核实包装，使之符合信用证的规定，并要做到对保护商品和适应运输的要求，如发现包装不良或破损，应及时进行修补或换装。

（4）唛头（运输标志）。唛头包括收货人或买方名称的英文缩写字母或简称；参考号，如运单号、订单号或发票号；目的地；件号。

（5）备货时间。应根据信用证规定，结合船期安排，以利于船货衔接。

职业判断

交 货 数 量

我国某公司向俄罗斯B公司出口冻羊肉50吨。每吨CIF价2 000美元。合同规定数量可增减10%。买方B公司按时开来信用证，信用证规定：数量约（about）50吨，总金额100 000美元。我方发货时，按合同和信用证规定，实际装运55吨，缮制的商业发票表明：数量55吨，总金额110 000美元。当我方持单办理议付时，却遭到银行的拒付。

问题：我方遭到银行拒付的原因是什么？

中国加快推进国际贸易便利化进程

即使在新冠疫情全球蔓延以及逆全球化冲击之下，中国仍然在加快推进贸易便利化的进程。自2017年2月《贸易便利化协定》正式生效以来，中国政府积极落实该协定所要求的各项贸易便利化措施。据介绍，2020年1月，中方向世界贸易组织通报提前落实《贸易便利化协定》中"确定和公布平均放行时间"等措施。如今，中国对该协定规定的各类措施的落实已达到100%。经过进一步自主降税，2021年中国进口关税总水平降至7.4%。《2022中国贸易便利化年度报告》显示，2020—2021年度（2020年9月到2021年8月），中国贸易便利化指数得分为78.6分（百分制），比上一年度上升0.9%。在口岸疫情防控艰巨复杂的常态下，依然保持平稳增长。中国的贸易便利化指数从2017年的73增长到2021年的78.6，增幅达7.7%

此外，中国不断压缩进出口货物整体通关时间；持续精简进出口环节监管证件，有关部门依法削减进出口环节审批事项，优化监管要求；先后挂牌成立了21个自由贸易试验区；深化拓展国际贸易"单一窗口"功能。目前，"自动进口许可证""出口许可证"等多种进出口证件已经100%实现无纸化申领。

在全球贸易便利化进程受到新冠疫情持续冲击的大背景下，相关部门及时采取应对举措促进外贸稳增长，统筹优化做好口岸疫情防控和通关便利化，积极推行企业集团加工贸易监管制度，跨境电子商务零售进口退货中心仓、加工贸易内销选择性征收关税、市场采购贸易试点等制度创新，持续压缩通关时间、简化通关流程，提高通关无纸化水平。这些举措在为贸易企业应对疫情冲击提供有力支持的同时，也体现了中国政府坚持对外开放的大国风范。在"放管服"改革持续推进、中国整体营商环境显著改善的大背景下，尽管疫情给国际贸易及全球供应链稳定带来较大不确定性，但各口岸部门和服务单位仍持续发力，出实招优化口岸营商环境，有效降低了不确定性因素带来的不利影响，对促进外贸稳步发展发挥了重要作用。中国政府将持续推动贸易自由化、便利化，坚定不移地推进高水平对外开放，推动贸易高质量发展，让世界共享中国发展机遇，实现互利共赢、共同发展，共同构建人类命运共同体。

问题：近年来，中国在推进贸易便利化方面实行了哪些举措？

第二节　办理租船订舱

出口公司在落实信用证并备妥货物后，即可根据信用证的装运期安排运输事宜。在国际货物运输中，涉及的运输方式是很多的，出口商在出口时一般委托国际货运代理办理运输事宜，应熟悉国际货运代理的操作流程。

一、运输方式

动画
租船订舱

国际贸易运输工作既是一项复杂的运输组织和管理工作，又是一项服务性质的工作，它是为国际贸易服务的。国际贸易运输工作的任务就是根据每一种商品对运输的特定要求，综合考虑速度、价格、质量等因素，求得其最佳效益。具体来说，对国际货物运输工作的基本要求是"安全、迅速、准确、节省、方便"。

目前，国际贸易运输方式主要有：海洋运输、铁路运输、航空运输、邮包运输、集装箱运输、管道运输、国际多式联运等。在实际业务中，应根据进出口货物的性质、市场需求缓急程度、货运量大小、距离远近、运费高低、气候和自然条件、装卸港口的具体情况、国际社会的政治状况等因素的变化，选择合理的运输方式。

我国对外贸易使用较多的方式是海洋运输和集装箱联运。海洋运输的经营方式有班轮运输（liner transport）和租船运输（charter transport）两种。其中班轮运输又称定期船运输，租船运输也称不定期船运输。

二、托运

微课
托运、投保
和报关

在 CIF 或 CFR 条件下，租船订舱是卖方的主要职责之一。出口商在审核信用证和备妥货物后，即可办理货物的租船订舱，以备装运。出口企业既可以直接找船公司的代理人（以下称"承运人"）洽订舱位，也可以委托货运代理公司（简称"货代公司"）代其洽订舱位。在实际业务中，出口企业通常委托货代公司代为办理货物运输。货运代理关系的建立也是由作为委托人的货主提出委托，由作为代理人的国际货运代理企业接受委托后建立的。

在货主预订班轮舱位时，会有一份订舱委托书，办理订舱手续。货运代理人接受委托后，应根据货主提供的有关贸易合同或信用证条款的规定，在货物出运之前的一定时间内，向船公司或其代理人申请订舱。船公司根据具体情况，做出是否接受订舱的决定，如接受船公司签发配舱回单等。

例 8-3

2022 年 7 月 1 日，浙江金源服装有限公司预计在 2022 年 7 月 5 日能完成生产。根据浙江金源服装有限公司以及信用证，制作商业发票和装箱单如下：

ZHEJIANG GOLDEN PLAIN GARMENT CO., LTD
57 JING LIU ROAD，NINGBO 315800 CHINA
FAX NO：0086-0574-88910578

COMMERCIAL INVOICE

To:	CAROL APPAREL CO.LTD, 21 LES VIGNES 99 RUE HENRI GAUTIER 93000 BOBIGNY FRANCE	Invoice No.:	ZJ2022GP098
		Invoice Date:	JUL-02-2022
		S/C No.:	2022GP098
		S/C Date:	MAY-05-2022
From:	NING BO　CHINA	To:	LE HAVRE FRANCE
L/C No.:	086LC658947	Issued By:	BANK OF CHINA PARIS BRANCH

Marks and Numbers	Number and kind of package Description of goods	Quantity	Unit Price	Amount
Carol	Men's Down Coat 男式羽绒服 Style no. WM115	2000PCS	USD6.35	CIF LE HAVRE USD12 700.00
TOTAL:		2 000PCS		USD12 700.00
SAY TOTAL:		USD TWELVE THOUSAND SEVEN HUNDRED ONLY.		

TATAL PACKED IN: 250 CTNS
GROSS WEIGHT:29 960.00KGS

浙江金源服装有限公司
ZHEJIANG GOLDEN PLAIN GARMENT CO.,

ZHEJIANG GOLDEN PLAIN GARMENT CO., LTD
57 JING LIU ROAD,NINGBO 315800 CHINA
FAX NO: 0086-0574-88910578

PACKING LIST

To:	CAROL APPAREL CO.LTD, 21 LES VIGNES 99 RUE HENRI GAUTIER 93000 BOBIGNY FRANCE	Invoice No.:	ZJ2022GP098
		Invoice Date:	JUL-02-2022
		S/C No.:	2022GP098
		S/C Date:	MAY-05-2022
From:	NING BO CHINA	To:	LE HAVRE FRANCE
L/C No.:	086LC658947	Marks and Numbers	CAROL

Number and kind of package Description of goods	NOS.OF PKGS	QTY	G.W. KGS	N.W. KGS	MEAS. M³
		Men's DOWN COAT 男式羽绒服 Style no. WM115			
WM115WS	1-10	80PCS	85.00	75.00	1.13
WM115WM	11-60	400 PCS	425.00	375.00	5.65
WM115WL	61-110	400 PCS	425.00	375.00	5.65
WM115WXL	111-120	80 PCS	85.00	75.00	1.13
WM115BS	121-130	80 PCS	85.00	75.00	1.13
WM115BM	131-180	400 PCS	425.00	375.00	5.65
WM115BL	181-240	480 PCS	510.00	450.00	6.78
WM115BXL	241-250	80 PCS	85.00	75.00	1.13
TOTAL:250CNS	2 000PCS	2 125.00KGS	1 875.00KGS	28.25CBM	

SHIPPED IN 1×20'FCL

浙江金源服装有限公司
ZHEJIANG GOLDEN PLAIN GARMENT CO., LTD

根据发票、装箱单，以及信用证制作订舱委托书，委托宁波国际货运代理有限公司代办订舱手续。查询中国远洋集装箱运输有限公司 2022 年 7 月的船期表，指示宁波国际货运代理有限公司向中国远洋集装箱运输有限公司订 2022 年 7 月 10 日的船期。制定订舱委托书如下：

出口货物订舱委托书

发货人： ZHEJIANG GOLDEN PLAIN GARMENT CO., LTD 57 JING LIU ROAD, NINGBO 315800 CHINA FAX NO: 0086-0574-88910578		信用证号码	086LC658947	
		合同号	2022GP098	
		发票号	ZJ2022GP098	
		装运口岸：CHINA NINGBO	目的港： LE HAVRE FRANCE	
收货人： TO THE ORDER OF SHIPPER		转船运输：YES	分批装运：NO	
		信用证有效期： JULY-31-2022	装船期限： JULY-10-2022	
通知人： CAROL APPAREL CO.LTD, 21 LES VIGNES 99 RUE HENRI GAUTIER 93000 BOBIGNY FRANCE		公司联系人： 蔡先生	电话 / 传真： 0086-0574-88910579	
		运费：PREPAID	成交条件：CIF LE HAVRE	
唛头	货名	包装 / 件数	总毛重	总体积
Carol	Men's Down Coat 男式羽绒服 Style no. WM115	250 CTNS 2000PCS	2125.00KGS	28.25CBM
注意事项	1. 请订 2022 年 7 月 10 日船期，1×20'GP FCL，门到门 2. 仓库地址（宁波经六路 57 号） 联系人：蔡先生 电话：0574-88910579			
受托人		委托人		
宁波国际货运代理有限公司 宁波市江北区槐树路 15 号 36 楼		ZHEJIANG GOLDEN PLAIN GARMENT CO., LTD 57 JING LIU ROAD, NINGBO 315800 CHINA FAX NO: 0086-0574-88910578 TEL NO: 0086-0574-88910579		

案例资料：

新加坡 A 航运公司租赁"××"轮承运一批巴西大豆，于 2022 年 6 月 26 日运抵宁波港。根据 5 月 19 日 CC 海运有限公司代表"××"轮船长签发的编号为 01 和 02 号提单记载，该批大豆重量为 66 000 吨，中国 B 公司是该两份提单的最终持有人（买卖合同交易链的最终买方）和提单所载货物的收货人。

这批大豆运抵宁波港后，经海关进行水尺计重，确定船上实际载运货物的重量为 65 633.9 吨，比提单记载的重量少 366.1 吨。

中国 B 公司认为新加坡 A 航运公司作为"××"轮的承租人，没有完成其应尽的提单项下的交货义务，使中国 B 公司遭受了 366.1 吨的短重损失，故要求新加坡 A 航运公司承担该货物短重损失额总计为 139 118.09 美元，按照当时汇率折算为人民币 1 151 410.88 元。

双方协商未果，中国 B 公司遂向海事法院提起诉讼，要求判令新加坡 A 航运公司赔偿 1 151 410.88 元及其利息、诉讼费用等费用。

新加坡 A 航运公司辩称：提单正面载有预先印就的格式条款，即所谓"货物重量、计量、数量、质量、状况、内容和价值不知"的"不知条款"，因此 A 航运公司不受保证货物重量的约束，换言之，其无义务承担该货物短重损失。A 航运公司同时指出：散装大豆在运输途中容易产生水分蒸发，这是散装大豆的自然属性，其不应对因大豆的自然属性或固有缺陷造成的损失承担赔偿责任。

问题：请根据《海商法》以及其他相关规定判断中国 B 公司胜诉的可能性。

分析提示：新加坡 A 航运公司作为承运人，应按照提单记载的货物重量向中国 B 公司交货，而不能以"不知条款"这一格式条款进行抗辩。但是，中国 B 公司在有能力提供涉案货物在装港和卸港的品质证书的情况下，无正当理由未向法庭提供品质证书，因此，新加坡 A 航运公司提出的货物发生短重是由于货物的自然属性所致这一不利于中国 B 公司的主张得以成立，新加坡 A 航运公司可以免除赔偿责任。基于此，海事法院驳回了中国 B 公司要求新加坡 A 航运公司赔偿其短重损失的诉讼请求。

第三节 办理货运保险

国际贸易的货物在运输过程中，沿途要经过各种不同制度的国家和地区，国际形势的变化、社会的动荡、各种自然灾害和意外事故的发生，以及战争、封锁、禁运或海盗活动等带来的风险，有可能造成货物或运输工具的损坏。因此，各种进出口货物和运输工具都需要办理保险。

一、货物运输保险的种类

我国货物运输保险种类有海洋运输货物保险、陆上运输货物保险、航空运输货物保险和邮递运输货物保险。

动画
国际贸易运
输与保险

1. 海洋运输货物保险

海洋运输货物保险条款按照保险人承保的风险和保险责任的不同，可分为不同的险种和险别。投保人在投保时，要先确定投保的险种，之后再确定投保哪种险。海洋运输货物保险的险种分为基本险、附加险和专门险三类。

（1）基本险。基本险是可以独立投保的险种。根据中国人民保险公司1981年1月1日修订实施的《海洋运输货物保险条款》规定，我国的海洋运输货物基本险分为平安险（FPA）、水渍险（WA）和一切险（AR）；伦敦保险协会制定的《协会货物条款》将货物的基本险分为 ICC（A）、ICC（B）和 ICC（C）三类。

（2）附加险。附加险是指在投保了基本险的基础上附加承保的险种，其本身不能单独投保。中国人民保险公司在《海洋运输货物保险条款》中将附加险又划分为以下几种。

① 一般附加险。包括偷窃提货不着险、淡水雨淋险、短量险、混杂玷污险、渗漏险、碰损破碎险、串味险、受潮受热险、钩损险、包装破损险、锈损险。

② 特别附加险。包括交货不到险、进口关税险、舱面险、拒收险、黄曲霉素险、出口货物到中国香港或中国澳门存仓火险责任扩展条款。

③ 特殊附加险。包括海运货物战争险、货物运输罢工险。

（3）专门险。海运货物专门险又称特种货物保险，是根据海运货物特性而设立的专门险种，可以单独投保。目前我国海运货物保险的专门险主要有海洋运输冷藏货物保险和海洋运输散装桐油保险。

2. 陆上运输货物保险

陆上运输货物保险是指以火车、汽车等陆上运输工具为载体而投保的货物运输保险。根据 1981 年 1 月 1 日修订的中国人民保险公司《陆上运输货物保险条款》，陆上运输货物保险的基本险有"陆运险"和"陆运一切险"两种。另外，为了适应冷藏运输货物的保险需求，设有一种专门保险——陆上运输冷藏货物险。附加险有陆上运输货物战争险和罢工险。

3. 航空运输货物保险

航空运输货物保险是以飞机为运输工具的货物运输保险。伦敦保险协会制定的空运货物保险包括三种：协会货物条款（邮件除外）、协会战争险条款（邮件除外）、协会罢工险条款。中国人民保险公司也接受办理航空运输货物保险的业务，并制订有"航空运输险"和"航空运输一切险"两种基本险条款，以及"航空运输货物战争险"的附加条款。

4. 邮递运输货物保险

邮递运输货物保险，又称邮包保险，主要承保通过邮局以邮包方式递运的货物，在运输途中可能遭遇自然灾害、意外事故或外来原因造成的货物损失的保险。英国伦敦保险协会对邮递货物制定了《协会邮递战争险条款》。在中国，中国人民保险公司参照国际通行做法，结合我国邮政包裹业务的实际情况，于 1981 年 1 月 1 日修订并公布了一套较完备的《邮包险条款》，规定邮递运输货物保险包括：邮包险、邮包一切险、邮包战争险三种。前两者为基本险，后者为附加险。

二、海洋运输货物出口保险实务

1. 投保

国际货物运输保险是国际贸易正常进行的必要保障，进出口货物一般都要办理货物运输保险。货物运输保险的办理包括投保人的投保和保险人的承保两个过程。即由投保人向保险公司递交货物运输保险投保单（marine insurance application），并附上商业发票向保险公司办理投保手续。保险公司对投保申请进行审核，经保险双方协商取得一致意见后，签订保险合同，保险公司给投保人签发保险单据作为保险合同的证明。

2. 海洋货物运输投保单

投保单是进出口企业对运输货物向保险公司进行投保的申请书，也是保险公司据以出立保险单的凭证，保险公司在收到投保单后即缮制保险单。投保单是投保人的书面要约。投保单经投保人据实填写，交付给保险人后就成为投保人表示愿意与保险人订立保险合同的书面要约。

投保单主要栏目的填写说明如下：

（1）被保险人。如作为出口商投保，被保险人可填写成自己的公司。之后通过背书转让给进口商。但信用证上如果明确规定被保险人为某银行或某公司，保险单抬头应直接打上该银行或该公司的名称。

（2）保险金额。应当在保险合同中明确规定保险金额，保险金额是保险人计收保险费的依据和承担赔偿责任的最大限额。保险金额的计算是以 CIF 或 CIP 价格作为基础计算出来的，一般信用证如没有规定投保加成率，根据有关国际贸易惯例，投保加成率通常为 10%。

$$保险金额 = CIF 总价 \times （1 + 投保加成率）$$

在国际贸易实务中，经常遇到贸易合同使用非 CIF（或 CIP）的贸易术语，如 FOB、CFR，这时需要将这些贸易术语下的价格转为 CIF 价。

（3）赔款地点。按照信用证规定填制；如信用证未规定，一般应填写目的地或目的港。

（4）承保险别。投保条款包括 PICC CLAUSE 中国人民保险公司保险条款；ICC CLAUSE 英国伦敦保险协会货物险条款。按照承保的范围大小进行比较，中国人民保险公司保险条款中的三种基本险，一切险最大，然后依次是水渍险和平安险；英国伦敦保险协会货物险条款中，ICC（A）险承保范围最大，ICC（B）险次之，ICC（C）险最小。

3. 保险单据

保险单据（insurance documents）既是保险公司对被保险人的承保证明，也是双方权利和义务的契约。在被保货物遭受损失时，保险单据是被保险人索赔的主要依据，也是保险公司理赔的主要根据。常见的保险单据有保险单和保险凭证。

（1）保险单（insurance policy），俗称大保单，是一种正规的保险合同，除了载明被保险人（投保人）的名称、被保险货物（标的物）的名称、数量或重量、唛头、运输工具、保险的起讫地点、承保险别、保险金额、出单日期等项目外，还在保险单的背面列有保险人的责任范围，以及保险人与被保险人各自的权利和义务等方面的详细条款，它是最完整的保险单据。保险单可由被保险人背书，随物权转移而转让，它是一份独立的保险单据。

（2）保险凭证（insurance certificate），俗称小保单，它有保险单正面的基本内容，但没有保险单反面的保险条款，是一种简化的保险合同。

2022 年 7 月 3 日，在完成租船订舱后，浙江金源服装有限公司根据出口合同、信用证、商业发票、装箱单和相关信息制作投保单，向保险公司办理投保手续。

海洋货物运输保险投保单

APPLICATION FORM FOR MARINE CARGO TRANSPORTATION INSURANCE

被保险人 ASSURED'S NAME: ZHEJIANG GOLDEN PLAIN GARMENT CO., LTD

提单号（B/L NO.）: AS PER B/L 发票号（INVOICE NO.）: ZJ2022GP098

合同号（CONTRACT NO.）: 2022GP098 信用证号（CREDIT NO.）: 086LC658947

发票金额 INVOICE AMOUNT: USD12 700.00 投保加成 ADDITION OF INV. AMOUNT: 10%

保险金额 AMOUNT INSURED: USD13 970.00

兹有下列物品向中保财险大连分公司国际保险部投保：

标记 MARKS & NOS.	包装及数量 QUANTITY	保险货物项目描述 DESCRIPTION OF GOODS
CAROL	250 CTNS	Men's Down Coat Style No. WM115

装载运输工具（PER CONVEYANCE）: Vessel Star River V.111

启运日期（DATE OF COMMENCEMENT）: 10th JULY，2022

自（FROM）: NINGBO 经（VIA）: ★★★ 到（TO）: LE HAVRE, FRANCE

正本保单数量（ORIGINAL）: 2 赔款偿付地点（CLAIM PAYABLE AT）: PARIS, FRANCE

承保险别（CONDITIONS）: ALL RISKS AND WAR RISKS AS PER AND SUBJECT TO OCEAN MARINE CARGO CLAUSES OF PICC DATED 01/01/1981.

请如实告知下类情况:（如"是"在［　］中打√，"不是"在［　］中打 ×）

1. 货物种类。袋装［　］散装［　］冷藏［　］液体［　］活动物［　］机器 / 车辆［　］危险品等级［　］

GOODS: BAG/JUMBO［√］BULK［　］REEFER［　］LIQUID［　］LIVE

ANIMAL [　] MACHINE/AUTO [　] DANGEROUS CLASS [　]

2. 集装箱类型。普通 [　] 开顶 [　] 框架 [　] 平板 [　] 冷藏 [　]

CONTAINER: ORDINARY [√] OPEN [　] FRAME [　] FLAT [　]

REFRIGERATOR [　]

3. 转运工具。海轮 [　] 飞机 [　] 驳船 [　] 火车 [　] 汽车 [　]

BY TRANSIT: SHIP [√] PLANE [　] BARGE [　] TRAIN [　] TRUCK [　]

4. 船舶资料：

PARTICULAR OF SHIP:

船籍 RIGISTRY [　] 船龄 AGE [　]

备注：被保险人确认本保险合同条款和内容已经完全了解。

投保人（签字盖章）：

THE ASSURED CONFIRMS HEREWITH THE TERMS AND　电话 TEL.NO.:
CONDITIONS OF THESE INSURANCE CONTRACTS FULLY
UNDERSTOOD

传真 FAX.NO.:

⬡ 国际贸易新视界

案例背景：2022 年以来，天津口岸与 RCEP 成员国之间的贸易规模不断扩大，对 RCEP 贸易伙伴国的进出口总值已经超过 2 900 亿元人民币。对物流运输提出了更高的要求。2022 年，新航线共计投入 4 艘集装箱运营船舶，每艘船舶载货量为 1 200~1 800 个 20 英尺标准箱，形成与 RCEP 成员国之间"一周一班，一月航期"的稳定专线，出口货物以京津冀周边地区生产的家居建材、纺织品、化工半成品为主。该航线的开通将进一步畅通京津冀地区与东南亚国家的联通，为出口企业提供了更加高效、经济的直航服务。

问题：天津海关是如何保障海运物流循环畅通，并在此基础上促进天津港与 RCEP 成员国之间的贸易提质增效的？

分析提示：天津港是京津冀地区的重要出海口。为保障天津港与 RCEP 成员国之间越织越密的航线网发挥更大优势，天津海关贯彻落实海关总署促进外贸保稳提质的十条措施，立足天津港的区位优势，主动对接企业，深入加强政策宣传力度，最大限度释放政策红利，指导企业申办 RCEP 原产地证书，享受更大的税收优惠。根据外贸企业不同的商品、贸易模式制定通关模式，帮助指导企业规范申报，化解通关过程中的难点和堵点。同时，全力满足企业对于海运服务的时效性要求，与代理商、码头公司建立沟通机制，提前了解船舶靠泊的计划，以"人等船"的作业模式在入境船舶靠泊的第一时间完成检验检疫工作，为后续快速开展装卸作业，提升整体通关作业水平奠定基础，全力保障海运物流循环畅通。

第四节　办理报关报检

❖ 引例

案例资料：

近年来，海关总署出台了多项全国通关一体化，取消报关人员资质、机构整合、报关报检资质合并等报关单位备案便利化措施，改善了国际营商环境。《中华人民共和国海关报关单位备案管理规定》自 2022 年 1 月 1 日起施行，简化了报关单位备案管理，体现了"放管服"的改革成果。具体体现在四个方面：第一，明确了报关单位可以在中华人民共和国关境内办理报关业务；第二，取消了对报关人员的备案要求；第三，取消了双重身份企业的经济区域限制，报关单位在全国范围内可同时具有进出口货物收发货人和报关企业的双重身份；第四，明确除了临时备案单位有效期为 1 年外，报关单位备案均为长期有效。

当日，青岛大港海关为中国外运华中有限公司办理了进出口货物收发货人备案。这是《中华人民共和国海关报关单位备案管理规定》实施首日青岛海关完成的首个双重身份报关单位备案。

中国外运华中有限公司集进出口货物收发货人、货运代理、船舶代理、场站、报关、汽车运输、仓储、综合物流等业务于一体，种类多样，下设了很多分公司，既需要自理报关资质，也需要代理报关资质，拥有双重身份后，将有助于公司充分利用国际贸易、国际货运代理开展"两种资源、两个市场"业务。

一、报关报检

国际贸易中的商品一般都要进行检验。商品检验是国际货物买卖过程中的一个重要组成部分，商品检验证书可以证明卖方所交货物在品质、数量和包装方面是否符合贸易合同的规定，是买方对品质、数量、包装提出异议的法律依据，也是买卖双方结汇的依据。

微课
商品检验

1. 报关

报关是履行海关出入境手续的必要环节之一，是出入境运输工具的负责人、货物和物品的收发货人或其代理人，在通过海关监督口岸时，依法进行申报并办理有关手续的过程。

报关涉及的对象可分为出入境运输工具、货物和物品两大类。由于性质不同，其报关程序各异。运输工具（如船舶、飞机等）通常应由船长、机长签署到达、离境报关单，交验载货清单、空运单、海运单等向海关申报，作为海关对装卸货物和上下旅客实施监管的依据。而货物和物品则应由其收发货人或其代理人，按照货物的贸易性质或物品类别填写报关单，并随附有关法定单证、商业和运输单证。如果是保税货物，应按"保税货物"的方式进行申报，海关会对应办事项及采用的监管办法与采用其他贸易方式的货物有所区别。

2. 报检

报检是指出口前产品的生产经营部门，进口商品的收货、用货或代理核运部门按照《中华人民共和国进出口商品检验法实施条例》的规定，向海关申请办理检验、鉴定手续，报检人办理报检时要填制"报检申请单"，并提交买卖合同、信用证、往来函电等有关资料。

3. 关检合一

海关总署于 2021 年 11 月 19 日公布了《中华人民共和国海关报关单位备案管理规

定》（以下简称《管理规定》），自 2022 年 1 月 1 日起施行。2014 年 3 月 13 日海关总署令第 221 号公布、2017 年 12 月 20 日海关总署令第 235 号修改、2018 年 5 月 29 日海关总署令第 240 号修改的《中华人民共和国海关报关单位注册登记管理规定》、2015 年 2 月 15 日原国家质量监督检验检疫总局令第 161 号公布、2016 年 10 月 18 日原国家质量监督检验检疫总局令第 184 号修改、2018 年 4 月 28 日海关总署令第 238 号修改、2018 年 5 月 29 日海关总署令第 240 号修改的《出入境检验检疫报检企业管理办法》同时废止。

2021 年 12 月，为进一步优化营商环境，根据国务院印发的《关于深化"证照分离"改革进一步激发市场主体发展活力的通知》，就报关单位备案（进出口货物收发货人备案、报关企业备案）全面纳入"多证合一"改革有关事项。海关总署、国家市场监督管理总局发布公告：申请人办理市场监管部门市场主体登记时，需要同步办理报关单位备案的，应按照要求勾选报关单位备案，并补充填写相关备案信息。市场监管部门按照"多证合一"流程完成登记，并在市场监管总局层面完成与海关总署的数据共享，企业无须再向海关提交备案申请。"多证合一"改革实施后，企业未选择"多证合一"方式提交申请的，仍可通过国际贸易"单一窗口"或"互联网＋海关"提交报关单位备案申请。本公告自 2022 年 1 月 1 日起施行。海关总署、国家市场监督管理总局发布的 2019 年第 14 号公告同时废止。

2019 年 1 月，为了规范进出口货物收发货人的申报行为，统一进出口货物报关单填制要求，海关总署发布 2019 年第 18 号公告，对《中华人民共和国海关进出口货物报关单填制规范》（海关总署 2018 年第 60 号公告）进行了修订。修订后的《中华人民共和国海关进出口货物报关单填制规范》自 2019 年 2 月 1 日起执行，海关总署 2018 年第 60 号公告同时废止。"中华人民共和国海关进（出）境货物备案清单"对照《中华人民共和国海关进出口货物报关单填制规范》的要求填制。

二、"提前申报""两步申报"通关模式

1. "提前申报"

为贯彻落实海关总署关于优化口岸营商环境的决策部署，进一步提高口岸进出口货物通关时效，持续提升跨境贸易便利化水平，各地海关启动出口"提前申报"模式。

（1）政策依据。根据《中华人民共和国海关进出口货物申报管理规定》和《关于明确进出口货物提前申报管理要求的公告》，明确了提前申报时限规定、单证要求等。

（2）企业操作指南。

① 进出口货物的收发货人、受委托的报关企业先取得提（运）单或载货清单（舱单）数据。其中，提前申报进口货物应于装载货物的进境运输工具启运后、运抵海关监管场所前向海关申报；提前申报出口货物应于货物运抵海关监管场所前3日内向海关申报。

微课
"提前申报，两步申报"模式

② 进出口货物的收发货人、受委托的报关企业按照海关要求交验有关随附单证、进出口货物批准文件及其他需提供的证明文件。

③ 进口提前申报货物因故未到或者所到货物与提前申报内容不一致的、出口提前申报货物因故运抵海关监管场所的货物与提前申报内容不一致的，收发货人或其代理人需向海关提交说明材料并办理报关单修改撤销手续；出口提前申报货物因故未在海关规定的期限内运抵海关监管场所的，海关撤销原提前申报的报关单。

④ 企业按规定提交进出口货物许可证件，并确保许可证件在海关接受申报之日有效。货物提前申报之后、实际进出之前，国家贸易管制政策发生调整的，适用货物实际进出之日的贸易管制政策。

⑤ 企业提前申报适用的税率和汇率为：提前申报的进口货物，适用装载该货物的运输工具申报进境之日实施的税率和汇率；提前申报的进口转关货物，适用装载该货物的运输工具抵达指运地之日实施的税率；提前申报的出口货物，适用海关接受申报之日实施的汇率和税率；提前申报的出口转关货物，适用启运地海关接受该货物申报出口之日实施的税率。

2."两步申报"

2019年7月，为贯彻落实国务院"放管服"改革要求，进一步优化营商环境，促进贸易便利化，海关总署决定在部分海关开展进口货物"两步申报"改革试点。

"两步申报"是海关总署主动适应国际贸易特点和安全便利需要所采取的一项重要通关改革措施。在"两步申报"通关模式下，企业不需要一次性填报所有申报项目，可分为概要申报及完整申报两步分别申报。

（1）申报步骤

① 概要申报。对于不涉及进口禁限管制、检验或检疫的货物，企业只需要申报9个项目，确认2个物流项目；对于涉及进口禁限管制或检验检疫的，分别增加申报2个和5个项目。

如果货物不涉税也不需查验，即可提离；涉税货物已经提交税款担保的且需查验货物海关已完成查验的，也可以提离。

② 完整申报。企业在规定时间内补充申报其他项目，办理缴纳税款等通关手续。

（2）"两步申报"的条件要求

① 资质要求。境内收货人信用等级为一般信用及以上的，其货物实际进境的可采用"两步申报"。

② 监管证件要求。在概要申报前需准确掌握进口货物是否"涉税、涉证、涉检"，有监管证件管理要求的，企业应在申报前，根据相关规定办理进口所需的监管证件，所涉及的监管证件已实现联网核查的货物才能使用"两步申报"。检疫准入、境外预检、境外装运前检验等需在进口申报前实施的，企业应在申报前根据规定办理相关手续，取得相应的进口批准文件及证明文件。

③ 时限要求。概要申报需在自运输工具申报进境之日起 14 日内完成，否则将不可以采用"两步申报"。

④ 进出境要求。目前"两步申报"只限进口货物。

⑤ 其他要求。舱单传输义务人按照规定时限和填制规范要求向海关传输舱单数据。

三、"提前申报""两步申报"的作用

1. "提前申报"的作用

（1）提升货物通关效率，优化口岸营商环境。提前申报是海关总署为促进贸易便利化推行的一项重要改革措施，有利于压缩货物通关时间，提升货物通关效率。

（2）缩短货物在港时间，降低企业通关成本。企业进行提前申报，海关提前审核申报单证，企业根据船舶动态合理安排货物集港时间，货物运抵后自动触发报关单放行，货物装船出口，减少货物在港停留时间，降低企业通关成本。

2. "两步申报"的作用

（1）提货速度更快。在"两步申报"模式下，提货速度大大加快，凭借提单信息完成概要申报，完成必要的口岸查验后，即可提离，涉税信息和相关随附单据可以在 14 天内进行提交，货物在码头滞留时间得以减少。传统模式下，会遇到载货船舶已抵港但商业单证未备齐而无法报关的情况。新模式下，允许企业凭提单信息先进行概要申报，不必一次性提交随附单证和全部申报项，有效减少单证准备时间，降低报关差错率。货物到港后如不涉及查验则可提离，给企业生产经营带来更多的便利。"两步申报"为企业提供多元化的通关服务，有效降低了企业在货物口岸通关中的经济成本和时间成本，进一步简化流程，提高通关效率。

（2）通关成本降低。通过"两步申报"模式，企业可以在提供担保的前提下进行概要申报，不需要实际缴纳税款就能将货物提离口岸，在完整申报时再完成税款缴纳。担保的形式可以是保证金、银行保函或者保证保险，可有效降低企业的财务压力。"两步申报"报关单采用"汇总征税"模式纳税的，企业的汇总支付时限为完整的申报计税处理完成后、下一个月的第 5 个工作日结束前，缓税期会更长。

第五节　办理交单结汇

交单是指出口商（信用证受益人）在信用证有效期内和交单期限内，向指定银行提交符合信用证条款规定的单据。这些单据经银行审核确认无误后，根据信用证规定的付款条件，由银行办理出口结汇。由于银行的付款、承兑和议付均以受益人提交的单据符合信用证条款的规定为条件，所以，交付单据应严格做到完整、明确、及时。信用证项下出口结汇的单据主要有：商业发票、装箱单、原产地证明、海运提单、保险单据、装运通知、汇票等，每一种单据都有一个适当、合理的签发日期，如海运提单的签发日期通常是全部货物装货完毕的日期，这个日期不能迟于信用证规定的装运期。按照《UCP600》的规定，全套单据的交单日期应及时，最多不得迟于装运后 21 天交单。

结汇是指信用证项下的出口单据经银行审核无误后，银行按信用证规定的付汇条件，将外汇结付给出口企业。我国出口业务中，大多使用议付信用证，也有少量使用付款信用证和承兑信用证的。

一、制作、审核出口结汇单据

1. 制单的基本要求

制单是指出口方按照信用证或合同的规定，制作凭以向银行议付货款或通过银行向进口方收款的单据。在信用证支付的条件下，银行只根据信用证条款办事，而不管合同的规定；只凭单据支付货款，而不问实际货物。所以出口公司在制单过程中，一定要做到单证一致、单单一致、单货一致。

（1）单证一致。单证一致，即要求信用证的条款必须在单上体现，信用证的要求必须在单据上已经照办。开证行开证后信用证条款没有修改，应按信用证条款制单；开证行开证后，若对信用证主要条款做了多次修改，必须将原证规定与后来的修改作为制单的依据，特别是对在原证描写基础上补充修改的情形，应仔细分辨有关条款的完整规定；制单时应注意来证中对单据与货物有无特殊的规定。

(2) 单单一致。即各种单据之间必须相互一致，不能彼此矛盾。出口单据的缮制一般以发票为基础展开。海关发票、产地证、投保单及相关托运单、报关单等单证一般是按发票内容缮制的。各单据的填制内容除了提单用概括性商品统称外，必须在措辞和用语方面保持一致。

(3) 单货一致。即指单据上记载的内容与实际货物内容一致。虽然信用证业务是单据业务，银行仅凭单据付款，而不管货物的实际交付情况，即信用证是依据买卖合同开立的，单货不一致，出口货物将在海关报关、商品检验过程中遇到麻烦，同时也会导致违约情况的发生。

2. 制单

(1) 汇票。汇票由出口公司填写。一般有两份正本，具有同等效力，银行在寄送单据时，分两次寄，以防丢失。其中一份汇票付款付讫后，另一份自动失效。在信用证支付方式下，汇票上可以注明开证行的名称、信用证号码及开证日期。汇票的付款人为开证行，受款人为出口公司。

(2) 商业发票。商业发票是出口方向进口方开立的载有货物名称、数量、价格等内容的清单，是买卖双方记账的依据，是进出口报关交税的总说明，也是进口商办理进口报关不可缺少的文件。因此，商业发票是全套出口单据的核心，在单据制作过程中，其余单据均需参照商业发票缮制。

(3) 运输单据。运输单据是指证明货物已经装船或发运或已由承运人接受监管的单据。海洋运输的运输单据为海运提单。海运提单是承运人收到货物后出具的货物收据，也是承运人所签署的运输契约的证明，提单还代表所载货物的所有权，是一种具有物权特性的凭证。海运提单的填写要注意抬头及背书的正确性，装运货物与发票规定一致。

(4) 保险单。保险单是保险人与被保险人之间订立保险合同的书面证明。当被保险货物遭受保险合同责任范围以内的损失时，保险单是被保险人向保险人提出索赔和保险人理赔的依据。制作保险单时应注意，在信用证无其他规定时，保险单的被保险人应是信用证上的受益人，之后背书将保险单过户转让给进口商。保险单的签发日期，应早于运输单据签发日期，在信用证支付条件下，银行将拒收出单日期迟于装船、发运或货交承运人的保险单。

(5) 产地证明书。产地证明书，简称产地证，是出口商应进口商要求而提供的，由

公证机构、政府或出口商出具的证明货物原产地或制造地的一种证明文件，也是进口国海关采取不同的国别政策和关税待遇的依据。产地证一般分为普通产地证、普惠制产地证和欧洲纺织品产地证等。

（6）装箱单和重量单。这两种单据都是发票的补充单据。装箱单列明了信用证（或合同）中买卖双方约定的有关包装事宜的细节，便于国外买方在货物到达目的港时供海关检查和核对货物，通常可以将其有关内容加列在商业发票上，但是在信用证有明确要求时，就必须严格按照信用证的约定制作。重量单是主要包装单据的一种，是按照装货重量成交的货物，在装运时出口商必须向进口商提供的一种证明文件。重量单所反映的内容除了装箱单上的内容以外，还需要尽量清楚地表明商品每箱的毛重、净重，以及总重量的情况，供买方安排运输、存仓时参考。

（7）检验证书。检验证书是海关对进出口商品实施检验或鉴定后出具的证明文件，能起到分别证明商品的品质、数量、重量、卫生条件等作用。应注意证书名称及所列项目、检验结果与买卖合同、信用证规定的一致性。

例 8-5

2022 年 7 月 12 日，出口合同号 2022 GP098 下的货物已于 2022 年 7 月 10 日装船出运，浙江 JY 有限公司准备信用证要求的单据，去银行议付。信用证中对提交银行的单据规定如下：

1. SIGNED COMMERCIAL INVOICE IN 3 COPIES MENTIONING:

A) RELEVANT HARMONIZED SYSTEM COMMODITY CODE NUMBER (S) APPLICABLE TO EACH ITEM SHIPPED UNDER THIS CREDIT.

B) NAME AND ADDRESS OF THE MANUFACTURERS/PRODUCERS.

2. FULL SET 3/3 ORIGINAL CLEAN ON BOARD OCEAN/MARINE B/L MADE OUT TO THE ORDER OF SHIPPER ENDORSED IN BLANK, MARKED FREIGHT PREPAID AND NOTIFYING APPLICANT.

3. A CERTIFICATE OF ORIGIN STATES THAT THE GOODS ARE OF CHINA ORIGIN GIVING THE FULL NAME AND ADDRESS OF THE MANUFACTURER/ PRODUCER AND EXPORTER SIGNED BY CHINA COUNCIL FOR THE PROMOTION OF INTERNATIONAL TRADE. A CERTIFICATE OF ORIGIN INCORPORATED IN THE INVOICE WILL NOT BE ACCEPTED.

4. PACKING LIST IN 3 COPIES.

5. A COPY OF THE SHIPMENT ADVICE SENT BY FAX WITHIN 3 DAYS AFTER SHIPMENT IS EFFECTED.

6. INSURANCE POLICY OR CERTIFICATE FOR FULL INVOICE VALUE PLUS 110% COVERING ALL RISKS AND WAR RISKS AS PER AND SUBJECT TO OCEAN MARINE CARGO CLAUSES OF PICC DATED 01/01/1981.

7. QUALITY INSPECTION CERTIFICATES ISSUED BY CHINA ENTRY-EXIT INSPECTION AND QUARANTINE BUREAU (CIQ).

（1）2022 年 7 月 5 日，浙江 JY 有限公司向浙江省宁波海关申领 FORM A，填写 FORM A 如下：

1. Goods consigned from（Export's business name, address, country ZHEJIANG JY CO., LTD 57 JING LIU ROAD, NINGBO 215800 CHINA			Reference No. GENERALIZED SYSTEM OF PREFERENCES CERTIFICATE OF ORIGIN （Combined declaration and certificate） FORM A Issued in THE PEOPLE'S REPUBLIC OF CHINA （country） See Notes overleaf		
2. Goods consigned to（Consignee's name. address, country） CAROL APPAREL CO., LTD 21 LES VIGNES 99 RUE GAUTIER 93000 BOBIGNY FRANCE					
3. Means of transport and route（as far as known）SEA SHIPPED FROM NINGBO, CHINA TO LE HAVRE, FRANCE			4. For official use		
5. Item number 1	6. Marks and numbers of packages CAROL	7. Number and kind of packages; description of goods TWO HUNDRED AND FIFTY（250）CARTONS MEN'S DOWN COAT ***********************	8. Origin criterion（see Notes overleaf） P	9. Gross weight or other quantity 2,125.00 KGS 2,000PCS	10. Number and date of invoices ZJ2022GP098 02JULY2022

11. Certification	12. Declaration by the exporter
It is hereby certified, on the basis of control carried out, which the declaration by the exported is correct.	The undersigned hereby declares that the above details and statements are correct; that all the goods were produced in
	CHINA
	(country)
	and that they comply with the origin requirements specified for those goods in the Generalized System of Preferences for goods exported to
	FRANCE
	(importing country)
	ZHEJIANG JY CO.,LTD NINGBO, 05-JULY-2022
Place and date, signature and stamp of certifying authority	Place and date, signature of authorized signatory

（2）2022 年 7 月 12 日，浙江 JY 有限公司收到宁波国际货运代理有限公司寄来的海运提单后，制作装船通知、汇票等。

Shipper ZHEJIANG JY CO.,LTD 57 JING LIU ROAD, NINGBO 315800 CHINA	B/L NO. ZJNBLH897
Consignee or order TO THE ORDER OF THE SHIPPER	
Notify address CAROL APPAREL CO.LTD, 21 LES VIGNES 99 RUE HENRI GAUTIER 93000 BOBIGNY FRANCE	

Pre-carriage by	Port of loading NINGBO, CHINA	中远集装箱运输有限公司 COSCO CONTAINER LINES
Vessel STAR RIVER V.111	Port of transshipment	ORIGINAL
Port of discharge LE HAVRE, FRANCE	Final destination	

Container Seal No. or Marks and Nos.	Number and kind of packages Designation of goods	Gross weight/ kgs	Measurement/ CBM
CAROL CN: COSU1234567 SN: 1122657	250CTNS 1 × 20' FCL TWO HUNDRED AND FIFTY CARTONS ONLY.	2,125.00KGS	28.25 CBM

REGARDING TRANSSHIPMENT INFORMATION PLEASE CONTACT		Freight and charge	
Ex. rate	Prepaid at NINGBO	Freight payable at	Place and date of issue NINGBO JULY 12, 2022
	Total Prepaid	Number of original Bs/ LTHREE（3）	Signed for or on behalf of the Master COSCO CONTAINER LINES

ZHEJIANG JY CO., LTD
57 JING LIU ROAD, NINGBO 315800 CHINA

SHIPPING ADVICE

Contract No.	2022 GP 098
L/C no.	086LC658947
To:	CAROL APPAREL CO.LTD, 21 LES VIGNES 99 RUE HENRI GAUTIER 93000 BOBIGNY FRANCE
From:	ZHEJIANG JY CO.,LTD 57 JING LIU ROAD,NINGBO 315800 CHINA
Commodity:	Men's Down Coat Style no. WM115
Packing conditions:	PACKED IN 250 CTNS, 1 × 20' FCL
Quantity:	2 000 PCS
Gross weight:	2 125.00KG

ZHEJIANG JY CO., LTD	
57 JING LIU ROAD, NINGBO 315800 CHINA	
Net weight:	1 875.00KG
Total value:	USD12 700.00
Please be informed that these goods have been shipped from NINGBO to LE HAVRE with VESSEL STAR RIVER V.111 .	
B/L no.:	ZJNBLH897
We herewith certify this message to be true and correct.	

ZHEJIANG JY CO., LTD

AT NINGBO JULY-02-2022

BILL OF EXCHANGE

凭 Drawn Under	BANK OF CHINA PARIS BRANCH	不可撤销信用证 Irrevocable L/C No.	086LC658947

日期　　　　　　　MAY.15,2022　　　　支　取　Payable With interest　　@　　%　　按　　息　　付款

号码　　　ZJ2022GP098　汇票金额　　USD12,700.00　上海
No.　　　　　　　　　Exchange for　　　　　　　　　Shanghai

见
票　　90 DAYS AFTER　　　　　　日　后（本汇票之副本未付）付交
at　　　　　　　　　　　　sight of this FIRST of Exchange　（Second of Exchange

Being   unpaid) Pay to the order of

BANK OF CHINA,　　NINGBO

金额
the sum of　　U.S.DOLLARS TWELVE THOUSAND AND SEVEN HUNDRED ONLY

此致
To　　　　BANK OF CHINA PARIS BRANCH　　　　　　ZHEJIANG JY CO.,LTD

从保险公司收到海上货物运输保险单。

发票号码   保险单号次

Invoice No. ZJ2022GP098   Policy No. PIC20227856

海洋货物运输保险单

MARINE CARGO TRANSPORTATION INSURANCE POLICY

被保险人：ZHEJIANG JY CO., LTD

中保财产保险有限公司（以下简称"本公司"）根据被保险人的要求，及其所缴付约定的保险费，按照本保险单承担险别和背面所载条款与下列特别条款承保下列货物运输保险，特签发本保险单。

This policy of insurance withnesses that the people insurance(property)company of China,Ltd.(herein after called "The Company"), at the request of the insured and in consideration of the agreed premium paid by the insured ,undertakes to insure the undermentioned goods in transpotation subject to the conditions of the Policy as per the Clauses printy overleaf and other special clauses attached hereon.

标记 MARKS&NOS	包装及数量 QUANTITY	保险货物项目 DESCRIPTION OF GOODS	保险金额 AMOUNT INSURED
CAROL	250 CTNS	MEN'S DOWN COAT	USD13 970.00

总保险金额：

Total Amount insured: SAY USD THIRTEEN THOUSAND NINE HUNDRED AND SEVENTY ONLY.

保费 As arranged   载运输工具 VESSEL STAR RIVER V.111   开航日期 JULY 10,2022

Premium_____   Per conveyance S.S_____   Sig.on or abt_____

起运港   NINGBO   目的港   LE HAVRE

From_____   To_____

承保险别

Conditions: COVERING ALL RISKS AND WAR RISKS AS PER AND SUBJECT TO OCEAN MARINE CARGO CLAUSES OF PICC DATED 01/01/1981.

所保货物，如发生本保险单项下可能引起索赔的损失或损坏，应立即通知本公司下述代理人查勘。如有索赔，应向本公司提交保险单正本（本保险单共有 2 份正本）及有关文件。如一份正本已用于索赔，其余正本则自动失效。

In the event of loss or damage which may result in a claim under this Policy, immediate notice must be given to the company agent as mentioned hereunder. Claims, if any, one of the Originnal Policy which has been issured in 2 Original(s) together with the relevant documents should be surrendered to the company. If one of the Original Policy has been accomplished, the others to be void.

赔款偿付地点 CLAIM PAYABLE AT <u>PARIS IN USD</u> 出单日期 ISSUING DATE　<u>JULY 6,2022</u>	中保财产保险有限公司 THE PEOPLE INSURANC（PROPERTY）COMPANY OF CHINA （Authorized Signature）

　　浙江 JY 有限公司，按照信用证中的单据条款，提供如下单据到银行付议付：3 份商业发票；3 份已装船清洁提单；原产地证明；3 份装箱单；已传真的装船通知复印件证明；保险单；产品检验证书。

二、办理出口结汇

　　目前，我国银行采取的出口结汇方式有三种：

　　（1）收妥结汇。收妥结汇又称"先收后付"，是指议付行收到出口公司的出口单据后，经审查无误，将单据寄交国外付款行索取货款，待收到付款行将货款拨入议付行账户的通知书时，即按当时的外汇牌价，折合成人民币拨给出口公司，目前，我国银行一般采用收妥结汇方式，尤其是对可以电报索汇的信用证业务，因为在电汇索汇时，收汇较快，一般都短于规定的押汇时间。

　　（2）定期结汇。定期结汇是指议付行根据向国外付款行索偿所需的时间，预先确定一个固定的结汇期限（7~14 天），到期后主动将票款金额折合成人民币拨交出口企业。

　　（3）出口押汇。出口押汇也称"买单结汇"或"议付"，是指议付行在审单无误的情况下，按信用证条款买入受益人（出口公司）的汇票和单据，从票面金额中扣除从议付日到估计收到票款之日的利息，将余款按议付日牌价，折合成人民币拨给出口公司。

　　在我国的出口业务中，大多使用议付信用证。议付是可以追索的。如开证行拒付，议付行可向出口商追还已垫付的货款。

信用证是纯单据买卖，出口商将信用证下所要求的所有单据准备完毕，并严格审查，确保没有差错后，在信用证规定的交单日期和信用证有效期内，递交开证行指定的银行请求付款。

议付银行收到出口人的全套单据，经过审查合格后，银行按信用证规定的付汇条件，将外汇结付给出口企业。

✦ 职业判断

如何防范拖欠货款

案例资料：

小张在国际商贸城 F 区经营五金厨卫生意。2022 年 6 月，一家名为"金世界"的外贸公司向她订了 12 万元的货，原本说好交货时先付一半货款，剩余的一个月后结清。8 月底交货后，对方又说只能预先支付 20% 的货款，最终仅拿到了 4 万元，余款至今未付。

"翻译说老板暂时回国去了。我一连去了四个星期，一会儿说签证没办好，一会儿说机票没买到，也不知道真假。"小张说，业务员每次都打包票说公司在市场上订了 300 多万元的货，都要等老板回来后才能结，不会拖欠货款。还告诉他，老板不久前刚汇给一个卖铁丝的经营户 100 多万元货款。

没想到，上周小张再次拨打翻译的电话时，却显示停机，公司大门紧闭。通过外贸防骗 QQ 群，小张联系上另一位跟这家公司有业务往来的卖文具的经营户。这位经营户说公司看起来太简陋了，一副随时走人的样子。所以，当时他就有些担心，坚持要现金，结果被扣了 5%。小张又辗转联系上卖铁丝的那位陈姓经营户，得知他也在找这个老外索要欠款。

一些网友在"市场防骗在线"反馈"金世界"外贸公司拖欠货款，公司电话打不通，找不到客户踪影。在论坛上询问该外贸公司的信誉时，绝大多数网友的跟帖回复都称货款不好拿，拖欠三个月以上很普遍，合约成为一纸空文。

问题：在国际贸易中，如何防范拖欠货款？

审核及修改信用证

1. 实训目的

通过操作技能训练，掌握信用证审核要点，并学会撰写信用证修改函。

2. 实训资料

SALES CONFIRMATION

Seller: China Guangzhou Huawei Imp and Exp Corp.　　NO.; CX07EZ100

NO.269 Dongfeng Rd, Guangzhou, China　　DATE: Jun 18, 2022

FAX No.: 0086-020-83810546

Buyer: Vigor Trading Llc

P.O. Box 115130

Dubai, UAE

This contract is made by and agreed between the BUYER and the SELLER, in accordance with the terms and conditions stipulated below.

MARKS & No.	DESCRIPTIONS OF GOODS	QUANTITY	UNIT PRICE	AMOUNT
	Assorted Pipe Clamp		CIF DUBAI	
	DCC10	800PCS	USD2.06	USD1 648.00
	DCC12	1 600 PCS	USD2.12	USD3 392.00
	DCC14	4 640 PCS	USD2.16	USD10 022.40
N/M	DCC16	6 160 PCS	USD2.23	USD13 736.80
	DCC18	1 520 PCS	USD2.34	USD3 556.80
	DCC20	5 760 PCS	USD2.55	USD14 688.00
	DCC30	1 600 PCS	USD3.59	USD5 744.00
	ZDD08	900 PCS	USD1.20	USD1 080.00

TOTAL AMOUNT:　　　　　USD53 868.00

Insurance:

To be effected by seller for 110 percent of invoice value covering All Risks and War

Risk as per and subject to Ocean Marin Cargo Clauses of PICC dated 01/01/1981.

Payment:

By 100% irrevocable L/C available by 90 days sight draft, reaching the sellers 20 days before the month of shipment, remaining valid for negotiation in China for further 15 days after the prescribed time of shipment.

Shipment: Before August 12, 2022

Port of Loading: China

Destination: DUBAI, UAE

With transhipment allowed & partial shipments not allowed.

Force Majeure: The sellers should not take any responsibility for partial or total non-performance of this contract due to Force Majeure. But the sellers should advise the buyers on time of such occurrence.

Disputes Settlement:

All disputes in connection with this contract of the execution thereof should be amicably settled through negotiation. In case no amicable settlement can be reached between the two parties, the case under dispute should be submitted to arbitration, which should be held in the country where the defendant resides, or in third country agreed by both parties. The decision of the arbitration should be accepted as final and binding upon both parties. The Arbitration Fees should be borne by the losing party.

Law Application:

It will be governed by the law of the People's Republic of China under the circumstances that the contract is signed or the goods while the disputes arising are in the People's Republic of China or the defendant is Chinese legal person, otherwise it is governed by Untied Nations Convention on Contract for the International Sale of Goods.

The Buyer   The Seller

Kinega Balud   蔡仁轩

信用证内容

27: Sequence of total: 1/1

40A: Form of documentary credit: IRREVOCABLE

20: DC NO.: DPCDEI422652

31C: Date of issue 05JUL22

31D: Date and place of expiry 27AUG22 AT OUR COUNTER

50: Applicant: VIGOR TRADING LLC

　　　　　　P. O. BOX 115130

　　　　　　DUBAI,UAE

59: Beneficiary: CHINA GUANGZHOU HUAWEI IMP AND EXP CORP.

　　　　　　ADD: NO.269 DONGFENG RD,

　　　　　　GUANGZHOU, CHINA

　　　　　　FAX NO: 0086-020-83810546

32B: Currency code amount: USD 53 868.00

39B: MAX CR AMT: NOT EXCEEDING

41D: Available with: ANY BANK

　　　　　　　　BY NEGOTIATION

42C: Draft at: 90 DAYS FROM DATE OF NEGOTIATION

42A: Drawee: ISSUING BANK

43P: Partial shipment: NOT ALLOWED

43T: Transhipment: NOT ALLOWED

44A: Loading/Dispatch at/From: CHINA

44B: For transportation to: DUBAI, UNITED ARAB EMIRATES

44C: Latest date of shipment: 12AUG2022

45A: DesCRiption goods and/or services: CIF DUBAI, UNITED ARAB EMIRATES

　　　　　　　　　ASSORTED PIPE CLAMP

　　　　　　　　　CHINA GUANGZHOU HUAWEI IMP

　　　　　　　　　AND EXP CORP.

　　　　　　　　　DOCUMENTARY CREDIT NO.:

　　　　　　　　　DPCDEI422651

　　　　　　　　　ALL OTHER DETAILS AS PER

　　　　　　　　　BENEFICIARY S/C NO.:

　　　　　　　　　　　　　　　　　　课堂能力训练

46A: Documents required

1. SIGNED COMMERCIAL INVOICE IN 3 COPIES MENTIONING:

A) RELEVANT HARMONIZED SYSTEM COMMODITY CODE NUMBER(S) APPLICABLE TO EACH ITEM SHIPPED UNDER THIS CREDIT.

B) NAME AND ADDRESS OF THE MANUFACTURERS/PRODUCERS.

2. FULL SET 3/3 ORIGINAL CLEAN ON BOARD OCEAN /MARINE B/L MADE OUT TO THE ORDER OF SHIPPER ENDORSED IN BLANK, MARKED FREIGHT PREPAID AND NOTIFYING APPLICANT AND HSBC BANK MIDDLE EAST, P.O. BOX66,DUBAI, UAE QUOTING THIS DC NUMBER.

3. A CERTIFICATE OF ORIGIN STATES THAT THE GOODS ARE OF CHINA ORIGIN GIVING THE FULL NAME AND ADDRESS OF THE MANUFACTURER/ PRODUCER AND EXPORTER SIGNED BY CHINA COUNCIL FOR THE PROMOTION OF INTERNATIONAL TRADE. A CERTIFICATE OF ORIGIN INCORPORATED IN THE INVOICE WILL NOT BE ACCEPTABLE.

4. PACKING LIST IN 3 COPIES.

5. A COPY OF THE SHIPMENT ADVICE SENT BY FAX WITHIN 3 DAYS AFTER SHIPMENT IS EFFECTED

6. INSURANCE POLICY OR CERTIFICATE FOR FULL INVOICE VALUE PLUS 110% COVERS ALL RISKS AND WAR RISKS AS PER AND SUBJECT TO OCEAN MARINE CARGO CLAUSES OF PICC DATED 01/01/1981.

7. A CERTIFICATE FROM THE SHIPPING COMPANY OR THEIR AGENT STATING:

-----THAT THE GOODS ARE SHIPPED BY REGULAR OR CONFERENCE LINE VESSELS ONLY.

-----THAT HAVE A CURRENT ISM CODE CERTIFICATE, IF THE CARRYING VESSEL IS SUBJECT TO "SOLAS".

-----COVERED BY THE INSTITUTION CLASSIFICATION CLAUSE.

-----THAT ARE ALLOWED BY THE ARAB AUTHORITIES TO CALL AT ARABIAN PORTS AND NOT SCHEDULED TO CALL AT ANY ISRAEL PORT DURING ITS VOYAGE TO THE U.A.E,

47A: Additional conditions

1. BILLS OF LADING MUST EVIDENT THE FOLLOWING:

A) THE NAME, ADDRESS AND TELEPHONE NUMBER OF THE CARRYING VESSEL'S AGENT AT THE PORT OF DESTINATION.

B) GOODS ARE SHIPPED IN 2*20 CONTAINERS.

2. ALL DOCUMENTS MUST BE ISSUED IN ENGLISH LANGUAGE.

3. UNDER NO CIRCUMSTANCES MAY A BANK LISTED IN THE ARAB ISRAELI BOYCOTT BLACK LIST BE PERMITTED TO NEGOTIATE DOCUMENTS UNDER THIS DOCUMENTARY CREDIT.

4. SHOULD THE NEGOTIATING BANK FOR WHATEVER REASON, DECIDE TO NEGOTIATE ANY BILL DRAWN UNDER THIS CREDIT UNDER RESERVE OR AGAINST AN INDEMNITY, ALL DISCREPANCIES MUST BE ADVISED BY THE TELEX TO THE OPENING BANK FOR THEIR ACCEPTANCE.

5. A USD50.00(OR EQUICVALENT)FEE SHOULD BE DEDUCTED FROM THERE IMBURSEMENT CLAIM FOR EACH PRESENTATION OF DISCREPANT DOCUMENTS UNDER THIS DOCUMENTARY CREDIT. NOTWITHSTANDING ANY INSTRUCTIONS TO THE CONTRARY, THIS CHARGE SHOULD BE FOR THE ACCOUNT OF BENEFICIARY.

6. NOTWITHSTANDING THE PROVISIONS OF UCP600, IF WE GIVE NOTICE OF REFUSAL OF DOCUMENTS PRESENTED UNDER THIS CREDIT, WE SHOULD HOWEVER RETAIN THE RIGHT TO ACCEPT A WAIVER OF DISCREPANCIES FROM THE APPLICANT AND, SUBJECT TO SUCH WAIVER BEING ACCEPTED TO US, TO RELEASE DOCUMENTS AGAINST THAT WAIVER WITHOUT REFERENCE TO THE PRESENTER PROVIDED THAT NO WRITTEN INSTRUCTIONS TO THE CONTRARY HAVE BEEN RECEIVED BY US FROM THE PRESENTER BEFORE THE RELEASE OF THE DOCUMENTS. ANY SUCH RELEASE PRIOR TO RECEIPT OF CONTRARY INSTRUCTIONS SHOULD NOT CONSTITUTE A FAILURE ON OUR PART TO HOLD THE DOCUMENTS AT THE PRESENTER'S RISK AND DISPOSAL, AND WE WILL HAVE NO LIABILITY TO PRESENTER IN RESPECT OF ANY SUCH RELEASE.

71B: Detail of Charges: ALL BANKING CHARGES FOR BENEFICIARY'S ACCOUNT

48: Period for presentation: DOCUMENTS MUST BE PRESENTED WITHIN 15

DAYS AFTER THE DATE OF SHIPMENT BUT WITHIN THE VALIDITY OF THIS CREDIT

49: Confirmation instruction: WITHOUT

53D: Reimbursement Bank: HSBC BANK USA NA

REIMBURSEMENT NEWARK

500 STANTON CHRISTIANA ROAD 3 OPS 1

NEWARK DE

19713-2107 USA

78: Instructions to pay/account/negotiation bank

1. UPON MATURIY, PLEASE CLAIM REIMBURSEMENT（LESS REIMBURSEMENT CHARGES）TO THE DEBIT OF HSBC BANK MIDDLE EAST, A/C NO.000 045276 SWT: MRMDU533 WITH THE NOMINATED REIMBURSING BANK UNDER TESTED TELEX ADVICE TO US.

2. THE AMOUNT OF EACH NEGOTIATION MUST BE ENDORSED ON THE REVERSE OF THIS CREDIT AND THE NEGOTIATING BANK'S COVERING SCHEDULE TO CERTIFY THE SAME.

57D ADVISE THRU: BANK OF CHINA

GUANGZHOU BRANCH, BAIYUN SUB BRANCH

ADD: NO.62 GUANGHUA RIVE ROAD,

GUANGZHOU, CHINA

72: BK TO BK INFO: DOCUMENTS MUST BE DESPATCHED BY COURIER IN ONE COVER TO HSBC BANK MIDDLE EAST LTD, TRADE SEVICES DEPT, P.O. BOX 66, DUBAI, U.A.E. ON THE SAME DAY OF NEGOTIATION.

THIS ADVISE CONSTITUTES A DOCUMENTARY CREDIT ISSUED BY THE ABOVE BANK AND SHOULD BE PRESENTED WITH THE DOCUMENTS/DRAFTS FOR NEGOTIATION/PAYMENT/ACCEPTANCE, AS APPLICABLE.

361209—AUTO—000—01

3. 实训要求

请以杭州华威进出口公司的身份，根据以下的出口销售合同，审核信用证，并拟写信用证修改函。

一、单项选择题

1. 可以通过背书转让的提单是（　　　　）。

    A. 记名提单　　　　　　　　　　　　B. 不记名提单

    C. 指示提单　　　　　　　　　　　　D. 海运提单

2. 某外贸公司出口茶叶 5 吨，在海运途中遭受暴风雨，海水涌入仓内，致使一部分茶叶发霉变质，这种损失属于（　　　　）。

    A. 实际全损　　　　B. 推定全损　　　　C. 共同海损　　　　D. 单独海损

3. 若汇票受款人一栏内写明"Pay to the order of..."，则该汇票（　　　　）。

    A. 不可流通转让　　　　　　　　　　B. 可以经背书转让

    C. 无须背书，即可流通转让　　　　　D. 由出票人决定是否可以转让

4. 在 CIP 贸易术语下，应该由（　　　　）办理投保手续。

    A. 买方　　　　　　　　　　　　　　B. 卖方

    C. 承运人　　　　　　　　　　　　　D. 运输公司代理人

5. 海关总署于 2021 年 11 月 19 日公布了《中华人民共和国海关报关单位备案管理规定》，自（　　　　）起施行。

    A. 2021 年 12 月 1 日　　　　　　　B. 2022 年 5 月 1 日

    C. 2022 年 9 月 1 日　　　　　　　　D. 2022 年 1 月 1 日

二、多项选择题

1. 规定远期汇票的方法有（　　　　　　）。

    A. 自出票之日起　　　　　　　　　　B. 自签发提单之日起

    C. 自见票承兑之日起　　　　　　　　D. 规定在某月某日付款

2. 国际结算中使用的支付工具包括（　　　　　　）。

    A. 支票　　　　　　B. 汇票　　　　　　C. 外币现钞　　　　D. 票据

3. 汇付方式所涉及的当事人有（　　　　　　）。

    A. 进口商　　　　　B. 出口商　　　　　C. 汇出行　　　　　D. 汇入行

4. （　　　　　　）支付方式属于商业信用。

    A. 光票托收　　　　B. 汇付　　　　　　C. 付款交单　　　　D. 承兑交单

5. "两步申报"是海关总署主动适应国际贸易特点和安全便利需要，所采取的一项重要的通关改革措施。在"两步申报"通关模式下，企业不需要一次性填报所

有申报项目，可分为（　　　　　）及（　　　　　）两步分别进行申报。

　A. 概要申报　　　　　　　B. 提前申报　　　　　　　C. 完整申报

　D. 正式申报　　　　　　　E. 简单申报

三、判断题

1. 信用证关于货物的描述为"blue cotton wears"，发票显示为"colored, cotton wears"是可以的。　（　　）

2. 不清洁提单是指承运人在签发提单时，对货物的包装等状况加注不良批注的提单。　（　　）

3. 托收通常称为银行托收，因而它属于银行信用。　（　　）

4. 按国际保险市场惯例，保险单与保险凭证具有同等法律效力。　（　　）

5. 如信用证未规定汇票的付款人，则应理解为付款人是开证行。　（　　）

6. 在信用证支付方式下，受益人只要在信用证规定的有效期内向银行提交符合信用证规定的全部单据，银行就必须履行付款义务。　（　　）

7. 汇票、本票、支票都可分为即期和远期两种。　（　　）

8. 仓至仓条款是关于运输责任的条款。　（　　）

9. 报关是出入境运输工具的负责人，货物和物品的收发货人或其代理人，在通过海关监督口岸时，依法进行申报，并办理有关手续的过程。　（　　）

10. "提前申报"可以降低企业成本、提高通关效率。　（　　）

◈ 综合实训

实训项目　制作订舱单据

1. 实训目的

通过实训技能训练，根据信用证及实际合同要求，租订适合的舱位，并制作订舱单据。

2. 实训资料

NOTIFICATION OF AMENDMENT TO DOCUMENTARY CREDIT

DATE OF THE AMENDMENT: JUL-09-2022

BENEFICIARY:CHINA GUANGZHOU HUAWEI IMP AND EXP

CORP.

ADD:NO.269 DONGFENG RD,

BANK OF CHINA

GUANGZHOU,CHINA

FAX NO.: 0086-020-83810546

APPLICANT: VIGOR TRADING LLC

P.O.BOX 115130

DUBAI, UAE

DC NO.: DPCDE1422652

DATE OF ISSUE: 05JUL2022

THIS AMENDMENT IS TO BE CONSIDERED AS PART OF THE ABOVE MENTIONED CREDIT AND MUST BE ATTACHED THERETO.

DEAR SIRS,

WE HAVE PLEASURE IN ADVISING YOU THAT WE HAVE RECEIVED AN AMENDMENT TO DOCUMENTARY CREDIT NO. DPCDE1422652 CONTENTS OF WHICH ARE AS FOLLOWS:

EXPIRY ADTE AND PLACE: 27AUG2022 IN CHINA

TRANSHIPMENT: ALLOWED

FOR TRANSPORTATION TO: DUBAI,UNITED ARAB EMIRATES

INSURANCE POLICY OR CERTIFICATE FOR 110 PERCENT OF INVOICE VALUE COVERING ALL RISKS AND WAR RISK AS PER AND SUBJECT TO OCEAN MARINE CARGO CLAUSES OF PICC DATED 01/01/1981.

ALL CHARGES OUTSIDE COUNTRY OF ISSUE FOR ACCOUNT OF BENEFICIARY/EXPORTER.

OTHER TERMS AND CONDITIONS REMAIN UNCHANGED.

THE ABOVE MENTIONED DOCUMENTARY CREDIT IS SUBJECT TO THE UNIFORM CUSTOMS AND PRACTICE FOR DOCUMENTARY CREDITS(2007 REVISION) I.C.C. PUBLICATION NO.600.

PLEASE ADVISE THE BENEFICIARY IMMEDIATELY.

CHINA GUANGZHOU HUAWEI IMP AND EXP CORP.
NO.269 DONGFENG RD，GUANGZHOU,CHINA
FAX NO：0086-020-83810546

COMMERCIAL INVOICE

To:	VIGOR TRADING LLC P.O.BOX 115130 DUBAI, UAE		Invoice No.:	ZYLC07EZ100
			Invoice Date:	JUL-15-2022
			S/C No.:	CX07EZ100
			S/C Date:	JUN-18-2022
From:	CHINA	To:	DUABL, UNTED ARAB EMIRATES	
L/C No.:	DPCDE1422652	Issued By:	HSBC BANK MIDDLE EAST LTD	

Marks and Numbers	Number and kind of package Description of goods	Quantity	Unit Price	Amount
N/M	Assorted Pipe Clamp DCC10 DCC12 DCC14 DCC16 DCC18 DCC20 DCC30 ZDD08	800PCS 1 600 PCS 4 640 PCS 6 160 PCS 1 520 PCS 5 760 PCS 1 600 PCS 900 PCS	CIF DUBAI USD2.06 USD2.12 USD2.16 USD2.23 USD2.34 USD2.55 USD3.59 USD1.20	USD1 648.00 USD3 392.00 USD10 022.40 USD13 736.80 USD3 556.80 USD14 688.00 USD5 744.00 USD1 080.00
TOTAL:		22 980PCS		USD53 868.00

SAY TOTAL:	USD FIFTY THREE THOUSAND EIGHT HUNDRED SIXTY EIGHT ONLY.

TATAL PACKED IN: ,410 CTNS

GROSS WEIGHT: 29,960.00KGS

CIF DUBAI, UNTED ARAB EMIRATES

ALL OTHER DETAILS AS PER BENEFICIARY P/I NO.; CX07EZ100 DATED JUN-18-2022

蔡仁轩	中国广州华威进出口有限公司 CHINA GUANGZHOU HUAWEI IMP AND EXP CORP.

装箱单

CHINA GUANGZHOU HUAWEI IMP AND EXP CORP.
NO.269 DONGFENG RD，GUANGZHOU,CHINA
FAX NO：0086-020-83810546

PACKING LIST

To:	VIGOR TRADING LLC P.O.BOX 115130 DUBAI,UAE	Invoice No.:	ZYLC07EZ100
		Invoice Date:	JUL-15-2022
		S/C No.:	CX07EZ100
		S/C Date:	JUN-18-2022
From:	CHINA	To:	DUABL, UNTED ARAB EMIRATES
L/C No.:	DPCDE1422652	Marks and Numbers	N/M

Number and kind of package DesCRiption of goods	NOS. OF PKGS	QTY	G. W. KGS	N. W. KGS	MEAS. M³
Assorted Pipe	050CNS				
Clamp	100CNS				
DCC10	290CNS	800PCS	0,850	0,800.00	1.203 2
DCC12	385CNS	1 600 PCS	1,800.00	1,700.00	2.406 4
DCC14	095CNS	4 640 PCS	5,510.00	5,220.00	9.595 5
DCC16	360CNS	6 160 PCS	7,700.00	7,315.00	12.739 0
DCC18	100CNS	1 520 PCS	2,090.00	1,995.00	3.714 9
DCC20	030CNS	5 760 PCS	9,360.00	9,000.00	14.077 4
DCC30		1 600 PCS	4,400.00	4,200.00	12.633 6
ZDD08		900 PCS	450.00	0,420.00	2.340 0
TOTAL:	1 410CNS	22 980PCS	32 160.00KGS	30 650.00KGS	52.393

中国广州华威进出口有限公司

CHINA GUANGZHOU HUAWEI IMP AND EXP CORP.

3. 实训要求

请以杭州华威进出口公司的身份，根据以下的出口销售合同，及经修改后的信用证，填制出口货物订舱委托书

参考文献

[1] 鲁丹萍.国际贸易实务［M］.3版.北京：高等教育出版社，2021.

[2] 邹建华，王燕萍.国际贸易实务［M］.2版.北京：高等教育出版社，2019.

[3] 白云涛，封绪荣.国际贸易实务［M］.北京：高等教育出版社，2021.

[4] 王峰，赵登峰.国际贸易理论与实务［M］.3版.北京：高等教育出版社，2020.

[5] 陈岩.国际贸易理论与实务［M］.5版.北京：清华大学出版社，2021.

[6] 吴国新，毛小明.国际贸易实务［M］.4版.北京：清华大学出版社，2021.

[7] 费景明，罗理广.进出口贸易实务［M］.4版.北京：高等教育出版社，2018.

[8] 杨智华.进出口贸易实务（英文版）［M］.北京：清华大学出版社，2020.

[9] 黄海东，孙玉红.国际货物运输保险［M］.4版.北京：清华大学出版社，2021.

[10] 梁瑞.国际货物运输与保险［M］.北京：清华大学出版社，2020.

鲁丹萍，二级教授，现任浙江省科技厅软科学研究基地区域经济与文化融合创新发展研究中心主任兼温州职业技术学院国际商务研究院院长。浙江省"万人计划"教学名师、浙江省151人才，浙江省首批高职国际商务专业带头人、浙江省首批优秀教学团队负责人、浙江省首批特色专业负责人，温州市第九届、第十届、第十一届政协委员，瓯海区第十届人大代表。曾担任教育部国家职业教学成果奖和国家精品课程评审专家、商务部外经贸行指委课程思政委员会委员、商务部全国外贸单证员岗位专业考试中心专家、浙江省商务厅国际服务外包专家和浙江省教育厅国际商务专业教学指导委员会委员。先后获得浙江省黄炎培职业教育奖杰出教师奖、温州市优秀政协委员、民建温州市优秀会员、上海对外贸易大学优秀访问学者、温州市"百名党外人士建功工程"示范典型等荣誉称号。主持职业教育国家在线精品课程"国际贸易理论与实务"，主编《国际贸易理论与实务》《国际贸易实务》《跨境电子商务理论与实务》等教材，其中《国际贸易理论与实务》（第三版）入选"十四五"职业教育国家规划教材。

郑重声明

高等教育出版社依法对本书享有专有出版权。任何未经许可的复制、销售行为均违反《中华人民共和国著作权法》，其行为人将承担相应的民事责任和行政责任；构成犯罪的，将被依法追究刑事责任。为了维护市场秩序，保护读者的合法权益，避免读者误用盗版书造成不良后果，我社将配合行政执法部门和司法机关对违法犯罪的单位和个人进行严厉打击。社会各界人士如发现上述侵权行为，希望及时举报，我社将奖励举报有功人员。

反盗版举报电话　（010）58581999　58582371
反盗版举报邮箱　dd@hep.com.cn
通信地址　北京市西城区德外大街 4 号　高等教育出版社法律事务部
邮政编码　100120

读者意见反馈

为收集对教材的意见建议，进一步完善教材编写并做好服务工作，读者可将对本教材的意见建议通过如下渠道反馈至我社。

咨询电话　400-810-0598
通信地址　北京市朝阳区惠新东街 4 号富盛大厦 1 座
反馈邮箱　gjdzfwb@pub.hep.cn
邮政编码　100029

防伪查询说明

用户购书后刮开封底防伪涂层，使用手机微信等软件扫描二维码，会跳转至防伪查询网页，获得所购图书详细信息。

防伪客服电话　（010）58582300

网络增值服务使用说明

授课教师如需获取本书配套教辅资源，请登录"高等教育出版社产品信息检索系统"（http://xuanshu.hep.com.cn/），搜索本书并下载资源。首次使用本系统的用户，请先注册并进行教师资格认证。

高教社高职国贸 QQ 群：188542748